U0639379

拔尖教师工作坊

基础教育高端人才培养的
上海普陀实践

主　编

王　华

副主编

吴华清　沈中宇　姜　玮

参加编写人员

王　华　吴华清　沈中宇　刘思璐　吴钟铭　刘友霞

李显军　张　豪　谈　俊　宗　华　董亚男　易建平

华东师范大学出版社

·上海·

图书在版编目(CIP)数据

拔尖教师工作坊:基础教育高端人才培养的上海普
陀实践/王华主编;吴华清,沈中宇,姜玮副主编.
上海:华东师范大学出版社,2025. —ISBN 978-7
-5760-5972-4

Ⅰ.G635.12

中国国家版本馆 CIP 数据核字第 20253UR426 号

拔尖教师工作坊——基础教育高端人才培养的上海普陀实践

主　　编　王　华
副 主 编　吴华清　沈中宇　姜　玮
责任编辑　周　鸿
责任校对　董　亮　时东明
装帧设计　刘怡霖

出版发行　华东师范大学出版社
社　　址　上海市中山北路 3663 号　邮编 200062
网　　址　www.ecnupress.com.cn
电　　话　021-60821666　行政传真 021-62572105
客服电话　021-62865537　门市(邮购)电话 021-62869887
地　　址　上海市中山北路 3663 号华东师范大学校内先锋路口
网　　店　http://hdsdcbs.tmall.com

印 刷 者　浙江临安曙光印务有限公司
开　　本　787 毫米×1092 毫米　1/16
印　　张　24.5
字　　数　358 千字
版　　次　2025 年 6 月第 1 版
印　　次　2025 年 6 月第 1 次
书　　号　ISBN 978-7-5760-5972-4
定　　价　78.00 元

出 版 人　王　焰

(如发现本版图书有印订质量问题,请寄回本社客服中心调换或电话 021-62865537 联系)

前　言

提高教育质量、培育社会所需要的优秀人才是民族复兴的紧迫任务,履行这项使命的关键在于教师队伍地位的提高与其专业水平的不断优化。前者,国家通过各种法律、政策加以保障,逐步让教师职业成为稳定、有吸引力的岗位;后者,各地教育行政措施不断提升教师学历层次,提高准入门槛,规范职后培训,完善职称系列,倡导终身学习。在常规师资培训的基础上,积极探索各具特色的骨干教师培养方法与机制,探索职后骨干教师专业进阶的项目与标准,如特级教师工作室、骨干教师高级研修班、区域学科建设基地、名师培养工作站、拔尖教师培养工作坊等形式,让教师的专业发展得到保证。

普陀区教育局拔尖教师培养工作坊是区域基础教育"十三五"教师发展规划骨干教师培育的重要项目,是培育具有普陀特色的骨干教师的创新举措,承载着探索区域中小学高端教师及其高端教师专业发展路径的重任。从 2016 年 4 月成立以来,工作坊已经连续实施了三届,8 年里先后有 55 人次进坊学习。在区委、区政府的领导下,普陀区教育工作党委、教育局高度重视,各学校(包括幼儿园)积极参与,工作坊人员共同努力,表现出政策支持力度大、组织管理协作好、运作流程规范化、导师履职责任明、学员努力效果佳的良好局面。第一、二、三届 50 位学员中,各自经过 2~3 年的学习与研修,在师德修养、教育理论水平、教育教学能力、市区专业影响力等方面都有长足的进步,其中有 22 人被评为上海市特级教师,28 人获评上海市正高级教师,为区域教育事业发展做出了贡献。

"工作坊"(workshop)的提出最早可以追溯至 20 世纪初德国魏玛共和国时期的包豪斯设计学院(Bauhaus)。他们十分注重学生综合能力与设计素质的培养,倡导"技术与艺术并重、理论与实践同步"的教育理念。由于学生日常集中参加实际创作训练需要在特定的场地,即"工作坊"中进行,因此这种实践教学被视为"工作坊教学"的最初雏形。20 世纪 60 年代,美国风景园林设计师劳伦斯·哈普林

(Lawrence Halprin)将工作坊的概念引入到都市建设中,经过不断衍生及发展,现成为国际上一种较为流行的教学活动组织模式。工作坊是一种体验式、参与式、互动式的学习模式,由于它主题鲜明、时间紧凑、形式灵活、效果显著,因此成为一种深受企业、学校等各类群体认可的辅导模式。

普陀区教育局拔尖教师培养工作坊是由教育行政规划、业务主管单位(教育学院)牵头,以各学科带头人为培养对象的组织机构,设置专项经费、专人管理、专门办公室。从 2022 年开始,第三届工作坊正式纳入区域教育系统第六轮人才攀升计划系列。除了拔尖教师培养,工作坊又增设了新蕾教师研修,希望这项工作早期介入,早期发现有潜力、有能力、有需求的青年才俊。

拔尖教师培养对象的选拔,是在已经具备了学科带头人资格的教师中,通过个人申报、学校推荐、评委评审、组织确认产生的,导师选择同学科市级知名特级教师担任。新蕾教师培养对象选拔流程相仿,只是选拔对象的年龄限制在 40 岁以下的教师中,不需要学科带头人身份,导师大多数为同学科的拔尖教师培养对象,个别为另外聘请的特级教师或教授。也就是说,多数的拔尖教师培养对象既是学员,又做导师,具有双重身份。

工作坊日常研修采用“通识＋学科”模式进行,每月一次的通识教育,组织报告会、主题交流、外出参观、专家对话、论坛发言等活动,注重师德培养,理论修养,社会参与;学科带教则根据不同情况灵活进行。

本书分上下两篇,上篇总结、归纳、提炼工作坊研修模式、制度、培养方式;下篇汇集学员活动、学习成果与心得体会。

本书上篇由王华、刘友霞、吴华清、沈中宇、刘思璐以及部分学员执笔,下篇由部分学员提供稿件。

感谢普陀区教育局与教育学院领导的支持、感谢上海市晋元高级中学的支持与关心,感谢华东师范大学出版社提供的出版机会。

目　录

下篇

绽放时刻:工作坊学员的成果与风采

上篇

探索之路：拔尖教师培养工作坊的研究与实践

第一章　基础教育高端教师培养研究综述

基础教育高端教师培养是提升教育质量和教育现代化水平的关键环节。近年来,随着国家对教育的投入力度不断加大,高端教师培养得到了越来越多的关注和支持。在政策层面,国家采取了多种措施来加强高端教师培养,一方面通过实施强师计划等措施,加强师范院校和非师范院校的教师教育专业建设,提高教师培养质量和水平;另一方面深化教师教育改革,完善教师培养体系,注重实践能力和创新精神的培养,加强在职教师的培训和研修,提升他们的专业素养和教育教学能力。在学术层面,出于对教育质量提升、教师专业发展、政策支持与教育政策制定、理论与实践结合以及国际交流与合作的关注和推动,众多学者也开始关注基础教育高端教师培养,涌现出一批有质量的研究成果,为教师专业发展提供了理论支持和实践指导。本章主要对高端教师培养的政策以及学术文献进行梳理和分析,以期为区域政策制定提供科学依据,并指导区域高端教师培养的实践与发展。

第一节　政策视角下的高端教师培养[①]

政策在高端教师的培养中发挥着关键作用。通过制定科学、合理、有针对性的政策措施,可以为高端教师的培养提供有力的指导和保障,推动教师队伍的整体素质提升和教育的持续发展。下面我们梳理国内外关于高端教师培养的相关政策,以此了解高端教师培养的政策发展趋势,为普陀高端教师培养的研究和实践提供有益的启示。

一、国内相关政策及启示

(一) 国家部委的相关政策

国内高端教师培养的相关政策,最早可追溯至 1998 年 12 月的《面向 21 世纪教育振兴行动计划》,该计划提出要"实施'跨世纪园丁工程',大力提高教师队伍素质"。2001 年 5 月,《国务院关于基础教育改革与发展的决定》(国发〔2001〕21 号)就加强骨干教师队伍建设问题,再次提出要"实施'跨世纪园丁工程'等教师培训计划,培养一大批在教育教学工作中起骨干、示范作用的优秀教师和一批教育名师"。

2010 年 7 月,《国家中长期教育改革和发展规划纲要(2010—2020 年)》在"提高教师业务水平"这一发展任务中,提出要"造就一批教学名师和学科领军人才"。2012 年 8 月,国务院进一步出台了《国务院关于加强教师队伍建设的意见》(国发〔2012〕41 号),提出了加强教师队伍建设的指导思想、总体目标和重点任务,要求大力提高教师专业化水平,包括根据各阶段教育特点完善教师专业发展标准体系、提高教师培养质量、建立教师学习培训制度、完善教师培养培训体系和培养造

---

① 执笔:吴华清

就高端教育人才,并将基础教育高端人才培养的这一任务具体化为"中小学名师名校长培养工程"。

为了落实《国家中长期教育改革和发展规划纲要(2010—2020 年)》和《国务院关于加强教师队伍建设的意见》文件精神,深化教师教育改革,推进教师教育内涵式发展,培养造就高素质专业化教师队伍,教育部、国家发展改革委、财政部等于2012 年 9 月发布了《教育部国家发展改革委财政部关于深化教师教育改革的意见》(教师〔2012〕13 号),除提及"中小学名师名校长培养工程"外,还正式提出了"实施卓越教师培养计划",将其作为"创新教师教育模式"的任务之一。

2014 年 8 月,教育部发布了《教育部关于实施卓越教师培养计划的意见》(教师〔2014〕5 号),制定了实施中小学"卓越教师培养计划"的具体方向,具体包括"分类(学段、职业教育、特殊教育)推进卓越教师培养模式改革""建立高校与地方政府、中小学'三位一体'协同培养新机制"等。同年 12 月,《教育部办公厅关于公布卓越教师培养计划改革项目的通知》(教师厅〔2014〕5 号)分类确定了 80 个卓越教师培养改革项目,由部属师范大学、省属师范大学及办学质量较高的地方师范学院负责推进。

2018 年 1 月,中共中央、国务院发布了《中共中央国务院关于全面深化新时代教师队伍建设改革的意见》(中发〔2018〕4 号),就全面深化新时代教师队伍建设改革提出意见,对未来教育高端人才发展提出规划,提出"到 2035 年,教师综合素质、专业化水平和创新能力大幅提升,培养造就数以百万计的骨干教师、数以十万计的卓越教师、数以万计的教育家型教师"。

2018 年 2 月,根据《中共中央国务院关于全面深化新时代教师队伍建设改革的意见》的决策部署,教育部等五部门又出台了《教师教育振兴行动计划(2018—2022 年)》,指出要"创新教师教育模式,培养未来卓越教师""深入实施'卓越教师培养计划'""实施中小学名师名校长领航工程,培养造就一批具有较大社会影响力、能够在基础教育领域发挥示范引领作用的领军人才"。

2018 年 9 月,为贯彻《中共中央国务院关于全面深化新时代教师队伍建设改革的意见》,落实《教师教育振兴行动计划(2018—2022 年)》的工作要求,教育部又出台了卓越教师培养的相关意见——《教育部关于实施卓越教师培养计划 2.0 的意见》(教师〔2018〕13 号),此意见在之前意见的基础上增加了改革任务和重要举措,提出要全面开展师德养成教育、分类推进培养模式改革、深化信息技术助推教育教学改革、着力提高实践教学质量、完善全方位协同培养机制、建强优化教师教育师资队伍、深化教师教育国际交流与合作、构建追求卓越的质量保障体系共八项任务和举措,并进一步提出构建三级实施体系,加大经费保障和强化监督检查,以培养专业突出、底蕴深厚的卓越教师。

2022 年 4 月,教育部等八部门印发了《教育部等八部门关于印发〈新时代基础教育强师计划〉的通知》(教师〔2022〕6 号),提出要"持续实施卓越教师培养计划""实施新周期名师名校长领航计划",培养造就一批引领教育改革发展、辐射带动区域教师素质能力提升的教育家。

关于高端教师培养的政策沿革情况详见表 1-1。

表 1-1　国家部委关于高端教师培养的政策沿革

时间	政策文件	相关内容
1998 年 12 月	《面向 21 世纪教育振兴行动计划》	实施"跨世纪园丁工程",大力提高教师队伍素质
2001 年 5 月	《国务院关于基础教育改革与发展的决定》(国发〔2001〕21 号)	实施"跨世纪园丁工程",培养一大批在教育教学工作中起骨干、示范作用的优秀教师和一批教育名师
2010 年 7 月	《国家中长期教育改革和发展规划纲要(2010—2020 年)》	在"提高教师业务水平"这一发展任务中提出要"造就一批教学名师和学科领军人才"
2012 年 8 月	《国务院关于加强教师队伍建设的意见》(国发〔2012〕41 号)	将基础教育高端人才培养这一任务具体化为"中小学名师名校长培养工程"
2012 年 9 月	《教育部国家发展改革委财政部关于深化教师教育改革的意见》(教师〔2012〕13 号)	提出实施"中小学名师名校长培养工程""卓越教师培养计划"

（续表）

时间	政策文件	相关内容
2014 年 8 月	《教育部关于实施卓越教师培养计划的意见》（教师〔2014〕5 号）	制定了实施中小学"卓越教师培养计划"的具体方向
2014 年 12 月	《教育部办公厅关于公布卓越教师培养计划改革项目的通知》（教师厅〔2014〕5 号）	分类确定了 80 个卓越教师培养改革项目
2018 年 1 月	《中共中央国务院关于全面深化新时代教师队伍建设改革的意见》（中发〔2018〕4 号）	提出到 2035 年，培养造就数以百万计的骨干教师、数以十万计的卓越教师、数以万计的教育家型教师
2018 年 2 月	《教师教育振兴行动计划（2018—2022 年）》	创新教师教育模式，深入实施"卓越教师培养计划"，实施中小学名师名校长领航工程，培养造就一批领军人才
2018 年 9 月	《教育部关于实施卓越教师培养计划 2.0 的意见》（教师〔2018〕13 号）	在之前意见的基础上增加了改革任务和重要举措，并进一步提出构建三级实施体系，加大经费保障和强化监督检查，以培养专业突出、底蕴深厚的卓越教师
2022 年 4 月	《教育部等八部门关于印发〈新时代基础教育强师计划〉的通知》（教师〔2022〕6 号）	持续实施卓越教师培养计划，实施新周期名师名校长领航计划

综上所述，进入 21 世纪后，我国对高端教师的培养越来越重视，从一开始比较笼统地提出"提高教师队伍素质""培养一大批在教育教学工作中起骨干、示范作用的优秀教师和一批教育名师"，到形成具体的指导意见，包括培养目标、培养模式和路径等，这些政策都为高端教师培养提供了强劲的支持。

（二）部分区域的相关政策

1. 浙江"5522 工程"（1999）和"浙派名师名校长培养工程"（2012）

"5522 工程"是浙江省中小学"名师名校长计划"的形象化说法，具体指从 1999 年起，用 5 年时间在全省重点培养 500 位中学名教师、500 位小学名教师、200

位中学名校长、200 位小学名校长。其中,名师的培养目标是使培养对象成为特级教师,成为省内本学科领域的学科带头人,培训采取自学与集中、理论与实践、阶段性培训与持续性提高相结合的方式进行,每期培训跨度为 2 年。①

2005 年,《浙派名师新课程课例精编》的出版正式提出了"浙派名师"的概念。② 2012 年,浙江省教育厅推出了《浙江省教育厅办公室关于组织实施"十二五"中小学浙派名师名校长培养工程的通知》(浙教电传〔2012〕420 号)。该工程的特色在于培训单位竞争培养方案设计、实施理论与实践双轨导师制,学员需要结合实际选择研究课题立项。③

2. 山东"齐鲁名师工程"(2004)

山东省依据"跨世纪园丁工程",于 2004 年开始实施"齐鲁名师工程"④,每 3～5 年从全省中小学教师中遴选 100 名优秀教师作为"齐鲁名师"工程建设人选,进行为期 3～5 年的培养,考核合格后命名为"齐鲁名师"。该工程提出加快名师队伍建设,充分发挥"齐鲁名师"工程建设人选的骨干带头作用和示范辐射作用,造就一支师德优良、学养深厚、理念先进、视野开阔,教育教学能力、教育科研能力突出的学者型、专家型教师队伍。⑤

该工程的特色在于组建理论、实践双导师专家团队,导师与候选人双向选择,每位候选人配备一名理论导师和一位实践导师,并以课题研究为培养主线。⑥ 此外,还采取出国进修、国内进修、网络研修、学术研讨、撰写专著等方式对候选人进行培养。尤其强调培养对象在培养周期内坚守教育教学一线、每学年在本校听评

① 丰南,肖英."5522":培养名师的桥梁工程——阮忠训副厅长解答浙江省中小学"名师名校长计划"[J].教学月刊(中学版).2002,(01):7-9.
② 本刊记者.浙派名师:彰显浙江教育风采[J].教学月刊(中学版下),2007,(04):23.
③ 高凌,赵志辉,张建珍.构建名师培养新机制助推区域课改新途径——以初中历史与社会学科"浙派名师"培养工程为例[J].教学月刊·中学版(教学管理),2015,(04):32-34.
④ 山东省中小学名师建设工作会议综述[J].中小学教师培训,2005,(11):64-65.
⑤ 孙月圣,高洪涛,刘震.优秀中小学教师专业发展的现状及提升路径研究——以"齐鲁名师"工程人选为例[J].当代教育科学,2017,(11):87-90.
⑥ 孙月圣.名师名校长培养的实践与思考——以山东省齐鲁名师、齐鲁名校长培养为例[J].中国成人教育,2018,(15):98-100.

课不少于 10 节、在本学科上示范课不少于 6 节(市地以上公开课不少于 2 节)、举办专题讲座不少于 1 次。并且能够根据教育行政部门和学校安排,担任 2~5 名青年教师的培养带教任务,以实现"以老带新传帮带,以新促老共成长"。

3. 上海"普教系统名校长名师培养工程"(2004)

上海市教育委员会 2004 年发布了《上海市教育委员会关于"上海市普教系统名校长名师培养工程"的实施意见》(沪教委人〔2004〕106 号),2005 年出台了更为具体的方案:《上海市教育委员会关于颁发〈上海市普教系统名校长名师培养工程实施方案〉的通知》(沪教委人〔2005〕35 号),2006 年"双名工程"第一期正式启动,至今已完成四期。

该工程将通识培训模式(完成课程)、基地培养模式和任务驱动的实践性自主学习模式(至少完成以下八项任务:主持项目、开设讲座、带教新人、研究课题、举办论坛、撰写专著、示范教学、策划活动)相结合,搭建了较好的平台,营造了同伴互助的协同成长氛围。[①] 第四期"双名工程"采取分层培养模式。种子计划人员各区按比例产生,在区域培养并发挥带头作用;107 位攻关计划人员全市选拔、择优产生,在市级培养并发挥示范引领作用;37 位高峰计划人员全市选拔、联合培养,分别由市师培中心、市教研室、市电教馆、华东师范大学负责其日常管理、课题研究、知识图谱生成、个人教育思想凝炼等,开启了高校与基础教育共同培育高端教师的上海模式。

4. 江苏"人民教育家"培养工程(2009)和"苏教名家"培养工程(2020)

2009 年,江苏启动了"人民教育家"培养工程,2020 年结束。在全省范围内分 4 批共选拔 200 名特级教师进行培养,其中教师 120 名、校长 80 名,培训周期 5 年。[②] 省教育厅每年提供 3 万元的人均培养经费,主要用于培养对象的培训、科研、专著出版和导师指导等费用上。该工程由江苏省教育科学研究院负责具体实施工作,根据培训岗位的不同,分为中学校长、小幼校(园)长、中学教师(一)、中学教师(二)和小幼教师五个研修小组,每个小组配有导师团队,需要参与九项行动

① 张佳. 中小学名教师培养模式研究[D].上海师范大学,2018.
② 陈瑞昌.江苏启动人民教育家培养工程[J].中国教育学刊,2009,(08):47.

计划:理论素养提升、责任修炼、知识结构更新、实践模式构建、分类阅读、合作研究、团队建设、影响力论坛和教育考察。但在是否需要又能否构建教育家标准以及营造教育家成长环境等问题上仍存在困惑。①

"人民教育家"培养工程是江苏基础教育最为重要的高层次人才培养项目之一,是江苏倡导教育家办学的重大举措。工程实施以来,在人才培养、队伍建设、教育教学等方面取得了显著成绩。全省培养出了一批有教育情怀、有教学思想、有实践范式并在全国有影响力的专家。

因"人民教育家"培养工程效果卓著,2020年江苏省教育厅研究决定,接续"江苏人民教育家"培养工程,启动实施"苏教名家"培养工程。"苏教名家"培养工程赓续江苏"人民教育家"的人才选拔,从2020年起,用10年时间,每年从全省基础教育学校、中等职业教育学校,以及教科研机构、教师发展机构等单位的正高级教师或特级教师中,遴选不同年龄层次的培养对象50人。江苏省教育厅成立专家指导委员会,负责培养对象的指导、考核等重大事项,培养周期为3年。在培养周期内,通过名师带动办学质量的提升,实现一个课题研究项目、一本学术专著、一场学术报告、领衔建设一支教学团队、一次薄弱学校或学科转化经验、一项教育教学成果的"六个一"的目标责任。通过专家引领和自主研修、理论学习与实践锻炼、国内培训与国外培训相结合等方式,有计划、有组织地促进培养对象成长。

"人民教育家"培养工程和"苏教名家"培养工程致力于为一批教育理念新、科研能力强、专长突出、风格鲜明、发展潜力大的中小学教师创造条件、提供平台,使他们成为在省内外有重要影响力的人民教育家,辐射、带动和促进江苏省中小学教师队伍水平的整体提升。

5. 广东"百千万人才培养工程"(2012)

1997年,广东启动了基础教育"百千万人才培养工程",到2010年组织开展了4批培养项目,培养了900多名教师,但是高端教师的培养相对比较零散,没有形成体

---

① 喻小琴.教育家成长的现实困境及其反思——基于"江苏人民教育家培养工程"实施的分析[J].江苏教育,2019,(74):51-54.

系。2012 年,为贯彻落实《国家中长期教育改革和发展规划纲要(2010—2020 年)》,广东省人民政府又启动了新一轮"百千万人才培养工程",出台了《广东省人民政府关于全面实施"强师工程"建设高素质专业化教师队伍的意见》(粤府〔2012〕99 号)。

该工程包括 8 个培养子项目,即"小学(幼儿园)名教师"培养项目、"初中文科类名教师"培养项目、"初中理科类名教师"培养项目、"高中文科类名教师"培养项目、"高中理科类名教师"培养项目、"小学名校长、幼儿园名园长"培养项目、"中学名校长"培养项目和"教育家"培养项目。通过对培养机构的竞争性选拔,华南师范大学、广东第二师范学院和广东外语艺术职业学院承担具体培养任务。

该工程在严格选拔的基础上引进退出机制,对不同培养项目采取分层分类设计。[①] 名教师培养侧重教育教学理念、学科前沿探究、教学改革行动研究、教学风格及教育思想提炼与传播等内容;名校长培养侧重办学理念、领导力提升、学校改革行动研究及办学思想提炼与传播等内容;教育家培养侧重教育理论素养提升、教育改革实施探索和示范引领、教育理念或思想系统化提炼与传播等内容。

该工程关注"五结合"与"五阶段"。"五结合"即理论研修与行动研究相结合、导师引领与个人研修相结合、脱产学习与岗位研修相结合、国内学习与海外研修相结合、研修提升与示范辐射相结合。"五阶段"即集中脱产研修阶段、岗位行动研究阶段、异地考察交流阶段、示范引领带学阶段、课题合作研究阶段。这五个阶段在培养过程中穿插进行、合理衔接并相互促进。

6. 天津"未来教育家奠基工程"(2008)

天津市"未来教育家奠基工程"基于国家"提倡教育家办学"的理念,自 2008年起正式实施。[②] 该工程的培养模式为"一核三点",即以"凝练思想""改进实践""展示成果"这三个点支撑"培养教育家精神"这个核心。"一核三点"培养模式在实践中分为三个阶段。第一阶段是研修学习,主要包括集中培训、基地实践、国内考察、自

---

① 广东省中小学新一轮"百千万人才培养工程"的培养模式与教育机制[J].中国教师,2013,(16):5-8.
② 天津市中小学"未来教育家奠基工程"[J].天津市教科院学报,2013,(01):1+97.

主研修、阶段评估等培养内容。第二阶段是深度培养,主要包括挂职锻炼、境外培训、教学或办学经验的定位定型、阶段考核等培养内容。第三阶段是典型提高,主要包括未来教育家论坛、优秀学员成果推介、结业论文、项目合作等培养内容。①②

另外,该工程构建引领式自主发展的机制,实行理论型导师和实践型导师协同指导的"双导师制"。聘请南开大学、天津教科院等高校或科研机构的教授为理论型导师,聘请学科教学专家、学校管理专家等为实践型导师,每位学员配备一位学术型导师和一位实践型导师。在双导师的指导下,学员开展课题研究、撰写研究成果、进行实践锻炼等活动,实现有指向、高质量的自主发展。

7. 北京"中小学名师名校长发展工程"(2012)

2012 年,为贯彻落实《国家中长期教育改革和发展规划纲要(2010—2020年)》《中共北京市委教育工作委员会、北京市教育委员会关于实施北京市中小学名师名校长发展工程的意见》(京教工〔2012〕48 号),中共北京市委教育工作委员会、北京市教育委员会提出实施"中小学名师名校长发展工程"。

该工程构建了"政府—研究机构—高校"相互协同的名师培养模式。在这一模式中,政府层面的行动主要指北京市教委在人事处设立名师发展工程办公室,用行政力量推动工程实施;研究机构层面的行动指在北京教育科学研究院教师研究中心设立名师发展工程执行办公室,用专业力量协助政府负责工程的运行管理和质量监控;高校层面的行动指在北京师范大学、北京外国语大学、首都师范大学、北京教育学院设立名师发展工程培养基地,从学科教育角度实施具体的培养。

该工程实行学术、实践双导师制。学术导师来自高校、科研院所,主要承担制定学员个性化培养方案、理论培养、前沿问题专题指导、课题研究指导、研究课指导、论文论著指导和工作总结等职责。实践导师由北京市中小学特级教师担任,主要承担向学员展示至少 20 节教学示范课、对学员进行个性化指导(听学员 5 节常态课、2 节研究课,提供 1 份学员教学特色反馈报告)、指导学员完成知识结构梳

① 胡振京.奠基未来教育家成长——天津模式与经验[J].中国成人教育,2015,(17):65-68.
② 胡振京.奠基未来教育家成长——基于天津的案例分析[J].教育学报,2014,10(03):50-55.

理和实践指导等职责。

　　此外,该工程以"研究引领,学术涵养"作为名师培养的切入点和核心理念,设置理论学习、课题研究、基于课题的研究课三位一体的学习内容,力图做到促进教师理论和实践水平的共同提升。该工程对名师学员的学习提出了明确的显性成果要求,即 1 个研究课题(开题报告＋中期报告＋结题报告)、1 篇论文(正式刊物发表)、2 节基于课题的研究课,简称"211"。

　　该工程虽然有着系统完善的培训设计和严谨的推进策略,但也存在培养层次单一、辐射带动作用不够、学员培训准备不足、工学矛盾突出、课题研究能力有待提升等问题。[①]

(三) 启示

　　国内各地高端教师培养工程大致诞生于 1999 年至 2012 年,因时间跨度较长,其政策依据也各不相同,后面的政策制定往往基于距其诞生时间最近的国家部委发布的相关政策。虽然上述区域在工程的命名上有所不同,但各地的具体培训方式具有许多共性,如在导师上采用导师团队或学术、实践双导师的设计,培养单位需要通过培养方案的竞争来获得实施培训的资格,注重开展课题研究,注重通过团队、基地等设计营造合作学习氛围,注重与实践结合,注重分类设计培养计划等。这些培养工程也存在一些共性的问题,如工作与学习的矛盾、评价制度不够完善、课题研究能力有待提升等。

二、国外相关政策及启示

　　国外没有"高端教师"一词,而是更多地使用"卓越教师"一词。"卓越教师政策"(Excellent Teacher Policy)在美国和英国其内涵相较中国更广,即它是使教师

---

① 宋洪鹏,鱼霞. 中小学名师培养的北京经验及发展建议[J]. 中小学管理,2022,(02):51-54.

群体更卓越的政策,而非从教师群体中培养出较为卓越教师的政策。但从外延来看,两者又有一定重合,即都有关注卓越教师培养的内容。

（一）美国[①]

美国卓越教师政策经历了形成期（1983—2000 年）、成长期（2001—2009 年）和深化期（2009—至今）3 个阶段。在形成期,里根（Ronald Wilson Reagan）、老布什（George Herbert Walker Bush）以及克林顿（William Jefferson Clinton）总统一直践行自己对美国教育改革的诺言,强调要提高美国教师质量,改变美国教育现状,他们制定的教育政策在一定程度上缓解了美国教师质量问题。在成长期,美国出台了《不让一个孩子落伍法》（No Child Left Behind Act）,第一次用法律形式对"高质量教师"（highly qualified teacher）进行界定,并采取相应的措施来培养高质量教师。在深化期,联邦政府重视高效能教师,关注教师领导力,加大支持卓越教学政策,并且制定了卓越教师准备计划。这一卓越教师准备计划涵盖新教师招募、职初教师培养和支持教师在职发展等内容。在支持教师在职发展方面,美国鼓励教师进行同辈学习和结合自身发展选择专业路径（教学或管理）,制定了"教师职业阶梯"计划（副教师、专业教师、终身教师和专家教师）。这些政策被认为增加了卓越教师储备。

美国国家专业教学标准委员会（National Board for Professional Teaching Standards,简称 NBPTS）一直致力于制定卓越教师的标准。该委员会在制定具体标准之前,首先确定了五项原则:（1）卓越教师在关注学生学习的基础上也致力于学生的个性发展;（2）卓越教师不仅需要有丰富的专业知识,还要拥有高超的教学技能;（3）卓越教师具有很强的组织能力以及管理能力;（4）卓越教师具有反思意识和改进能力;（5）卓越教师需要有很好的合作意识。为了达成卓越教师的标准,美国形成了多元化的教师培养结构,包括综合性大学模式、文理学院模式、专业发展学校模式、选择性教师教育模式等。

---

① 韩芳芳.奥巴马执政时期联邦卓越教师政策研究[D].福建师范大学,2016.

（二）英国①

1997 年,英国教育与就业部培训司(Department for Education and Employment,简称 DfEE)出台了《卓越的学校:白皮书》(Excellence in Schools:A White Paper),提出要引入奖励机制鼓励杰出教师在学校传播教学经验,并提出教师发展的高级阶段——高级技能教师。1998 年高级技能教师计划正式付诸实践。高级技能教师岗位的设置标志着英国卓越教师政策的发端,在此之后的数十年中,该政策不断得到发展和完善,在卓越教师政策中占有举足轻重的地位。

2002 年英国颁布了《胜任教师:合格教师资格标准与教师职前培训要求》(Qualifying to Teaching:Professional Standards for Qualified Teacher Status and Requirements for Initial Teacher Training),2007 年出台了其修订版。该文件将教师专业标准分为:合格教师标准、核心教师标准、骨干教师标准、优秀教师标准、高级教师标准。英国的教师专业标准主要包括三个维度,分别是专业素质、专业知识与理解、专业技能三个方面。

2011 年,英国教育部相继出台了培养下一代卓越教师的意见咨询稿和实施计划,重视初任教师培养,主张增加教师津贴,吸引优秀毕业生从教,并将培养模式分为 2 大类:"基于高校"的培养模式和"基于中小学"的培养模式。后者是改革的重点所在,主要包括"学校直接培养项目"和"教学优先项目"。

2012 年英国颁布了《关于教师标准的第一份报告》和《关于教师标准的最终报告》,并基于此教师标准提出了更高层次的教师标准——"杰出教师标准"(Master Teacher Standards)。《关于教师标准的第一份报告》相当于对教师能力和素质的最基本要求,《关于教师标准的最终报告》对应的是高级教师或卓越教师的标准。该标准对教师的知识水平、课堂表现、教学成果、环境和理念、专业背景这五个方面做了细致明确的要求。比如《关于教师标准的最终报告》对教师"课堂表现"方面的要求是:(1)能够激发学生获取知识和使用知识的热情;(2)课堂上受到学生

---

① 王刚. 英国卡梅伦政府卓越教师政策研究[D]. 天津师范大学,2018.

的尊敬、承担自身角色、对学生的批评和谈话自然且有效;(3)教学具有启发性和创造性,能够因材施教,了解学生心理;(4)能够对学生的学习提出恰到好处的能力要求;(5)课堂教学中设置有探索意义和思考价值的讨论题;(6)设置有效的家庭作业并且安排有意义的独立研究活动,扩大学生的知识范围,提高学生的理解力和行动力;(7)持之以恒地提供高质量、高标准、有建设意义的评价和反馈;(8)能够及时发现和纠正学生课堂学习中的错误,并作出有针对性的举措。

　　这些政策被认为使得英国的教师培训体系更为完善,相较过往更具操作性,培训路径得到了整合,参与培训的教师更多。

（三）启示

　　中国与美英两国开始制定卓越教师政策的时间相近,但在具体实施路径上有所不同。在中国,对于师范生的培养和针对在职教师的培养逐渐被分为了界线较为清晰的两类项目,而在美英,这种界限则不明显。英国制定的较为严谨的卓越教师认证标准值得学习借鉴。我国目前还没有出台相应的高端教师标准来指导基础教育高端教师的培养工作。为了明确高端教师应有的能力与素质,我们必须完善教师的认证标准,这将有助于保证高端教师的培养质量。

第二节　学术视角下的高端教师培养[①]

　　许多教师在进入成熟期并跻身优秀教师行列后会逐渐出现创造力枯竭、职业

---

① 执笔:刘思璐

热情下降、职业倦怠等"高原现象",促进优秀教师进一步实现高端发展乃至成为专家型教师,已成为非常重要的课题。目前国内主要存在两种推动中小学优秀教师实现高端发展的做法:第一种,由教育行政部门主导的"评选考核"型,即通过评选"骨干教师""学科带头人""教学名师""技术拔尖人才"等手段,认定优秀教师专业水平应达到的相应层次,并采用考核办法促进优秀教师进一步发展;第二种,委托高校组织的"集中培训"型,即通过举办暑期培训班、安排专家讲座、组织专题研讨等形式,拓宽优秀教师的学术视野,提高优秀教师的理论水平,以促进教师的进一步发展。[①] 本书所涉及的教师专业发展主要是针对优秀教师进一步发展成为专家型教师,故引用基础教育高端人才这一概念。

专家(expert)是指在某些领域技术娴熟、知识渊博的人,而专家知能(expertise)则是专家在个性、技能和知识等方面区别于新手的特征。自西方文明诞生以来,人们就对专家在其专业方面拥有的超群知识具有特殊的兴趣,专家的知识通过报告、师徒相传和课程教授等方式代代相传。研究不同领域的专家是非常重要的课题,如果知道专家如何组织和运用他们的知识,就可能提高学习者学习的效率,并且帮助他们达到更高的专业水平[②]。对于教育领域的专家,国外主要使用"专家型教师""教育者"等概念,而国内主要使用"名师""教育家""特级教师""卓越教师""高端教师""专家型教师""骨干教师"等概念[③]。

国外专家型教师的研究可追溯至 20 世纪 80 年代,匹兹堡大学的盖亚·莱因哈特(Gaea Leinhardt)等人、斯坦福大学的李·舒尔曼(Lee Shulman)等人和亚利桑那大学的大卫·贝利内(David Berliner)等人相继开展了有关专家型教师的研究项目,通过研究他们发现专家型教师在所教授科目、学生和课堂方面有专门的知识。[④] 到

---

① 孙国春.中小学优秀教师高端发展的路径——以江苏省南通市第一梯队名师培养为例[J].教育发展研究,2011,31(Z2):65-69.

② Ericsson, K., Charness, N., Feltovich, P., Hoffman, R. The Cambridge Handbook of Expertise and Expert Performance [M]. Cambridge: Cambridge University Press, 2006.

③ 李爱铭.中小学专家型教师培养的政策支持体系研究[D].上海师范大学,2016.

④ Callahan, L. G., Leinhardt, G., Putnam, R R. Profile of expertise in elementary school mathematics teaching [J]. The Arithmetic Teacher, 1986,34(4):28-29.

了20世纪90年代,罗伯特·斯滕伯格(Robert J. Sternberg)等人提出了专家型教师教学的原型观,使得对教学方面的专家知能理解更完全和广泛。[①]

我国专家型教师的研究源于20世纪90年代教师成长研究的转向[②]。直到20世纪末"跨世纪园丁工程"的启动,专家型教师的研究在我国开始形成一定规模[③]。目前,中国正在进行新一轮教师教育综合改革,《中共中央国务院关于全面深化新时代教师队伍建设改革的意见》指出,到2035年,教师综合素质、专业化水平和创新能力大幅提升,培养造就数以百万计的骨干教师、数以十万计的卓越教师、数以万计的教育家型教师。越来越多的国内研究者开始关注专家型教师的研究。

目前,专家型教师的培养是国内外研究者共同关注的重点课题。而在专家型教师专业发展研究中,专家型教师的成长阶段、影响因素和培养模式是教育研究者非常关注的内容,故而下文聚焦这几部分进行简单概述。

一、国外专家型教师的培养

要培养专家型教师,首先要研究专家型教师有哪些专业素养。安德森和塔纳对12个国家的106项中小学专家型教师的实证研究进行了系统性综述。研究发现:在专业行为方面,专家型教师会经常批判性地反思其实践,帮助同事,并且在其整个职业生涯中都是孜孜不倦的学习者;在专业知识方面,专家型教师拥有完善的教学内容知识和有关学习者的知识;在教学实践方面,专家型教师在课堂上表现出适当的灵活性,他们能通过教学活动和授课内容与学习者建立牢固的人际关系,并经常使用建构主义和以学习者为中心的教育文献中的策略。[④]

① Sternberg, R J., Horvath, J A. A prototype view of expert teaching [J]. Educational Researcher, 1995,24(6):9 - 17.
② 徐红,董泽芳. 我国专家型教师研究的回顾与展望[J]. 课程·教材·教法,2011,31(07):82 - 87.
③ 陈桂生. "专家型教师"辨析[J]. 江西教育科研,2003(04):6 - 7.
④ Anderson, J., Taner, G. Building the expert teacher prototype: A metasummary of teacher expertise studies in primary and secondary education [J]. Educational Research Review, 2023,38, 100485.

德耶夫斯立足于专家型教师在成长过程中所体现出来的典型特征,认为专家型教师的成长依次经历了新手阶段、优秀新手阶段、胜任阶段、熟练阶段和专家阶段五个发展阶段。其中,对教学经验的反思,是促使新手型教师向专家型教师转化的重要途径。[1]

沈中宇等人基于国外数学专家型教师的研究,总结了四种培养专家型教师的发展模式:课程型发展模式、研讨型发展模式、实践型发展模式和研究型发展模式。[2]

(一) 课程型发展模式

在课程型发展模式的研究中,研究者通过课程促进教师的专业发展。如以色列的伊文设计了一门高观点下的中学数学课程,课程共八个主题,四个主题为学校课程的核心话题:代数、分析、几何、概率与统计,三个主题处理数学在其他领域中的应用,如计算科学、自然科学、社会科学,最后一个主题为数学史与数学哲学。研究发现,经过高观点下的中学数学课程,教师获得了数学教学的资源,增加了对数学是什么的理解,并且重新感受了数学学习的快乐。[3]

(二) 研讨型发展模式

在研讨型发展模式的研究中,研究者通过教师互相之间的研讨来促进其专业发展。美国的康纳等人组织教师讨论课堂上的数学事件,事件可能来自学生的问题或讨论,也可能来自教科书的陈述或教师的评论,每次讨论包括阅读、分享和交流三个阶段,研究发现教师在讨论过程中增进了对数学的理解,扩展了数学教学

---

[1] Dreyfus, H L., Dreyfus, S E., Zadeh, L A. Mind Over Machine: The Power of Human Intuitive Expertise in the Era of the Computer [J]. IEEE, 1987. https://doi.org/10.1109/MEX.1987.4307079.

[2] 沈中宇,刘思璐,汪晓勤. 国外专家型数学教师研究述评[J]. 数学教育学报,2022,31(01):79-84.

[3] Even, R. The relevance of advanced mathematics studies to expertise in secondary school mathematics teaching: Practitioners views [J]. ZDM, 2011,43(6-7):941-950.

方面的知识,从而进一步促进了教师专业知识的发展。①

(三) 实践型发展模式

在实践型发展模式研究中,研究者通过让教师参与课堂教学实践的方式促进其专业发展。如彭正淑介绍了韩国的一种基于案例的教学方式,首先基于已有的教学案例让职前教师互相讨论,接着让职前教师将案例中学到的知识应用到教学实践中,从而促进这些职前教师深入反思自己的教学实践,同时提升了他们的专业知识。② 波士顿等人介绍了美国的一个以任务为中心的教师专业发展项目,教师在项目中学习挑选具有挑战性的教学任务并在课堂中实施,结果表明教师提高并维持了他们选择高水平教学任务和维持教学期间认知需求水平的能力。③ 莱金介绍了以色列的有关多方法任务的专业发展项目,在学习阶段,教师学习解决多方法任务;在实施阶段,教师在课堂中实施有关多方法任务的教学并与其他教师相互探讨,以此发展他们在教学策略方面的专业知识。④

(四) 研究型发展模式

在研究型发展模式研究中,研究者通过让教师参与课堂教学研究的方式促进其专业发展。如澳大利亚的克拉克等人让教师对学生进行基于研究的一对一访谈,从而发展教师在理解、评估和发展学生数学思维方面的教学内容知识和学科

① Conner, A M., Wilson, P S., Kim, H J. Building on mathematical events in the classroom [J]. ZDM, 2011,43(6-7):979-992.
② Pang, J S. Case-based pedagogy for prospective teachers to learn how to teach elementary mathematics in Korea [J]. ZDM, 2011,43(6-7):777-789.
③ Boston, M D., Smith, M S. A task-centric approach to professional development: Enhancing and sustaining mathematics teachers'ability to implement cognitively challenging mathematical tasks [J]. ZDM, 2011,43(6-7):965-977.
④ Leikin, R. Multiple-solution tasks: From a teacher education course to teacher practice [J]. ZDM, 2011,43(6-7):993-1006.

专业知识。① 布朗宁等人开展了德国的一项发展在职教师诊断能力的项目,在项目中让教师与学生讨论纯数学问题或游戏情境中的数学问题,教师在交谈中诊断学生的数学能力②。荷兰的斯密特等人通过双重设计研究在职教师专业知识的发展,发现教师在参与有关多语言数学课堂中发展学生数学学习的研究后,其实践水平、知识和信念都发生了变化,并且教师将其归因于双重设计研究的典型特征。③

以上研究可以看出,目前存在多种通向专家型教师的发展途径,且不同的途径侧重教师不同方面的发展,包括知识、能力和信念。在课程型发展模式研究中,研究者强调教师在学科内容知识方面的发展。在研讨型发展模式研究中,研究者关注教师在学科教学知识方面的发展。在实践型发展模式研究中,研究者重视将教师的知识应用于实践之中,从而提升教师的教学表现。在研究型发展模式研究中,有的研究者注重发展教师对学生思维的理解与培养,有的研究者注重教学中所需能力的发展,也有研究者注重对教师专业知识的发展。

总之,专家型教师具备了广泛联系的专业知识和积极主动的专业信念,展现了强调内容和注重交流的课堂教学,经历了实践交流和团队合作的专业发展路径。这为我国进一步开展作为教师教育者的专家型教师研究,构建基于专家型教师研究的教师评价体系,探析指向育人能力的专家型教师发展模式提供了启示。

二、国内专家型教师的培养

国内专家型教师研究以专家型教师的专业素养研究、课堂教学研究以及专业

---

① Clarke, D., Clarke, B., Roche, A. Building teachers' expertise in understanding, assessing and developing children mathematical thinking: The power of task-based, one-to-one assessment interviews [J]. ZDM, 2011,43(6-7):901-913.

② Bräuning, K., Steinbring, H. Communicative characteristics of teachers' mathematical talk with children: From knowledge transfer to knowledge investigation [J]. ZDM, 2011, 43(6-7):927-939.

③ Smit, J., Eerde, H A A. teacher's learning process in dual design research: Learning to scaffold language in a multilingual mathematics classroom [J]. ZDM, 2011,43(6-7):889-900.

发展研究为主。一般而言,专家型教师具有良好的专业素养,在课堂教学方面表现出显著特征,其专业发展过程展现出一定的阶段性。国内研究者还关注专家型教师的成长路径及其影响因素,并从理论建构层面提出了一些专家型教师的培养模式。

李爱铭以上海"双名工程"为例,聚焦中小学专家型教师培养的政策支持体系,研究并发展名师培养体系。在国家层面"培养跨世纪的园丁"上位政策的指导下,全国各省市教育行政部门陆续推出"名师""卓越教师""优秀教师"培养的政策。这些政策与实践将"专业培养"与"社会赋名"结合,改变专家型教师自然成长模式,创设了培养名师的机制。上海的名师培养政策支持体系将"组织学习"与"学习共同体"融合,实施基地培养,采用师徒制和同侪学习方式,完善教师教育模式。①

张和英对江苏省高中数学特级教师殷伟康进行个案研究,发现数学专家型教师的成长经历包括职业理想的形成、教育理念的形成、教育实施能力的形成和研究能力的形成四个发展阶段,影响其成长的因素包括生活背景、教育科研和他人期望等外界因素和信念、勤奋、毅力、尊生和爱生等内部因素。②

唐敏芳通过调查研究总结了浙江省 13 位包括教学能手、学科带头人、名教师和特级教师等不同级别骨干英语教师的成长因素。研究发现,影响教师专业发展的因素包括学校因素、家庭因素、社会因素、关键时期、关键人物和关键事件等外部因素和成才动机、专业发展自主意识、专业发展自主能力和教学反思能力等内部因素,研究者建议应从创造外部条件和调动教师自身两方面着手发展教师专业能力③。

胡玺丹调查了全国 432 位生物教师,以期探索生物教师转变为专家型教师的关键成长因素,包括职业投入程度,具备良好的情意状况,抓住专业成长的关键时

① 李爱铭.中小学专家型教师培养的政策支持体系研究[D].上海师范大学,2016.
② 张和英.专家型数学教师殷伟康的专业成长路程及启示[D].苏州大学,2009.
③ 唐敏芳.中学英语专家型教师专业发展途径探究[D].华东师范大学,2006.

期,具备扎实的人文功底和优良的数理—逻辑能力,立足本职工作、不间断开展教育科学研究,兼顾自主学习与专职教育以及与高校保持紧密联系。[①] 此外,胡玺丹基于文献梳理将教师培训模式归纳为八种,包括:

(1) 院校培训模式:以师范院校、教师进修院校为主,综合性高等学校、非师范性高等学校参加的对中小学教师实施培训的一种培训模式。

(2) 校本培训模式:以学校为基地,由学校根据自身情况,自主确定学校及教师发展的培训目标、内容、手段等,充分利用校内资源以实现教师专业发展。

(3) 研培结合培训模式:实现教学研究与培训一体化,以研兴培,以培促研,将教学研究与培训有机地结合,以促进教师素质提高。

(4) 教育行动研究模式:通过实践者自身的实践进行教师专业发展。

(5) 反思性培训模式:以教师自己的教学活动为思考对象,来对自己所做出的行为、决策以及由此所产生的结果进行审视和分析。

(6) 导师制培训模式:由指定导师个人或群体具体指导特定对象的教育教学及教育科研实践。

(7) 案例研究模式:运用教学案例进行教学的方法。

(8) 远程网络研修模式:利用网络来进行教师培训。[②]

陈勇兵基于文献梳理和浙江省中学数学名师的培养经验,构建了由理论学习、实践探索和案例研究(以案例为载体的行动研究)三个子模块组成的专家型教师培养模式,其提出的中学数学名师培训模式见图 1-1[③]。

刘清昆以宁波市"学科教育家"(中学数学)高级研修班为例,反思了现有的教师培训体系在促进名优教师成为专家型教师方面存在的不足。从名优教师的行动困境来看,主要体现在教学实践缺乏创新、个体的反思与科研能力不足、专业成长呈现个体内发式倾向;从教师所在学校的培训困境来看,主要表现为无法有效

① 胡玺丹.教育转型期中学生物教师专业发展研究[D].华东师范大学,2008.
② 胡玺丹.教育转型期中学生物教师专业发展研究[D].华东师范大学,2008.
③ 陈勇兵.中学数学名师培训模式研究[J].浙江师范大学学报(自然科学版),2007,(02):229-232.

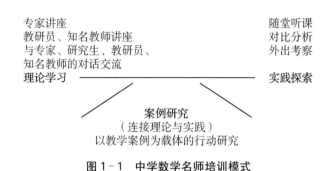

图1-1　中学数学名师培训模式

帮助名优教师更新学科知识及教学理论,未能帮助名优教师解读他人教学模式并催生其自身个性化的教学理念,缺乏系统化的培训课程的设计及未能搭建名师教学理念区域辐射的平台。通过调研确定了以理念浸润、观点催生、主张普适三大模块为主的专家型教师研训模式[①]。

陈薇基于文献梳理,从结构、表征、问题和技术四个方面建构了数学教学的关键要素。通过对专家型教师的课堂教学实录分析发现,专家型数学教师的课堂教学在结构方面有着迭代进阶的特点;在表征方面是循环往复上升的过程;在问题方面具有系统的整体规划;在技术方面具有从追求效率到追求效果、从理想融合到深度应用、从使用技术到理解技术的特点。教师的专业发展历程可分为新手水平、高级新手水平、胜任水平、熟练水平和专家水平。[②]

综上所述,专家型教师的成长路径具有一定的阶段性,其影响因素包括外部因素和内部因素。在专家型教师的培养模式方面,有集中讲授、学术研讨等基于课程的培养模式,也有校本教研、课堂实践等基于教学的培养模式。从已有研究中可以看到,基于教师的成长路径,从中提取影响因素,可以设计相应的有效培训模式。

专家型教师是指掌握深刻的学科知识,具有丰富的教学经验和研究成果,能

---

① 刘清昆.名优教师专业发展的困境与实践探索——以宁波市"学科教育家"(中学数学)高级研修班为例[J].高等继续教育学报,2015,28(03):36-40.
② 陈薇.TPACK视角下小学数学教师专业发展的研究[D].南京师范大学,2018.

够深入分析学生需求、掌握教学方法并进行课程设计的一类教育专业人员。专家型教师的发展为培养专家型教师提供了以下启示。

首先,成为专家型教师需要对所教授的学科有深入的了解,并能整合各学科知识。因此,教师需要持续学习及不断积累知识,掌握科学、高效的学习和教学方法。

其次,专家型教师在日常教育活动中会不断实践、探索和改进教学方法,随时解决学生遇到的问题;专家型教师能够根据学生特点、需求和课程目标设计个性化的教学内容,满足学生的需求、发挥学生的潜能,让学生真正地明白知识的意义、价值和应用。

再者,专家型教师能够将自己和他人的学习过程进行分析、归纳和总结,指导学生学会学习,引导学生运用各种方法和技巧学习,从而培养学生的自主学习能力。

最后,专家型教师始终保持对教育事业的热爱和对知识的渴望,始终追求进步和创新,不断更新课程、教材和教学方式,为学生提供最优质的教育服务。

第二章　教师工作坊的研究综述①

　　近年来,教师工作坊在教育领域的研究逐渐增多,涉及的主题包括教学方法、教育技术、课程设计、教育心理学等。研究表明,教师工作坊作为一种重要的教师专业发展形式,对于提高教师的教学技能、教学方法、教育理念等具有积极的影响。同时,教师工作坊还能够促进教师之间的交流与合作,增强教师的归属感和职业满足感。教师工作坊的效果受到多种因素的影响,包括工作坊的设计与实施、参与教师的背景与态度、工作环境与条件等。其中,工作坊的设计与实施是影响效果的关键因素。本章通过对教师工作坊文献进行系统梳理和深入探讨,以期不断完善和优化普陀区拔尖教师工作坊的设计和实施,为区域高端教师的专业成长和教育质量的提升提供有力的支持。

① 执笔:沈中宇,刘思璐

第一节　教师工作坊溯源及理论基础

一、教师工作坊的追根溯源

工作坊(workshop)起源于德国以培养工程设计师和建筑设计师为宗旨的包豪斯设计学院(Bauhaus)。在包豪斯学院,学生的身份是"学徒工","形式导师"教授理论性知识,"工作室师傅"教授技术类知识,由于实践环节需要在特定的场地进行,因此学生的日常实践操作空间——工作坊,逐渐成为实践环节的核心,以此形成的实践模式被称为"工作坊教学"①。工作坊模式产生后,在国外得到广泛应用,在我国高等教育的建筑学、工业设计等专业领域也得到了推广。由于工作坊模式的成功应用,有学者尝试将工作坊教学模式应用于教师培训方面②。

教师工作坊由若干成员组成(包括坊主、研修学员等),他们聚焦于特定教学主题,开展观摩、体验、讨论、反思等活动,旨在通过相互交流、经验分享、协同研讨来解决实际教学问题,促进教师实践性知识的发展③。国外研究者将教师工作坊看作是一个短期培训或研讨会,国内研究者则将工作坊视为教师获得实践性知识的学习共同体,注重实践中的评价和反思④。

教师工作坊作为一种促进教师专业发展的教师培训载体,早已受到了我国教育政策方面的重视。2014 年,教育部教师工作司印发关于《"国培计划"——教师

---

① 林书兵. 基于工作坊的实践教学模式的应用与探析[J]. 现代教育论丛,2014,(03):67 - 71.
② 林志森,蒋凤春. 工作坊式教师培训模式初探[J]. 中小学教师培训,2014,(08):14 - 16.
③ 何皓怡,刘清堂,吴林静,等. 教师工作坊中学员话题挖掘方法及应用[J]. 中国电化教育,2018,(10):79 - 86.
④ 张妮,李玲玲,杨琳,等. CDIO 框架下的教师工作坊研修模式构建与应用[J]. 现代教育技术,2022,32(09):117 - 125.

工作坊研修实施指南》(教师司函〔2014〕12号)的通知,明确了在教师培训工作中开展教师工作坊研修的目标任务、主要流程、研修方式、研修内容、职责分工以及绩效考核等相关内容①。2016年,教育部发布《教育部办公厅关于印发乡村教师培训指南的通知》(教师厅〔2016〕1号),强调"要充分发挥教师工作坊的作用,引领教师开展研修"。

同时,在教育信息化背景下,信息技术与教师工作坊的结合也逐渐受到重视。2007年,报告《推进教师专业发展:信息技术的潜在用途》(Enhancing Professional Development for Teacher: Potential Use of Information Technology)提出"工作坊活动是提升教师专业素养的重要途径"。2019年,《教育部关于实施全国中小学教师信息技术应用能力提升工程2.0的意见》(教师〔2019〕1号)提出:"推动教师应用教师工作坊,利用线上资源,结合线下研讨,提升教师信息化教学能力,破解教育教学重难点问题"。

二、教师工作坊的理论依据

教师工作坊作为一类重要的教师专业发展方式,其理论依据主要包括实践共同体理论、活动理论、群体动力学理论、学习型组织理论等。

(一)实践共同体理论

"共同体"作为一个社会学概念,最早由德国社会学家滕尼斯(Ferdinad Tönnies)在1887年出版的《共同体与社会》一书中提出。"共同体"一词在德文中意指共同生活,滕尼斯用它来表示建立在自然情感的意志基础上、联系紧密的、排他的社会联系或共同生活方式,强调人与人之间的紧密关系、共同的精神意识及

---

① 朱彤彤,张爱琴,何德. 我国教师工作坊研究的成果综述(2005—2018)——基于知识图谱的可视化分析[J]. 广西教育学院学报,2020,(05):170-177.

对共同体的归属感和认同感①。

基于"共同体"这一概念,莱夫和温格在《情境学习:合法的边缘性参与》这一著作中进一步提出了"实践共同体"的概念,其目的是为那些发生在社会情境中实践者之间的学习提供一种可供分析和检验的模板,他们认为大多数的学习是在一定的社会情境之下发生的,比如专家之间互动交流、新手向老手请教问题的非正式聚会等,通过这样的一个过程,这些非正式的聚会最终有助于实践者生成新的解决问题的方式和途径②。

随着温格的又一著作《实践共同体:学习、意义和身份》的问世,人们对"实践共同体"的认识变得更加清晰,其关注的焦点也兼顾了社会化、学习和个人身份的发展。温格这里所指的"实践共同体"并非由于任务或工作的需要下的人员之间的简单聚集,也不是通常意义上的社会团体与专业社群,而是包含了明确的社会实践、共同的愿景和共享的信念等成分的团体。

在随后的研究中,温格进一步提出了"实践共同体"三个彼此相关的结构要素,分别是:相互的参与、共同的事业、共享的知识库③。相互的参与是指共同体中成员的关系是相互介入的关系,人类对实践的参与是意义协商的过程。事业的"共同性"体现在实践共同体中该事业是经过共同协商的,是在共同体成员的实践参与过程中逐渐确定并发展起来的。共享的知识库是某一个共同体所共享的一套资源,包括惯例、用语、工具、行事方式、经历、态度、行为、概念等。

(二) 活动理论

活动理论起源于 20 世纪 20 到 30 年代间,苏联心理学界开展了在马克思主义哲学的基础上重构心理学的工作,对心理学中居统治地位的唯心主义哲学观点进

---

① 叶海龙."实践共同体"及其对教师专业发展的启示[J].当代教育科学,2011,(16):24-26.

② 李子建,邱德峰.实践共同体:迈向教师专业身份认同新视野[J].全球教育展望,2016,45(05):102-111.

③ J·莱夫,E·温格.情境学习:合法的边缘性参与[M].王文静,译.上海:华东师范大学出版社,2004.

行了批判,突破了以往仅从生理学上分析人类思维的心理学思路。心理学家普遍认为人类思维的产生和发展必须在一个有意义的、目标导向的、人与环境交互的社会背景中理解。

经维果斯基(Lev Vygotsky)、列昂节夫(Alexei Nikolaevich leontyev)、恩格斯托姆(Yrjö Engeström)等研究者对活动理论进行的研究和发展,可以将活动理论分为三代。

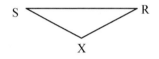

图2-1 中介动作的活动结构

第一代活动理论的核心是文化历史学派创始人维果斯基提出的中介思想,之后的活动理论都以此为基础。受巴普洛夫经典条件反射学说的影响,维果斯基认为,在人类行为的刺激和反应之间有一个中介,即二次刺激,并将该思想用三角模型表示(如图2-1)。其中,S表示"刺激",即行为主体;R表示"反应",即行为客体;X表示主体与客体之间的中介。中介即工具,分为物质工具与心理工具,物质工具包括机器、建筑等外部事物,心理工具包括语言、符号、数学、文化人造物等。但是,维果斯基并没有形成系统的活动理论。

维果斯基之后,他的学生列昂节夫成为活动理论研究的领导者。20世纪30至70年代,列昂节夫带领其他研究者开展了大量的心理学实验,扩展了活动理论的框架,他提出了活动的层析结构,即活动的三个水平模式:活动、行为、操作。他开始关注个体与共同体之间的复杂关系,认为历史进化中的劳动分工使得个体行为和集体行为有所区别。活动理论由此正式形成。然而,列昂节夫并没有用图形来扩展维果斯基的原有模型。

20世纪70年代,苏联的活动理论相继进入西方其他国家,西方才开始研究活动理论,其中贡献最大的是芬兰学者恩格斯托姆提出的活动理论模型。

　　如图 2-2 所示,恩格斯托姆提出活动是一个系统,包含六个要素与四个子系统。主体是活动中的个体或小组,活动是按照主体的意愿进行的;客体是主体操作的对象,可以是物质的或精神的,并被主体转化为结果;共同体由若干个体和小组组成,他们共享客体并自我建构以区别于其他共同体;工具包括了将客体转化为结果的过程中用到的所有事物,可以是物质工具或心理工具;规则是对活动进行约束的规定、法律、政策和惯例,以及潜在的社会规范、标准和共同体成员之间的关系;劳动分工是共同体内的成员横向的任务分配和纵向的权利与地位的分配。这六个要素相互组合构成了四个小三角形,分别是生产、交换、分配与消费四个子系统①。

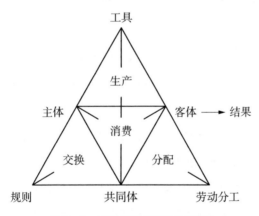

图 2-2　活动理论的"三角模型"

(三) 群体动力学理论

　　群体动力学是 20 世纪 40 年代由社会心理学家勒温(Kurt Lewin)在其心理动力理论的基础上提出的,它从内外环境相互作用的角度研究群体条件下个体行为的特点和规律,并重点研究影响群体发展动向的各种因素以及这些因素相互作用和相互依存的关系。群体动力学随后在美国迅速兴起,20 世纪 50 年代在世界上

---

① 吕巾娇,刘美凤,史力范.活动理论的发展脉络与应用探析[J].现代教育技术,2007,(01):8-14.

迅速发展①。

群体是指两个或两个以上相互影响、相互依赖的人为了完成特定的目标而在一起的集合体。这种群体具有以下特征：各成员之间相互依附，彼此在心理上意识到对方的存在；各成员之间在行为上有共同的规范，彼此相互影响；各成员具有群体意识，具有归属感；各成员的心理与行为，都以实现某种共同目标为宗旨。所以，群体不是个体的简单集合，而是互相影响和作用的个体为了共同的目标而组成的一个整体。

群体动力是指来自集体内部的一种能源。群体为满足共同的需要在寻求与确定各种目标，于是便会出现各种能量的汇聚、冲突、平衡与失衡以及群体行为的趋向和拒斥等现象。

群体动力学理论认为，群体的价值观、规范、内聚力、成员承担角色等是影响群体动力的内部因素，它们不仅影响群体成员的个性发展，而且影响群体发展的水平与群体绩效。

价值观被认为是引发情绪反应的重要的信念。如果群体成员具有相似的社会背景，那么他们的价值观往往也相似。反之，他们的价值观便不相同。相似的价值观是人际吸引的重要决定因素。价值观上的差异往往使人际吸引变得困难，也使共同的价值观的形成面临更大的挑战。建立共同的价值观很重要，它将增强人际吸引力并实现冲突的成功解决。

规范是群体建立的一些潜在的或外显的规则，它有助于个体指导他人对自己的期望和明确自己可以对他人有什么样的合理期望。人际规范影响群体成员之间的交流。当个体之间的价值观相同时，人际规范更可能产生作用。

内聚力是指群体的吸引力，包括群体对其成员的吸引力和群体成员之间的吸引力。内聚力由群体规范产生。情感互动是改善个体关系、提高学习动机的心理途径。通过情感互动，群体成员之间的关系不断变化与协调，从而增强了团队意

① 廖宏建，庄琪. 群体动力学在网上协作学习中的应用初探[J]. 现代远距离教育，2005,(04):30-32.

识,以及成员之间相互认可、共享群体活动的乐趣。

群体中各成员承担的角色是影响群体活动效率的另一个因素。不同的群体成员承担不同的角色,角色有助于群体成员区分自己的权利和责任,明确自己和他人的期望和行为。

群体不是静止的,而是处于不断地相互作用、相互适应的过程中的。群体对个体存在着影响,群体和其他群体之间也存在着关系。一个群体所拥有的动力比任何个体在任何方面所拥有的动力都要多,任何成员状态的变化都会引起其他成员状态的变化,个体的发展受到所属群体的影响①。

(四) 学习型组织理论

1990 年,美国麻省理工学院教授彼得·圣吉(Peter Senge)在吸收和借鉴其他国家经验和教训的基础上,提出了学习型组织理论,即自我超越、改善心智、建立共同愿景、团队学习以及系统思考,被管理学界称为"五项修炼"。其理论核心是指,通过关注每个成员的思想来充分发挥每个成员的创造力,培养其内部成员的思想组织形式,以此达到组织内部成员所期望达到的有效成果,从而使该组织整体的学习效果达到最大化。其意义在于强调使组织内部的每个成员发挥其最大的意义,使其个体有存在的价值。

学习型组织理论的核心观念包括可以实现内部成员自我超越、能够改善内部成员心智模式和实现内部成员的团体化学习。

自我超越是学习型组织理论最核心的观念之一。学习型组织理论认为,要想实现整个组织质化的改变,就要构建相关机制,使成员不断突破自身极限,通过实践行动来实现自身的理想。只有在实现了内部成员的自我超越的基础上,才有可能实现组织的整体性超越。因此,学习型组织理论进一步提出,要想实现组织内部成员的自我超越,可以从以下三个方面出发对组织内部成员进行引导。首先,

---

① 王小根,杨爽. 群体动力学视角下的协作知识建构活动探究[J]. 现代教育技术,2020,30(11):55 - 61.

要求组织内部成员学会建立危机意识。人们应该充分意识到危机在当下组织学习过程中的重要性与存在的必然性。其次,要在有危机意识的基础上建立组织成员的共同目标。最后,成员之间要有相互分享和帮助的意识。

学习型组织理论认为,在组织内部改善内部成员心智模式的过程并不是一个单纯的对组织内部的个体成员进行简单改善、提高组织整体心理模式的过程,而是对组织内部成员在思维的方式、习惯、风格和心理素质等方面的综合反映;并且,要想从根本上改善内部成员的心智模式,就要先改变其认识事物的认知方式,即要敢于正视自身的想法,接纳他人正确的认知方式。学习型组织理论认为,可以从以下三个方面出发,帮助组织内部成员形成正确的心智模式。一是组织内部的成员要学会对自身的行为和认知方式进行自我审视,挖掘自身的思维行为作风,更好地审视自己,使自身更好地融入到组织中。二是组织内部的成员要学会适当地表达自己的想法和认识,通过别人对自身想法及认识的评价,更好地改正自己的心智模式。三是组织内部的成员要学会以开放的心态在接纳他人评价的基础上,对自身的心智模式进行改善。

学习型组织理论认为,组织内部的团队学习是在成员实现自我超越和改善成员心智模式的基础上实现的。在现代型相关组织中,学习的基本单位是团队,而不是个人。要想实现团队学习这一主要目的,就要在团队学习的过程中注重对团队学习流畅性、变通性和独特性的培养。第一,在团队学习的过程中,由于其内部成员的数量较多,所持观念也有所不同,因此在学习的过程中要能够按顺序解决学习过程中的问题。第二,在团队学习的过程中,要提倡成员之间树立与创造不同的思维方式和观点,开展不同方式的自由交流和讨论,使组织内部成员学会从不同的观点出发去观察和对待问题。第三,在团队学习的过程中,要针对成员提出的多种学习策略进行甄别和选择,选择适合本团队的策略和观点,建立具有独特性的团队学习模式①。

---

① 胡瑞波. 教师专业发展的新思考:基于学习型组织理论的视角[J]. 中国成人教育,2016,(23):137 -
139.

第二节　教师工作坊在实践中的应用与启示

一、教师工作坊的运行模式研究

教师工作坊运行模式包括认知学徒制视域下教师工作坊、基于"三人行"模式的中小学教师工作坊、反思性实践视域下教师工作坊、云教师工作坊、支持教师区域研修的 PAST 模型、特级教师工作坊和 CDIO 框架下的教师工作坊研修模式。

（一）认知学徒制视域下教师工作坊

教师工作坊是一个整体，是由具有相同目标，希望提升自身的教学知识、学科知识或者技术知识的教师组成，从另一层面来说，教师工作坊就是一个共同体。从共同体的本质特征来看，教师工作坊具有行为主体性、系统开放性、成员组织性、目标整体性和活动整合一致性等特征。

如图 2-3 所示，共同体中的组成要素包括教师工作坊中的所有成员：坊主、辅导教师、观察教师和被观察教师。坊主对于其他成员主要是起指导的作用，在讨论的过程中，与其他成员之间是交流协作的关系，生成共同体的共有资源。辅导教师与坊主的关系是协作的关系，与其他的成员是辅导与被辅导的关系，辅导教师的主要工作是辅助被观察教师完成活动任务。观察教师与坊内成员是交流协作的关系，最主要的是帮助被观察教师完善其教学设计和改进教学流程，其自身也能通过活动收获较多相关的教学知识与技术知识。被观察教师与坊主之间是指导与被指导的关系，与辅导教师之间是辅导与被辅导的关系，与观察教师之间是交流协作的关系，被观察教师在其他成员的指导、辅导和协助下完成教学任务。教师工作坊中的促进要素主要包括实践、动机与合作。

基于认知学徒制的学习框架包含四个要素，分别是主题内容、学习方法、活动

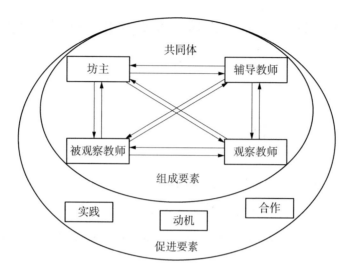

图2-3 教师工作坊中的共同体模型

序列和社会环境。主题内容是一个与特定学科相关的概念、事实和程序;学习方法强调给予学生观察、参与以及发明或发现情境中专家策略的机会,包括示范、辅导、脚手架、表达、反思与探索;活动序列提供一些原则来引导学生学习活动的先后顺序;社会环境强调情境化学习,提供学生学习的内部动机,促进成员之间的合作。

认知学徒制的四要素框架为教师工作坊研修模式设计提供了理论支持,依据认知学徒制的四要素框架设计的教师工作坊研修模式如图2-4所示。从主题内容来看,教师工作坊的坊主依据区县教研规划、课程教学大纲和标准、学员反映的在实际教学过程中遇到的教学问题,提炼工作坊的研修主题。从学习方法来看,教师工作坊中的研修活动主要采用的是支架式学习策略和协作学习策略。从活动序列来看,教师工作坊的活动开展主要是依据认知学徒制的指导原则进行的。从社会环境来看,教师工作坊中所有成员参与研修不仅需要在网络环境中交流协作,还需要在校本环境中实施实践教学,融合两种环境的优势,促进实践共同体成员之间的合作,共同解决实践问题①。

---

① 张思,刘清堂,熊久明.认知学徒制视域下教师工作坊研修模式研究[J].中国电化教育,2015,(02):84-89.

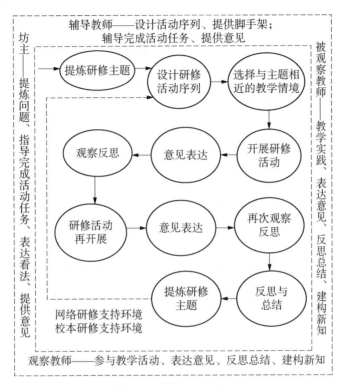

图 2 - 4　教师工作坊研修模式

（二）基于"三人行"模式的中小学教师工作坊

从中小学教师专业成长的需求出发,构建以教师的课堂教学引领能力、课堂教学诊断能力以及学科教学的研究能力"三位一体"的"三人行"坊主辅导主持模式。

如图 2 - 5 所示,"三人行"模式是由一线优秀教师、优秀教研员及高校学科教学法专家组成的教师培训工作坊的坊主团队,团队中的培训者都积累了丰富的教师培训经验,且集教师培训主题的讲授者、教育教学问题的解决者以及教师专业发展的促进者于一身。

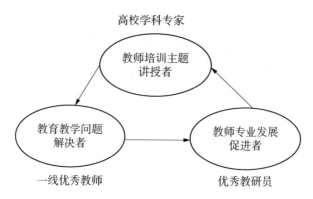

图2-5 "三人行"模式

如图2-6所示,通过"种子"教师(坊主)引领一定数量的区域骨干教师进行工作坊研修,打造信息技术环境下的教师学习共同体,将集中面授与网络研修相结合,将线上学习与线下实践相结合,探索建立骨干教师常态化的培训模式。整个工作坊研修活动主要由两部分组成。

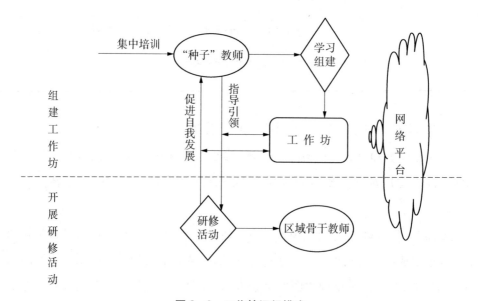

图2-6 工作坊运行模式

一是通过集中培训,遴选、培养"种子"教师作为工作坊主持人,依托"种子"教师为各地建立一批示范性工作坊;二是由"种子"教师引领区域骨干教师进行工作坊研修,提升骨干教师教育教学能力和培训能力,同时通过该研修活动促进"种子"教师(坊主)自身的发展,推动"种子"教师从优秀迈向卓越①。

(三) 反思性实践视域下教师工作坊

反思性实践的基本要素包括实践经历、发现问题、观察反思、行动判断、采取行动、抽象概括和实践验证。反思性实践视域下教师工作坊网络研修模型,既要兼顾反思性实践的过程要素,又要考虑到教师工作坊的活动环节。

如图2-7所示,坊员在教学工作中获得的实践经历是反思性实践的起点。坊主通过对坊员教学实践中共性问题的梳理,提炼出工作坊的研修主题。案例观摩旨在激发教师对研修主题的认知冲突,引导教师发现新旧经验之间的区别与联系。在此之前,为了更好地帮助教师理解和讨论案例情境,需要借助专家或坊主提供的与研修主题密切相关的脚手架来激活教师原有的经验储备。坊员基于对

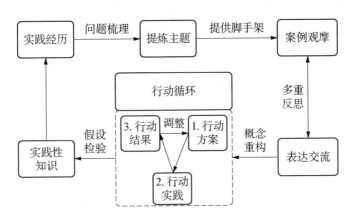

图2-7　反思性实践视域下教师工作坊研修过程模型

---

① 宋宁宁.基于"三人行"模式的中小学教师工作坊研修平台研究[J].中小学教师培训,2015,(08):14-17.

先前经验的回顾性反思以及对当前案例情境的批判性反思,在工作坊中与其他成员进行深层次的"专业对话",从社会性学习中吸纳经验、开阔视角、增长见识。教师通过概念重构重新认识原有的问题情境,为解决自身从业经验中的实践问题作铺垫。

受案例示范和经验整合的启发,教师尝试结合自身的校本实践开展前瞻性反思,并设计新的教学行动方案:在复杂的教学情境中,明确行动目标及行动过程,对多种可能性作出判断和决策;并依据行动方案实施行动。教学情境是复杂多变的,教师在行动中常常需要急中生智,临时修改方案,这也是生成实践性知识的源泉。此时教师获得的个别化经验只算作实践性知识的初步假设,需经过多次实践检验并反复审视以验证假设的有效性;当假设得到检验后,教师便发展了实践性知识,生成了实践智慧。

此时,教师可在工作坊中描述分享自己的行动计划、行动过程和行动结果,总结归纳自己的教学观点、行动方法、行动策略以及教学资源。生成外显化的知识即为一轮完整教师工作坊研修的终点。外显化意味着将实践性知识转化为可表达、可观察、可传播并能依附于载体的理论成果。最后,教师在真实的教育教学情境中运用实践性知识,获得真实的经历体验,为下一轮反思性实践提供新的实践经历。

如图 2-8 所示,教师工作坊是由学员和助学者(专家和坊主)共同构成的学习

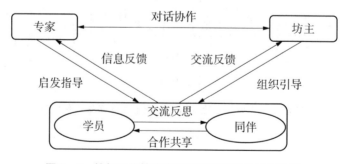

图 2-8 教师工作坊中责任主体的互动关系示意图

共同体,他们彼此之间在学习过程中进行沟通、交流,分享各种学习资源,具有共同的目标愿景,共同完成一定的学习任务,因而工作坊成员之间形成了相互影响、相互促进的人际关系①。

(四) 云教师工作坊

云教师工作坊是在抽取、吸纳和借鉴工作坊培训理念的基础上,以云技术为主要运行手段,以专题任务为核心,研修团队共同面对、合作、分析和解决实践问题。云教师工作坊不是工作坊的简单数字化和虚拟化,而是以整合 Web 2.0(互联网 2.0)技术的开放性和工作坊学习的探究性为思路,将新网络学习元素持续融入教师研修实践,切实提高教师处理现实问题的内驱力和执行力。

如图 2-9 所示,在遵循教师学习方式和特点的基础上,可以将教师远程培训分为研修方案拟定、预设资源学习、校本研修方案实施、实践反思、成果分享与评议等五个阶段,其中云工作坊既是教师研修活动的载体和工具,也是连接各阶段的主线,在培训各阶段将发挥不同的研修功能。

研修问题是云工作坊存在和运行的基础,是研修活动的最小单元。从某种意义上来讲,云工作坊的运行流程是一种从问题发生到反馈,再到诊断、研讨和解决的过程。如图 2-10 所示,当某一问题被反馈到云工作坊平台,坊主、参训教师、学科专家、辅导教师和游客将立即参与到问题讨论中,各主体凭借已有的经验基础,利用云工作坊平台已有的视频、音频、问题和文本等各类资源包,经过反复研讨和商订,共同寻找问题的应对策略并制定研修方案②。

---

① 蒋立兵,季春晓. 反思性实践视域下教师工作坊研修过程模型研究[J]. 中国电化教育,2018,(11):39-45.
② 李艳艳,刘云艳.“互联网＋”背景下云教师工作坊的研修设计与实作[J]. 教育学术月刊,2019,(09):63-70.

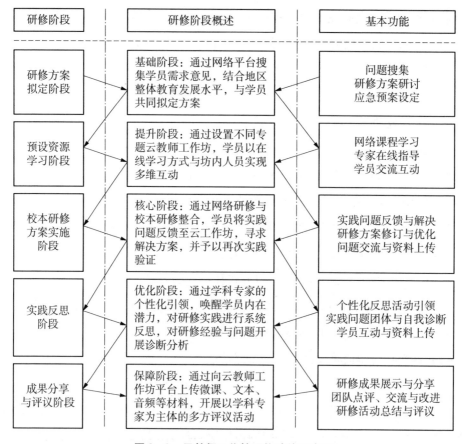

图2-9 云教师工作坊研修功能示意图

（五）支持教师区域研修的 PAST 模型

有研究者认为,支持教师区域研修的理论模型应将教学法、评价、空间和技术等四个方面有机整合起来,既要强调教学法的理论指导和应用,也要注重融合评价工具的研修空间设计,同时发挥技术的中介作用。在文献研究和大规模调研的基础上,研究者利用演绎法构建了支持教师区域研修的"教学法—评价—空间—技术"(Pedagogy—Assessment—Space—Technology,简称 PAST)模型,为设计信息技术支持下的区域研修活动提供有力支撑。

如图 2-11 所示,以支持教师区域研修为目标,注重教学法的理论指导和教学

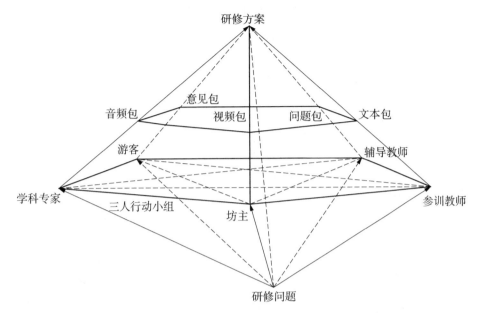

图 2‑10　基于问题中心的云教师工作坊实操模型

方法的应用,通过设计(选取)基于网络的研修空间,融合技术支持下的研修绩效评价方法,开展教师区域研修活动,提升教师信息化教学设计能力、教学管理能力、教学实施能力、教学评价能力、教学研究能力和教学反思能力。

　　PAST 模型四个核心要素的关系如下:(1)选取适宜的评价方法,推动教学法的实践应用;(2)空间融合了研修评价方法,而研修评价方法依托空间来应用和可视化;(3)区域研修空间融合了技术,技术同时也扩展了空间的范畴;(4)技术促进了"互联网+"时代下各种教学法的实施,而教学法在技术的推动下将其效果扩大化;(5)教学法依托区域研修空间实施,而区域研修空间支持教学法理论的实现;(6)选取恰当的技术支持区域研修评价,而"互联网+"时代下的区域研修评价在技术的支撑下效果更佳①。

---

① 张妮,刘清堂,徐彪,等.支持教师区域研修的 PAST 模型构建及应用研究[J].中国电化教育,2020,(04):93‑101.

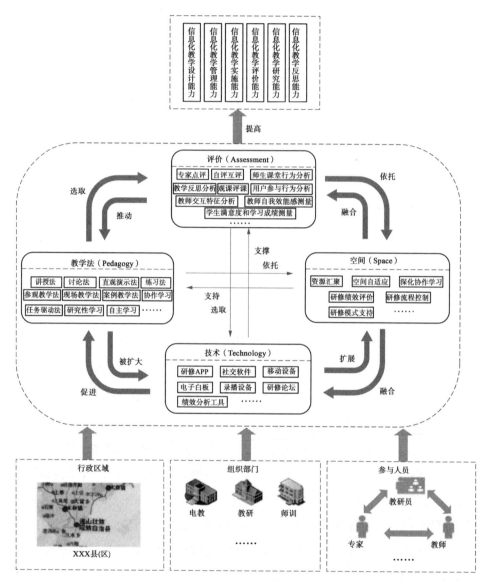

图 2-11 PAST 模型

（六）特级教师工作坊

与普通教师工作坊不同的是，特级教师工作坊作为具有"引领、共学、改进"性质的学习型组织，强调发挥特级教师的示范作用，共享优质教师教育资源，组建

"志于学"优秀教师队伍,使教师能够在工作坊中实现自身专业发展,对教师专业发展具有重要意义。

如图2-12所示,特级教师工作坊包括"指导者(高校专家)、坊主(特级教师)、帮扶者(区域专家)和坊员(普通教师)"四种角色类型。指导者为高校专业人员,职在整体设计、专业引领整个工作坊;坊主为特级教师,职在日常活动设计、活动组织;帮扶者为同一学科或不同学科的特级教师、教研人员,职在协调坊主、共同谋划工作坊发展;坊员为普通教师,职在参与活动、共求自身发展。

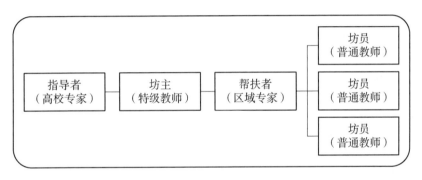

图2-12　特级教师工作坊

特级教师工作坊的运行方式分为实体平台和虚拟平台。实体学习平台形式多样,包括个体自主研究思考,同伴成员教师互助,坊主(特级教师)引领实现工作坊成员集中交流、共同行动研究、成果汇报以及送课下乡等实体学习活动的开展。实体学习平台地点灵活,根据活动内容而异,其重点是突出成员教师的主体性以及活动的实效性。虚拟的学习平台形式则是网站。每个工作坊都会有一个专属的网站,网站由发起单位进行初步的设计和建设,再赋权至各个坊主(特级教师)及成员教师进行自主管理,网站内容板块、风格都可根据各自需求进行调整,比如"教学切磋""课题研究""成果交流"等内容①。

---

① 邓晓莉,范国睿.基于特级教师工作坊的教师专业发展:表征、向度与优化策略[J].教师教育研究,2022,34,(02):105-111.

（七）CDIO框架下的教师工作坊研修模式

"构思—设计—实施—操作"(Conceive—Design—Implement—Operate,简称CDIO)框架是由麻省理工学院的Edward团队联合瑞典皇家工学院等多个科研团队,经过几年的探索和实践之后提出的一种理念。CDIO行动框架有助于学习者主动参与学习实践。作为国际上较为前沿的工程教育和人才培养理念,CDIO以产品、过程和系统的构思—设计—实施—操作全生命周期为背景,为教育研究提供了一个良好的行动指导框架,帮助学生以主动的、实践的方式学习工程,从而提升学生学习兴趣,培养其实践能力。

研究者尝试将CDIO框架应用于设计教师工作坊研修模式,开发了CDIO框架下的教师工作坊研修模式。如图2-13所示,其中,坊主、辅导教师、观察教师和

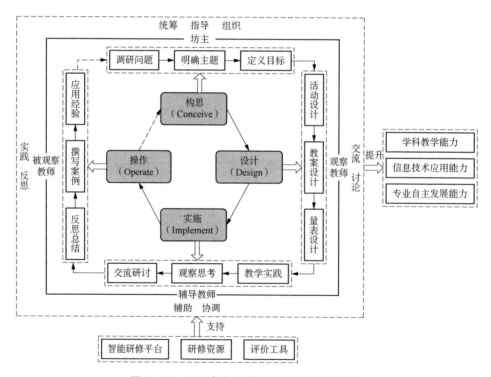

图2-13 CDIO框架下的教师工作坊研修模式

被观察教师互相协同,组成教师工作坊研修共同体。共同体围绕教学实践中的真实问题,以智能研修平台、研修资源、评价工具为支撑,以培养教师的学科教学能力、信息技术应用能力和专业自主发展能力为目标,开展以"构思—设计—实施—操作"为核心环节的周期性研修活动。

教师工作坊的参与主体包括坊主、辅导教师、观察教师和被观察教师。其中,坊主是教师工作坊中有效开展研修活动的组织者和促成者,负责研修活动的统筹、指导和组织;辅导教师的职责是辅助坊主开展研修活动,协调处理研修活动中的各种问题;观察教师的主要任务是参与活动交流和研讨;而被观察教师的任务主要是进行教学实践和反思。这四个参与主体在研修过程中的行为活动具有学习共同体的特征。其互动关系如图 2-14 所示。通过互动,四个参与主体在四个核心环节中分工协作,共同完成研修任务,达成研修目标①。

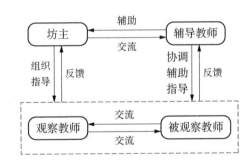

图 2-14　教师工作坊中参与主体的互动关系

二、教师工作坊的教师行为研究

教师工作坊的教师行为研究包括对知识共享行为、在线讨论深度、用户参与行为、用户投入行为、协作知识建构和学习交互行为等方面的研究。

---

① 张妮,李玲玲,杨琳,等. CDIO 框架下的教师工作坊研修模式构建与应用[J]. 现代教育技术,2022,32(09):117-125.

（一）知识共享行为

知识共享是知识管理理论的重要组成部分，是指组织内或组织间通过各种途径进行的知识交换与讨论，目的是扩大知识利用的价值。教师工作坊是教师网络研修社区的重要组成部分，其中的知识共享行为特征和规律是研究者关注的重要问题。

有研究者关注了教师工作坊中的知识共享行为，重点研究了核心成员和边缘成员的知识共享行为的数量和质量。研究发现，教师工作坊通过社区成员之间的互动形成了一种稀疏的社会网络结构，而且是一种典型的核心—边缘结构，核心成员主要由坊主、部分骨干教师组成，他们在教师工作坊网络中占据了核心位置，而且核心成员的顶点度明显高于其他成员，在教师工作坊中具有一定的声望和影响。教师工作坊中的核心成员和边缘成员的知识共享行为表现出较大的差异。在知识共享的数量上，核心成员的知识共享数量明显多于边缘成员；在知识共享的质量上，核心成员的反思性水平比边缘成员高①。

（二）在线讨论深度

教师工作坊中的在线讨论是指研修学员基于网络平台，在工作坊的讨论区中所进行的一种非即时性异步在线讨论。教师工作坊在线讨论深度是决定教师网络研修质量的关键，助学者支持对于学习者的在线讨论是否成功起着非常关键的作用。因此，在教师工作坊中，学习者的在线讨论深度情况如何、坊主的不同支持对在线讨论深度不同阶段有什么影响、如何提升坊主的助学支持来促进学员的深度学习与批判性思维的发展等都是值得研究的问题。

有研究采用问卷调查的方法，对教师工作坊在线讨论深度及助学者支持进行调查。研究发现，助学者支持对教师工作坊在线讨论深度不同阶段的影响程度不

---

① 张思,刘清堂,朱姣姣,等.教师工作坊中的知识共享行为研究[J].现代远距离教育,2015,(05)：49-55.

同,在线讨论深度的不同阶段所需要的助学者支持也不同,在助学者支持中,坊主的引导在工作坊在线讨论深度的整个过程中最为关键①。

(三) 用户参与行为

教师工作坊具备小群体、特定学科主题、强调用户参与和体验以及形成问题解决方案等特征。

有研究通过对教师混合培训过程中教师在线讨论的认知和情感行为进行探究,充分挖掘教师在研修讨论中的认知、情感特征,从而对教师网络研修进行良好的监控与引导并提供帮助,有效提升教师信息技术应用能力。研究发现,研修教师关注的内容依次为技术知识、教学法知识和学科内容知识;研修教师的消极情感密度值高于积极情感密度值,在部分时段内差异明显;在积极情感较高的时间点,可以对其进行资源推送,在消极情感较高的时间点,建议对其进行心理干预;教师对于积极情感情绪的表达较为丰富,对于消极情绪的反应更为强烈②。

(四) 用户投入行为

行为投入是学习投入研究的分支,源自 20 世纪 30 年代泰勒(Frederick Winslow Taylor)提出的"任务时间理论",主要关注学生在学习活动中的行为表现,包括投入时间、活动强度和努力程度等。

有研究者将参与、专注、坚持、交互四类指标作为教师工作坊中分析行为投入的主要维度,综合考虑上述已有行为投入分类指标,结合教师工作坊在线交互平台的实际功能,构建行为投入分析框架,依据此框架对研修教师在教师工作坊中的交互行为进行分析,可以帮助了解研修教师的整体行为投入现状。研究发现,研修教师的整体行为投入度一般;需要对部分教师进行干预,并看重对男教师进

---

① 黄庆玲,李宝敏,任友群. 教师工作坊在线讨论深度实证研究——以信息技术应用能力提升工程教师工作坊为例[J]. 电化教育研究,2016,37,(12):121-128.
② 刘清堂,武鹏,张思,等. 教师工作坊中的用户参与行为研究[J]. 中国电化教育,2016,(01):103-108.

行干预,提高其积极性;同时交互影响研修教师的专注度。

因此,需鼓励坊主参与交互以提升研修教师的专注度和坚持度;在适当的时候对研修教师进行干预及资源推送,有利于改善培训质量和效果①。

(五) 协作知识建构

协作知识建构是指教师工作坊中研修教师为解决某一个从实践中发现的真实问题而形成的学习共同体,以同侪互助策略为基础,围绕这一问题形成的主题进行交流讨论,不断分享和改进观点,形成新的观点再应用到实践教学中的过程。

研究发现,在工作坊开展活动过程中,承担组织角色的坊主以及承担辅导角色的组长在讨论中缺少积极交互,没有起到应有的主导和辅导作用,导致学习共同体缺乏必要的凝聚力。因此,某些积极性较高的成员自然而然地成为工作坊活动过程中的引导者和控制者,提高了群体的交互积极性,促进了信息和知识在学习共同体中的共享,有利于知识的再生,促进教师工作坊中共同智慧的产生,完成对这一主题的知识建构②。

(六) 学习交互行为

学习交互是远程教育研究的重要课题,是网络教学活动的重要组成部分。在教育领域,学习交互可以理解为学习者之间建立关系并进行交流的行为。教师工作坊中不同角色基于不同的技术平台开展的交流宛如一个学习交互系统,可以通过社会网络分析方法对其内部不同的交互互动进行分析。

研究发现,在教室工作坊的学习交互网络中,核心成员促进了周围许多成员的交流和互动。从社会网络分析的角度观察,单个核心成员就是网络中的单个节点,核心成员群体就是构成"线"的网络节点序列,如果以核心成员作为中心进行

---

① 刘清堂,雷诗捷,张思,等. 教师工作坊中的用户行为投入研究[J]. 现代远距离教育,2017,(04):19-28.
② 刘清堂,张妮,朱姣姣. 教师工作坊中协作知识建构的社会网络分析[J]. 中国远程教育,2018,(11):61-69+80.

辐射,多条"线"就会构成一个"面",形成点、线、面的发展路径,从整体交互网络或是局部交互网络有效促进教师工作坊成员之间的学习交互与知识共享,最终发展成社会网络分析的小团体。换言之,核心成员的培育关系到教师工作坊网络研修质量的提升①。

三、教师工作坊的教师发展研究

教师工作坊的教师发展研究包括对以下几个方面的研究。

(一)教师工作坊主持能力

教师工作坊是教师培训发展到混合研修阶段的一个新方式,也是发挥骨干教师引领示范作用,实现教师群体常态化混合研修的新机制。坊主作为工作坊研究活动的设计者、组织者、实施者、评价者,承担着引领、示范、组织、协调等职能,其角色实质是"互联网＋"背景下的教师培训师,须在具备传统培训师能力素质基础上,掌握并熟练运用在线教学的技能和方法。

研究者在对传统培训师和在线教师能力结构梳理的基础上,归纳出教师工作坊主持能力的核心要素。其中,教师工作坊主持能力模型的一级指标及其内涵如表 2-1 所示。

表 2-1　教师工作坊主持能力模型

指标	内涵描述
需求分析与研修规划能力	能调研研修的需求和条件并进行分析,从而确定研修目标,对整个研修进行科学规划

---

① 刘权纬,王兴辉,蒋红星.教师工作坊成员学习交互行为的社会网络分析[J].现代远距离教育,2019,(03):22-29.

（续表）

指标	内涵描述
资源建设与整合加工能力	能进行预设性资源和生成性资源的建设,查找并下载网络资源,对资源进行加工整合以及自行设计开发等
研修工具与技术运用能力	能使用研修平台和第三方研修工具,并将研修工具与研修活动相结合,辅助学员的研修
研修组织与过程管理能力	能对研修活动进行组织,对研修过程管理监控,并对学员研修结果与研修成果进行有效管理
氛围营造与团队建设能力	建立友好人际关系,维持坊内团结,促进成员交流协作,为学员网络研修创建一个友好的、社会化的环境

对于以上的每个一级指标,都有相应的二级指标,以上模型有助于对教师工作坊主持能力进行有效且可操作的自我评估,用于坊主自我查验、自我反思和自我发展①。

（二）教师工作坊中社会参与感

社会参与感被认为是网络学习中重要的情感因素,能描述人们互动时的心理感知,并能预测学习满意度。

研究发现,教师工作坊中的社会存在感包含技术、心理、文化和行为四个维度,其具体结构如表2-2所示。

表2-2　社会存在感测量维度

维度	感知	描述
技术	技术支持感	易用性、及时性、真实性
	共同存在感	空间上在一起的感知

---

① 武丽志,白月飞.教师工作坊主持能力评价指标体系构建[J].中国电化教育,2019,(12):123-128.

(续表)

维度	感知	描述
心理	参与关注感	共同参与、相互关注
	理解交流感	相互理解、交流
	情绪蔓延感	情感的互相影响
文化	身份归属感	身份认同、共同体
	文化尊重感	决策观点得到尊重
行为	行为依赖感	行为的相互影响

以上结构为教师工作坊中教师网络研修提供了用户角色方面的策略建议,拓宽了教师专业发展的多元路径[①]。

(三)教师工作坊中教师对话反思

教师对话反思的水平特征是网络研修质量的缩影,对话反思的内容也体现了教师的知识特征。有研究者从教师知识类型,尤其是从整合技术的学科知识的视角分析教师的认知特征,相关定义及其示例如表2-3所示。

表2-3　整合技术的学科知识

定义	示例
技术知识	充分利用网络资源,制成生动、活泼的课件,激发、调动学生学习的积极性和主动性
教学法知识	在课堂教学中,不断探索适合学生愉悦学习、合作、探究的教学方式
学科内容知识	拼音是小学语文教学的第一道难关,也是小学教学中最枯燥、乏味的内容之一
整合技术的教学法知识	我认为利用现代化的设施,开发学习与拼音内容相关的动画、游戏,让学生在玩乐中体验、学习,效果更好

---

① 杨海茹,刘清堂,余静雯,等. 教师工作坊中社会存在感结构的重构与测量[J]. 中国远程教育,2020,(05):54-63+75.

（续表）

定义	示例
	我认为色彩鲜艳的课件不大可取，因为它会分散学生的注意力，因而不能很好地识记拼音
学科教学法知识	让孩子们在课堂上做到眼动、耳动、口动、手动、心动，一定能将枯燥、单调的拼音课变得生动有趣，让学生始终保持学习的热情，在各种情境中快乐地学习拼音，享受拼音
整合技术的学科教学法知识	怎么才能让学生学好拼音呢？我认为充分利用多媒体等先进教学手段，用形象的学习活动帮助学生记忆，效果更好

　　研究发现，教师对话的知识类型主要是学科教学法知识和一般教学法知识。高分组教师的整合技术的学科教学法知识更加灵活，低分组教师则更关注技术知识与学科教学法知识的结合①。

---

① 张思，邓露，邓伟，等.网络研修社区中教师对话反思的认知网络分析——以语文"齐心协力教师工作坊"为例[J].电化教育研究，2020，41(07):42-47.

第三章　普陀区拔尖教师培养工作坊顶层设计[①]

　　拔尖教师培养工作坊的顶层设计是一项系统性、全局性的工作,做好顶层设计对于培养高水平、专业化的区域高端教师队伍具有重要意义。它可以让我们进一步明确高端教师的培养目标和标准,为培养工作提供明确的指导和方向;可以优化研修课程设置、教学方法、实践环节等方面的安排,确保培养工作的系统性和连贯性,提高培养效果;可以统筹各方资源,实现资源共享,形成合力,为高端教师的培养提供有力支持;可以为高端教师提供个性化的培养路径和机会,提升他们的教书育人境界,激发他们的内在动力和创新精神,提高他们的教学水平和科研能力。本章主要介绍普陀区拔尖教师培养工作坊设置的区域背景和运行机制保障,阐释普陀区是如何从整体上规划和设计培养方案,明确培养的目标、标准、路径和机制的。

[①] 执笔:王华,刘友霞

第一节　拔尖教师培养工作坊设置的区域背景

普陀区委、区政府非常重视区域教育事业的发展,在政策顶层设计与教育经费保障等方面做出了积极的努力。

一、区域教师队伍建设规划的顶层设计

(一)第一轮教师队伍建设行动计划

普陀区教育局历来十分重视教师队伍的专业发展,早在 2007 年就颁布《普陀区教育系统教师队伍建设四年行动计划(2007—2010 年)》,提出要"努力打造一支师德高尚、结构合理、分布均衡、适应素质教育和课改要求的高素质专业化队伍"。为打造一支教育领军队伍,行动计划首次提出建立骨干教师发展序列——教坛新秀、教学(教育)能手、高级指导教师、学科带头人、特级教师。教坛新秀、教学(教育)能手为区级骨干教师,为考虑均衡性,由各校按照教师人数比例申报;高级指导教师、学科带头人、特级教师为市名师后备人选或市级骨干教师,由区域及全市统一评审选拔。每一类称号人员承担相应职责,享受一定的待遇。

行动计划在高端教师的培养上也有涉及,比如明确提出在高级教师中培养和选拔一批高级指导教师和学科带头人,在学科带头人中培养和选拔一批特级教师。以下为部分文件原文。

在高级教师中培养和选拔一批高级指导教师。高级指导教师师德高尚,教有风格,富有特色。具有一定的教育理论水平,有较强的教育教学研究能力,教学实践能力强,教育教学成绩突出;在指导学科建设和教师培养方面成绩显著。

在高级教师中培养和选拔一批学科带头人。学科带头人师德高尚,教学有

方,富有品格。具有较高的教育理论修养,有较强的教育教学研究能力,在教育教学改革中勇于探索和创新,教育教学成绩优异。

在学科带头人中培养和选拔一批特级教师。特级教师是师德表率、育人模范、教学专家。对所教学科具有系统的、坚实的理论知识和丰富的教学经验;精通业务,严谨治学,教育教学效果特别显著;在教育教学改革中勇于创新或在教学法研究、教材建设中成绩卓著。在本市教育界有声望。

行动计划指出,要"在高级指导教师、学科带头人中选拔一批专业水平高,具有一定影响力的市名师后备人选队伍",并对市名师后备人选进行了界定,即必须具有较高的思想政治素质,事业心强,有奉献精神,教书育人,为人师表;专业理论基础扎实,教学水平高,了解本学科发展动态,积极开展教育教学研究,在课堂教学和本学科建设中成效明显,能发挥重要作用;具有发展潜力,勇于开拓,在教育教学实践中有创新精神。

行动计划还提出,要充分发挥领军人物在区域教育教学工作中的带头、示范、桥梁和辐射作用,以理论学习和实践培训为途径,加大市区级骨干教师培养力度,提高骨干教师综合素养。尤其提出建立 10～15 个由特级教师领衔的工作室,每个工作室选拔 5～7 名区内高级教师为培养对象,发挥特级教师在深化中小学教育教学改革和培养学科领军人物中的指导、示范和榜样作用,进一步激发特级教师致力于教育教学改革,发挥个人专长的积极性和创造性,形成既有利于特级教师自身不断完善和发展,又有利于促进高端骨干教师培养的人才工作机制。

第一轮教师队伍建设行动计划厘清了各类人才有序发展的要求,组建了近百个各学科带教工作室,培养了一大批各学科、各层次骨干教师,对于教师专业发展奠定了基础性工程,一批骨干教师成长为高级指导教师、学科带头人。

(二)第二轮教师队伍建设行动计划

2011 年普陀区教育局又出台了《普陀区教师队伍建设行动计划(2011—2015

年)》，提出要"着力打造适应素质教育要求、能满足区域教育现代化发展需要的师德高尚、业务精湛、结构优化、梯次分明、可持续发展的高素质教师队伍"。再次提出在高级教师中培养和选拔一批高级指导教师，在高级指导教师中培养和选拔一批学科带头人，在学科带头人中培养和选拔一批特级教师，尤其提出要"打造普陀教育领军人才"。以下为部分文件原文。

在高级指导教师、学科带头人中选拔培养一批专业水平高、具有一定影响力的市名师后备人选队伍。市名师后备人选应思想政治素质高，事业心强，有创新和奉献精神，专业理论基础扎实，教学水平高，教育教学研究有成果，在课堂教学和本学科建设中成效明显。

在市名师后备人选队伍中培养选拔一批学术造诣高、专业指导能力强、在市区有较高影响力的名师重点培养对象。

在名师重点培养对象中，建立领军人才培养研修基地，开展"普陀教育十大领军人才"评选活动，资助领军人才师从一流学者专家，培养和造就一批能引领普陀教育改革发展、在市级乃至国内外有影响力的名师、名家。

建立特级教师工作团队。组建由特级教师领衔的工作室，每个工作室选拔5～7名区内学科带头人为培养对象，发挥特级教师在深化教育教学改革和培养领军人才中的指导、示范和榜样作用，形成既有利于特级教师自身完善和发展，又有利于促进区域高端人才培养的工作机制。

计划首次提出要创建普陀领军教师培养项目，激发驱动、引领发展，完善高端人才队伍的选拔、培养和引进机制，努力营造教育家成长的环境。在这一计划的引领下，区域教育领军人才队伍逐步壮大。在第二轮教师队伍建设行动计划实施期间有一个关键性事件，即普陀区特级教师联谊会的成立。2014 年 6 月，为了进一步夯实普陀区教育人才梯队建设，打造教育人才高地，促进特级教师的示范、引领、辐射作用的充分发挥，为区域教育攻坚克难，建言献策，谋求发展，成立了普陀区特级教师联谊会。联谊会会长是当时晋元高级中学书记、数学特级教师、正高级教师王华,副会长是教育学院化学教研员、特级教师、正高级教师叶佩玉与曹杨二中语文教师、特级教师、正高级教师王伟娟。特级教师联谊会在以下三个方面发挥了教育人才高地的作用。

一是发挥表率作用,成为区域教师群体的表率。特级教师充分发挥好群体的表率作用,坚持教育规律,升华工作理念,传承教育精神,满怀教育信心,保持教育定力,用实际行动助推普陀教育优质、均衡、卓越发展。经过几年的锻炼、积累,普陀区特级教师群体逐步进入全市高端领域。2009 年,全市从第一、二期"双名工程"近 600 名人员中,考试选拔 79 位人员攻读华东师范大学教育类研究生,普陀区有 6 人入选;2013 年,上海市首次进行基础教育正高级教师评审试点,全市 11 位获得通过的人员中,普陀占据 3 席;2018 年,上海市第四届"双名工程"建设中,普陀有 2 人获评高峰计划成员、7 人成为攻关计划成员,进入全市领先区域。

二是发挥引领作用,为普陀教育发展积极出谋划策。坚持"资源共享、优势互补、和衷共济、共同发展",成为普陀教育发展的方针,努力汇聚群体智慧,积极为普陀教育发展出谋划策,推动普陀教育向更高、更优质的方向发展。特级教师联谊会多次组织区内外名师服务各教育联合体。其中,2 次进入桃浦联合体,举办骨干教师培训班,开设各种送教进校活动,推动区域教育事业均衡发展。

三是发挥辐射作用,培养形成良好的教师发展梯队。联谊会要为特级教师的自我发展与服务社会创设平台,要通过联谊会打开更多联谊、交流的渠道,进一步发挥全体会员的"传、帮、带"作用,以"凝聚优秀教师,追求卓越成长"为宗旨,形成精品团队,使联谊会成为优秀教师队伍建设的"摇篮",为普陀培养更多的优秀教师并形成有序的教师发展梯队。

第二轮教师队伍建设行动计划在高端教师培养方面取得的成效包括:6 名教师被评为上海市特级教师,使得普陀特级教师总数达到 19 人;3 名教师被华东师范大学聘为特聘教授;3 名教师入选国培计划第三批专家库人选;34 名教师入选上海市第三批"双名工程"后备人选,3 名教师入选上海市"双名工程"基地主持人;

4 名教师入选普陀区"领军人才",5 名教师入选普陀区"拔尖人才",4 名教师入选普陀区"青年英才"。

(三) 教育人才队伍建设"十三五"专项规划

2016 年,普陀区教育局制定了《普陀区教育人才队伍建设"十三五"专项规划(2016—2020 年)》。规划提出要打造领军人才,推进"普教领航"领军人才培养项目。以下为部分文件原文。

加强教育高端人才队伍对接渠道建设,促进以"双名"为核心的区域教育领军人才培养。对接全区干部人才队伍建设规划,支持和鼓励骨干教师和干部参加区领军人才、拔尖人才、青年英才的评选申报,推动区域高层次教育人才队伍的培养。主动对接市"双名"工程,力争入选市教委名校长、名教师培训项目的教师、校长人数有所增加。开展"讲台上的名师"系列展示活动,强化优秀教师立足讲台的意识,发挥名师在教师队伍中的示范辐射作用。探索与"全国卓越校长培训基地"等联合办班。推进领军人才培养研修基地建设,定期开展特级校长、特级教师重点培养对象遴选,通过双导师制、项目研究、专题论坛、办学展示、国际交流、著书立说等形式,培养产生若干名在全市乃至全国有一定知名度的名校长、名教师。

与前面两个行动计划不同的是,本次规划特别提出要开展特级教师重点培养对象的遴选,通过各种举措来培养在全国有知名度的名教师。这为拔尖教师培养工作坊的设置提供了行动依据。

二、区域骨干教师培养机制的创新

每一轮区域教师队伍建设规划都是一个系统工程,各部分之间存在密切的内在逻辑关系。同时,前后的顶层设计之间也有内在的连贯性和逻辑性。比如前两个行动计划虽然对高端教师培养有所涉及,但实施下来,高端教师培养成果并不明显,其中普陀区的上海市"双名基地"主持人数与先进区域比较有差距,连续三届(2009年、2011年、2014年)上海市特级教师评审,普陀区通过的人数占比都较低,尤其是2014年评选人数增加至100人的情况下,仍然只有3名,一定程度上说明普陀区教育高端人才培养机制需要改革和创新。

2009年上海市特级教师评选人数区域分布(总数81名)

区域	黄浦	卢湾	徐汇	长宁	静安	普陀	闸北	虹口	杨浦	宝山	浦东	嘉定	闵行	松江	青浦	金山	南汇	奉贤	崇明	市直属
数量	4	2	4	4	3	3	4	6	4	2	11	1	6	3	3	1	3	3	2	12

2011年上海市特级教师评选人数区域分布(总数81名)

区域	黄浦	卢湾	徐汇	长宁	静安	普陀	闸北	虹口	杨浦	闵行	宝山	嘉定	浦东	松江	青浦	金山	奉贤	崇明	市直属
数量	3	2	4	4	3	3	3	3	3	6	5	3	14	5	2	1	4	4	9

2014年上海市特级教师评选人数区域分布(总数100名)

区域	黄浦	徐汇	长宁	静安	普陀	闸北	虹口	杨浦	闵行	宝山	浦东	嘉定	松江	金山	青浦	奉贤	崇明	市直属
数量	8	6	7	3	3	4	8	7	7	4	15	4	3	3	2	3	2	11

为了继续培养与发展市级高端人才,原有的机制需要进一步提升、完善与创新。正是这样,"十三五"专项规划才汲取了上一轮规划的不足,提出要遴选特级教师为培养对象。为了使规划的这项措施能够落地生根,真正发挥实效,普陀区教育局组织区特级教师联谊会、个别学科领军人物,调查了解上海市其他区域工

作经验，了解发达省市高端人才培养模式，召开各层次人员座谈会，商谈、谋划高端人才培养机制，最终决定开设拔尖教师培养工作坊。

普陀区拔尖教师培养工作坊是发展区域教师专业队伍建设的重要举措，也是区域骨干教师培养机制的重大创新。它在教师培养方面进行了许多创新，主要体现在以下几方面。

第一，政策保障的创新。普陀区教育局注重政策支持和规划导向，通过人才战略建设"新工程"，优化教师队伍梯队结构，在原有骨干系列培养机制的基础上专门增设高端教师培养"工作坊"，为区域高端教师培养提供了有力的政策保障。

第二，系统培养的创新。普陀区拔尖教师培养工作坊的设置有助于进一步夯实高端教师的专业发展基础，在实现高端教师系统培养的同时也注重构建高端人才储备的"蓄水池"，为区域骨干教师的专业发展提供更为全面、有效的培养体系。

第三，个性培养的创新。拔尖教师培养工作坊的设置有助于为高端教师提供个性化的评估和特色提炼，形成自主发展"助推器"，优化教师发展过程，综合评价教师成长，筑就高端教师成长"共同体"，为高端教师个性化发展提供有力支持。

第四，联动培养的创新。从第一期拔尖教师培养工作坊开始，导师的遴选采用区内与区外联动机制，既关注本区优势学科积极性调动，也关注其他学科区域顶端人员的缺乏；运作方式采用通识培养与个性化、学科化带教相结合的方式进行。第三期的拔尖教师培养工作坊还实现了与以青年教师培养为主的"新蕾研学工作坊"的联动培养，通过组建以拔尖教师工作坊学员为主的导师团队，把青年教师培养和高端教师培养的两个团队有效结合起来，拓宽了培养渠道，加大了培养力度，形成了区域骨干教师专业梯度发展的新局面。这种机制创新为教师的专业发展提供了更多机会和可能性。

第二节　拔尖教师培养工作坊运行机制保障

区域高端教师培养,需要上接国家、市级文件精神,下接区域教育发展人才培养,特别是拔尖人才短缺的问题,不同的区情,会有不同的运作机制。普陀区教育局基于拔尖教师培养的 8 年历程,探索出了一套具有普陀特色的运行机制。

一、拔尖教师培养工作方案

为了确保拔尖教师培养工作坊的顺利运行,教育局制定了每一期拔尖教师培养工作方案。通过精心制定培养工作方案、明确培养目标和要求、制定具体工作步骤和时间安排,实现更好地组织和协调资源,从而使高端教师培养能够有计划、有目标、有步骤地进行。

(一)明确工作坊的培养目标

工作坊的总体目标确立为:以区委、区政府教育强区建设要求为指导,以"师德的表率、育人的楷模、教学的专家"以及正高级教师要求为标准,进一步创新骨干教师培养机制,以学员自主发展、主动参与、任务驱动为方法,围绕高端教师专业发展,采用个性化培养策略,组织专家指导,夯实学科专业基础,优化学员教学思想,提高教学质量与教学研究能力,着重在实践中帮助学员形成并提炼教学风格,扩大学员在本市的知名度和影响力。

工作坊在培养目标设置方面首先参考了《上海市教育委员会关于印发〈上海市特级教师标准(试行)〉的通知》(沪教委人〔2005〕28 号),该标准的制定是为了培养一批适应上海国际大都市建设需要、引领上海教育率先基本实现现代化的名师。标准将"特级教师"界定为:"国家为了表彰特别优秀的中小学、中等职业学校教师而特设的一种既具荣誉性、又有专业性的教师称号。特级教师在全面贯彻党的教育方针、全面实施素质教育中应是师德的表率、育人的模范、教学的专家。"文件还将"师德的表率、育人的模范、教学的专家"诠释为以下六条具体的标准。

上海市特级教师标准(节选)

1. 坚持党的基本路线,热爱社会主义祖国,忠诚党的教育事业,恪尽职守,具有神圣的职业使命感。

2. 执行党的教育方针,为人师表,以身立教,行为示范,自觉维护教师良好的社会形象,具有崇高的精神品质与高尚的人格魅力。

3. 教书育人,具有先进的教育理念,全身心地致力于学生的全面而有个性的发展;注重培养学生热爱中国共产党、热爱社会主义、热爱祖国的情感,勤奋努力,积极实践以爱国主义为核心的民族精神教育。

4. 热爱学生,尊重学生人格,保护学生的合法权益;因材施教,与学生平等相处,自觉承担起师长的责任,深受学生的尊敬和爱戴。

5. 精通业务,依法执教,严谨治学,有求真精神和探究创新能力,教育教学效果特别显著,在本学科领域和区域教育系统享有较高的知名度和影响力。

6. 有丰富的教育教学经验,积极参与教育改革,形成先进的教育教学科研成果,著书立说;能引领教育教学改革,热情指导和培养中小学骨干教师,为区域教育改革、教育事业发展做出积极贡献。

拔尖教师培养工作坊将上述六条标准作为工作坊重要的培养目标,努力将学员培养成为具有高尚师德、先进育人理念和精湛教学技能的教师,使其成为师德的表率、育人的楷模和教学的专家,为学校和普陀教育事业发展做出贡献。

上海市中小幼正高级教师评审常态化以后,为区域培养更多的正高级教师也成为拔尖教师培养工作坊的重要培养任务。根据正高级教师的评审标准,确立以下培养目标。

第一，培养学员崇高的职业理想和坚定的职业信念，能够以身作则，成为学生的楷模；具备良好的师德师风，关爱学生，尊重同事，能为促进青少年学生健康成长发挥指导者和引路人的作用，能够出色地完成班主任、辅导员等工作任务，教书育人成果突出。

第二，培养学员扎实的学科基础知识和较高的教育教学能力，包括课程设计、教学策略、教学方法等方面的能力。他们能够根据学生的特点和需求，制定合理的教学计划，采用有效的教学方法，提高教学效果。

第三，培养学员较高的学术研究能力，能够开展教育教学研究，探索新的教学理念和方法，并将研究成果应用于实际教学中，提升教学质量，在学科建设和学术领域取得显著成就，对教育教学改革和发展有创新性的贡献，在学术刊物上发表高质量的论文，并积极参与学术交流活动。

第四，培养学员的领导和管理能力，能够承担一定的管理职责，如教研组长、学科主任等，能够带领团队进行教学和科研工作，推动学科建设和学校发展。

第五，培养学员持续学习和发展的能力，能够不断更新教育观念和教学理念，掌握新的教育教学技术和方法，不断提升自身的专业素养和能力水平。

（二）明确工作坊的培养举措

拔尖教师培养工作坊采取各种措施来促进学员的发展，主要的措施包括：（1）确定工作坊领衔人。由区域特级教师联谊会会长担任此职务，并保持相对稳定，负责整体规划与设计，负责导师的遴选，负责通识活动的安排，负责市区级大型活动的安排与协调，负责各高端教师培养的联动与相互学习交流。（2）导师指导。为学员配备经验丰富的、在市级有影响力的导师，对学员进行个性化的指导和帮助，促进学员的专业发展和成长。（3）制定个性化发展规划。根据每位学员的实际情况和教育教学需求，为其制定个性化的专业发展目标，并制定相应的培养计划和实施方案。（4）高端引领。邀请知名专家、学者、特级教师等为学员开设专题讲座、工作坊、研讨会等，提供高端资源和引领，拓宽学员的视野和思路。（5）实践锻炼。安排学员参与各类教育教学实践活动,包括公开课、课题研究、教学比赛等,提高学员的教育教学能力和实践经验。(6)学术交流。组织学员参加国内外学术交流活动,包括学术会议、教育展览等,提升学员的学术水平和创新能力。(7)资源共享。提供丰富的教学资源和学习材料,包括电子课件、教学视频、图书资料等,方便学员自主学习和提升。(8)评估反馈。对学员的学习和发展情况进行定期评估和反馈,及时调整培养方案和目标,确保培养效果。

为培养具有创新精神和实践能力的高端教师,拔尖教师培养工作坊培养方案非常注重教师的个性化发展、高端引领和实践锻炼等。以第三期工作坊培养方案为例。

第三期拔尖教师工作坊培养方案(节选)

■ 开展个性化培养工作

导师团队与工作坊培养对象个别约谈,分析培养对象个人现状,制订独具个性特点的个人发展规划。根据工作坊培养目标要求和个人现状,围绕专业发展,立足课程改革、学科建设、课堂教学等方面的工作,使每位培养对象得到充分的指导培养,并结合培养对象任教学科未来的发展趋势与当今前沿要求对培养对象的发展提出建设性、指导性意见,形成具有可操作性的个性化培养方案。

学科工作小组需要围绕学员个人情况开展课题研究,在研究中开设各种观课、研讨、案例交流活动,指导学员撰写论文(有条件的撰写论著),建立学员培养档案,开展有针对性的个性化培养。一是注重在课堂实践中培养,形成个人教学风格;二是注重在专业平台中展示,提高知名度;三是注重在理论研读中提升、提炼教学风格,站在学科前沿。

■ 开设公共课程,组织共性活动

在各学科工作小组培养的同时,管理办公室将安排一些共性活动。包括:通识培训、专题论坛、学术交流、专业评审、外出参观等。

(1)有计划地安排教师进行教育理论、教育艺术、教育科研等模块的研究性学

习,聘请知名教育专家、学者进行授课和指导,提升教师的专业理论水平和课堂教学、教育科研能力。

(2)组织教师到其他区县(外省市)进行教育考察,学习先进的教育经验。

(3)提供展示才能的平台,开设"公开教学""专题讨论""学术讲座"等活动,使其能在区及市级活动中发挥作用。

(4)组织参加教育科研成果评奖、学术竞赛,对有影响力的教育成果,组织权威部门进行认定、推介,在全区乃至全市发挥作用。

(5)营造有利的社会环境,对于优秀的教师业绩、科研成果、育人事迹争取在媒体上进行宣传,提高教师的知名度。

■ 开展阶段总结与考评

对培养对象和培训工作进行年度总结评估,评选年度优秀学员进行奖励。在培养实施过程中,针对培训中生成的新问题、新状态,围绕培养目标,通过双方协商,充实完善并微调原有的培养方案,切实提高培养的针对性,最大程度地促进培养对象的专业发展。培训结束后进行成果展示。

二、开展学员遴选及导师配备

普陀区拔尖教师培养工作坊的学员遴选及导师配备都是依据严格的程序和标准进行的,旨在为学员提供优质的教育教学和学科研究资源,促进高端教师的专业发展。

(一)学员遴选

在申报条件方面规定申报者需符合一定的条件,原则上为获评区域学科带头人,包括具有较高的教育教学水平、学科研究能力、学术成果等。同时,申报者还需要具备一定的领导能力和组织协调能力,能够积极参与工作坊的活动并发挥积极作用。以第三期拔尖教师培养工作坊的申报条件为例,对申报教师的师德、工作业绩、职称甚至年龄等方面都做了相应的规定。

第三期拔尖教师工作坊学员遴选条件

由个人申报,学校推荐,聘请市级专家评审,产生本期中小学(幼儿园)"拔尖教师"培养人选,学员应该具备的条件为:

1. 师德优秀,在教书育人方面有突出的贡献,具有区、市以上荣誉的教师优先;

2. 本职工作成绩明显,是各单位教学骨干,在区内具有一定的影响力;

3. 教师一般为高级教师,学科带头人优先,特别优秀的一级教师可以入选;

4. 入选的教师必须是 1963 年 1 月 1 日之后出生者;

5. 申报德育学科的教师,必须担任班主任不少于 10 年,现在仍然是班主任工作者优先。

考虑到骨干教师培养的可持续性,本次学员选拔 45 岁以下的教师占 30%。

在学员选拔方式方面,采用"自愿申报与组织推荐相结合,专家评审与面试相结合"的方式进行选拔,选拔标准主要包括教育教学水平、学科研究能力、学术成果等方面。在遴选程序方面,申报者需经过学校推荐、专家评审等程序,最终确定学员名单,遴选程序严格,以确保学员具备一定的代表性和专业水平。遴选程序通常包括以下几个环节。

(1) 发布遴选通知。通过教育局 OA 系统、官方网站等渠道发布遴选通知,明确学员遴选的条件、程序和要求。

(2) 申请人报名。符合条件的申请人按照遴选通知要求进行报名,提交相关申请材料至区教育人才交流中心。

(3) 材料审核。区教育人才交流中心审核申请人的申请材料,包括申报表、成果附件、荣誉证书等,确定初步人选。

(4) 面试考核。对初步人选组织专家进行面试考核,考察其教育教学能力、创新意识和实践能力等。

（5）评审确定。根据面试考核成绩和其他条件综合评审，确定最终的学员名单。

（6）公示公告。将确定的学员名单进行公示公告，接受群众监督。

通过以上步骤，选拔出优秀的拔尖教师培养工作坊学员。以第一期拔尖工作坊为例，2016 年 3 月，教育局发文在全区所有教育单位广泛宣传，动员具备学科带头人资格（或其他方面优秀）人员积极申报区域"拔尖教师"工作坊。2016 年 4 月，教育局组织了市内各学科专家（本区人员回避）对 24 位教师进行选拔，包括答辩、面试等，从中选出 14 名学员，包括语文、数学、外语、物理、化学、历史、德育、体育、科研、美术、学前教育、信息技术等学科的优秀教师，为培养一批具有高尚师德、精湛业务、创新能力和国际视野的教育家型教师打下了坚实基础。

（二）导师配备

普陀区拔尖教师培养工作坊为学员配备导师，导师所需条件通常是具备市级学科影响力，具备较高的教育教学水平和学科研究能力，有丰富的经验和成果，能够为学员提供有效的指导和帮助。工作坊聘请了上海市资深教育教学专家为拔尖教师培养工作坊导师、顾问。组建由三种类型专家组成的导师团，一是具有丰富教育教学实践经验的教育教学专家，二是具有丰富教育科研实践经验的资深教科研专家，三是长期研究基础教育的高等院校教授。

工作坊导师采用区内外专家相结合的方式，开展团队式培养工作。根据实际需要成立若干个学科工作小组，每个学科工作组设领衔人一名，顾问若干人。导师通过"团队组建"的培养模式，围绕教师专业发展，以教育教学实践为抓手，根据学员个人特点提出发展方向和培养需求，制定个性化的培养计划，"扬长补短，优势做强"，实施有针对性的个别化专业指导和支持，帮助学员解决教育教学和学科研究中的问题和困难，使学员在专业得到全面提升的基础上形成个人的教学风格。拔尖教师培养工作坊连续三期都聘请了著名教育专家于漪、顾泠沅、何亚男等组成顾问团队,聘请正高级教师、特级教师王伟娟、胡军、叶佩玉等组成导师团队,"工作坊"则由普陀区特级教师协会会长、数学正高级教师、特级教师王华担纲领衔人(班主任)。

三、建立工作坊组织框架及其管理机制

(一)组织框架

普陀区拔尖教师培养工作坊在区教育党工委和教育局领导下开展培养工作,由人事科负责,区特级教师联谊会、区骨干教师团队管理办、区教育人才交流中心具体实施。人事科负责制定相关政策、落实经费,区特级教师联谊会、区骨干教师团队管理办、区教育人才交流中心负责具体培养工作的设计、安排、组织实施和评估考核。拔尖教师培养工作坊设班主任一名。

普陀区拔尖教师培养工作坊内部由多个工作小组组成,包括教育教学研究小组、学科教学小组、教育评价小组、学术交流小组等。这些小组负责不同的任务和职责,共同推进学员的专业发展。

(二)管理机制

为促进高端教师的专业发展,提高他们的教育教学水平和学科研究能力,推动区域教育的改革和创新,普陀区拔尖教师培养工作坊建立了培训、激励、评价、资源共享等管理机制。

1. 任务落实机制

普陀区拔尖教师培养工作坊明确了学员的责任,主要包括以下几个方面:一是应坚决贯彻执行党的教育方针、政策,遵纪守法,履行教师师德,热爱学生,教书育人;二是优质地完成学校本职工作,积极参与学校、区域各项教育教学工作,投身教育改革,耐心、细致地做好学生教育工作,认真负责、态度端正,勇于奉献,业绩突出;三是认真参加工作坊、学科工作组组织的各项活动,不断提升自己的理论水平,通过科研项目解决教学中的问题,每年至少发表1篇研究论文、读2本专业

发展书籍,开设2次区级以上展示活动,2年内,结合教学需求,完成一项课题研究(学科带头人工作室研究项目),梳理个人教学风格,提炼有效教学经验,完成一本专业论著,发挥带头、示范作用;四是拔尖教师一般应有自己的带教团队,参加相应的工作,带教学员,辐射基地。

2. 联动培养机制

工作坊定期组织各种形式的培训活动,原则上每月一次活动,内容包括专家讲座、研讨交流、课题研究等,以提高教师的专业素养和教育教学水平。各学科组不定期开展组内带教与培养活动;拔尖教师培养工作坊的学员可以担任"新蕾教师培养"的导师,两个工作坊相互协作,组建学习共同体,促进专业发展。考虑到学员的工学矛盾问题,教育行政部门要求各学员所在学校在安排学员工作时,按照师德高标准、业务高水平严格要求、加强管理与教育,同时提供一定的时间与资源,保证学员能够按要求参加各项活动,并且在各项评优、评先时,优先考虑培养对象。同时积极协调区骨干教师团队管理办、区教育人才交流中心等部门,合力营造拔尖教师快速成长的良好环境。

3. 评价激励机制

为总结工作、交流经验,督促进步,拔尖教师培养工作坊实施一定的奖惩制度,每年对学员及其导师的工作进行考评,评价内容包括教育教学成果、学科研究进展、学术成果等方面。同时,对工作坊的整体运行进行评价和反馈,以不断优化工作坊的管理和运作。工作坊通过各种方式激励导师和学员的工作积极性和创新精神,包括物质奖励、荣誉证书、学术交流机会等。

4. 资源共享机制

工作坊成员之间共享教育教学资源、学科研究成果和学术交流成果,促进教师之间的合作和共同进步。鼓励工作坊内部开展跨学科教学研讨和展示交流,通过跨越学科界限,打破学科壁垒,整合不同学科的知识和资源,开展多样化的研修活动,促进学员之间的交流与合作,让学员分享自己的教学经验和教学方法,共同提高教学水平,提升学员的综合素质和教学能力。

第四章　普陀区拔尖教师培养工作坊的实施路径

　　明确拔尖教师培养工作坊的实施路径对于理解和推广普陀区高端教师培养经验具有重要意义。在具体实施中，普陀区拔尖教师培养工作坊主要采用了"统分结合"的坊间研修形式、"四个结合"的混合学习方式、"立足岗位"的综合评价导向等路径。工作坊既有跨学科综合性研修，也有分学科个体式研修；既采用了集体学习与个别学习相结合、经典学习与热点学习相结合，也采用了专题学习与交流学习相结合、实地学习与论坛学习相结合等多种学习方式；在评价导向上指向的是学员本职工作与专业发展"双向赋能"，教学质量与研究成果"同频共振"。这些路径可以为同行提供清晰的指导和有价值的参考。

第一节　"统分结合"的坊间研修形式[①]

　　"统分结合"指的是跨学科综合性研修与学科个体式研修有机结合的研修机制。跨学科综合性研修由拔尖工作坊坊主领衔人策划和组织实施,面向工作坊全体学员,以通识培训、专业论坛、外区(外省市)观摩学习、语言表达培训、成果展示为主,侧重培养高端教师所应具备的综合素养;学科个体式研修由学科导师策划和组织实施,面向所在学科的学员,依据学科特点和学员个性特点,通过组织与区内外学科专家交流、公开教学展示、成果总结提炼等形式针对性地培养高端教师所应具备的学科素养。

一、工作坊跨学科综合性研修

　　习近平总书记在学校思想政治理论课教师座谈会上要求思政课教师做到"六个要",即政治要强、情怀要深、思维要新、视野要广、自律要严、人格要正。这"六个要"既是对广大思政课教师提出的要求,也是对其他学科教师提出的要求,为高端教师培养指明了方向。新时代的高端教师培养需要不断按照"六个要"的教师素养总体要求,遵循教师专业发展规律,通过涵养道德、锤炼品质、提升能力、增强辐射来适应和引领高端教师的成长需求。

(一)提升综合素养,增强专业底蕴

　　综合素养高是高端教师的重要标志。为提升培养对象的综合素养,拔尖工作坊组织和实施了一系列跨学科综合性研修活动。

---

① 执笔:吴华清

1. 师德修养修炼

师德是教师在教育教学实践中必须遵循的道德和行为规范，是成为高端教师的核心准则。高端教师首先应当是"师德的表率"，工作坊明确以落实立德树人为根本任务，以社会主义核心价值观为主导，以"有理想信念、有道德情操、有扎实学识、有仁爱之心"的"四有"好老师作为高端教师师德修养的目标导向。"理想信念"方面强调爱国爱党、爱岗敬业、乐于奉献；"道德情操"方面强调为人师表、团结协作、廉洁自律；"扎实学识"方面强调严谨治学、科学施教、与时俱进；"仁爱之心"方面强调以人为本、关爱学生、公平公正。工作坊主要从以下四个方面培养学员的师德修养。

一是带领学员深入学习党中央的文献精神。比如组织学员开展了党的十九大、二十大精神的专题学习，引导学员牢记教育初心，坚守教育使命，踔厉奋发、勇毅前行，推动区域教育的高质量发展。

二是以优秀教师的先进事迹引领学员切实担当为党育人、为国育才的光荣使命。比如学习于漪等教育大家的先进事迹，组织导师和学员讲述自身的经历，激发学员深切的感悟，用成功案例激励大家奋勇前行，在坚持与百折不挠中打造精彩人生，凝练通达做人的崇高境界。

三是组织志愿者活动，提升服务社会的高尚品质。工作坊组织了多次志愿者行动，如2019年8月17日到8月21日，13位学员加入了"上海市普陀区教育局帮扶寻甸县2019年暑假教师培训"教育支教团，他们带着光荣的使命，跨越了2000多公里，来到云南省寻甸县，开展为期4天的培训活动。4天，13位学员，21场培训课，63小时培训时间，培训人数1800多人，培育了学员们的奉献精神。

四是将师德融入工作坊各项培养活动的全过程。通过长期融入式交流，让大家认识到做学问与做人的关系，深入思考如何成为高端教师，高端教师需要具备哪些高尚品质等问题。

2. 理论水平研修

工作坊组织学员学习教育原理和理论，比如专门组织他们学习了赫尔巴特

(Johann Friedrich Herbart)和杜威(John Dewey)的教育思想。这两人是西方教育思想的集大成者,赫尔巴特作为传统教育理论代表人物,被誉为"科学教育学奠基人",杜威则是现代教育理论代表人物,工作坊给每位学员发放了赫尔巴特的《普通教育学》和杜威的《民主主义与教育》两本著作,开展了阅读交流和效果检测。此外还下发了理论学习的阅读书目,内容涉及对当前课程教学改革影响较大的教育思想,包括深度学习、教育神经科学、逆向教学设计、项目化学习、跨学科教学、增值性评价等;邀请专家作专业讲座,比如素养导向下的教学、义务教育课程标准解读等;给每位学员订购专业类的期刊杂志,方便大家提升理论素养的同时及时获取教育教学改革的前沿信息。(见附件1:普陀区第三期拔尖教师培养工作坊理论与科研方法研修方案)

3. 科研方法研修

工作坊发放教育科研方法的推荐书目,给学员购买《与一线老师谈科研》等谈论科研方法的书籍,组织学员学习文献法、观察法、案例法、调查法、行动研究法等规范的科研方法,学习常用科研文本,如课题申请书、论文、案例、研究报告等的写作。(见附件1:普陀区第三期拔尖教师培养工作坊理论与科研方法研修方案)

除此之外还请名师分享研究经验,比如邀请华东师范大学数学科学学院名誉教授、上海市教育科学研究院原副院长顾泠沅教授分享自己的研究经历,了解他自1972年到青浦县教师进修学校工作以来,先后主持领导的大面积提高数学教育质量的"青浦实验"研究、教改实验的方法学与教学原理研究、基于中国当代水平的数学教育改革报告、上海数学教育的跨世纪行动研究等大型科研项目。又如邀请上海市教育科学研究院普通教育研究所杨玉东研究员讲授分享《中式课例研究的国际比较与趋势》《无研究不专业——在工作场域中提升教师的学习力》等科研讲座。

4. 教育视野拓展

高端教师要能够迈出本学科,不断地开拓视野,不断地了解外部的世界。为拓展学员们的教育视野,工作坊积极组织外出考察活动。比如第一期工作坊,与江苏扬州、中国教育学会、上海市教科院、上海教研室、黄浦区、虹口区等结为合作单位,带领学员出访或邀请来访讲座共 4 次活动。

第二期工作坊组织全体学员及部分导师赴基础教育高位发展的杭州进行访学交流,借此了解杭州乃至浙江的基础教育改革的全貌。学员们参观考察了杭州高级中学、杭州第二中学、学军中学等有着深厚底蕴的学校。在杭州高级中学,学员们了解了该校一百二十年的校史,感受了积淀深厚的学校文化;在杭州第二中学,了解了新高考在浙江的试点情况以及学校实施的选课模式;在学军中学,了解了学校的历史沿革、教师培养和课程开发等情况。四天的考察走访,让学员们体会到,改革是永恒不变的话题,无论是深入课堂听课,还是与学者、校长、教师交流,都让学员们感受到脱离教学实践需求的改革是没有生命力的,教育改革成功的唯一标准是看课堂教学中学生的学习兴趣、学习方式和学习效率是否发生变化。

第二期工作坊还组织学员开展关于海派基础教育的专题讨论。每位学员结合自己近期的参观活动、学科特点、教育教学思考来寻访研究海派教育意义。有学员从海派教育"包容与聚合"的特点出发,结合当前课堂中的课程建设,提出适度地开设体现海派文化课程的建议;有学员认为海派文化课程必须更加关注传统文化的融入,同时海派课堂也应该更关注学生的差异化及个性化;还有学员聚焦最具海派特色的语文名师于漪老师,提炼出她的教学教育常青的原因,并对照自我的教学进行反思和总结。这场关于"海派教育"的主题研讨活动对于学员来说是一次有意义的"停歇",在拓展教育视野的同时也提醒着大家不要忘了我们的教育之路是怎样开始,为什么出发!

第三期工作坊组织学员参访浙东名校浙江省诸暨市海亮高级中学,访贤问道,共话育人。聆听了该校校长报告《促进学校高质量内涵式发展的探索与思考》,报告对海亮教育集团,尤其是海亮高级中学的跨越式发展进行了全面的介绍和经验分享。团队成员从师资队伍建设、课程体系规划、拔尖创新人才培养等方面,结合各自学校的发展情况,与海亮高级中学领导进行了充分的交流和分享。

学员还观摩了该校高三年级的化学实验专题复习课与政治情境专题复习课,并与授课教师进行了观课的反馈与教学的交流。

5. 人文素养培养

在科学与人文日益融合的今天,人们对高端教师的评价标准提出了更高的要求。高端教师不仅要有扎实的专业基础知识和精湛的教学技能,以及骄人的工作业绩,还要具备丰厚的以人文知识的内化为基础、以人文精神为核心的人文素养。高端教师一定是文化底蕴深厚的教师,一定是具有人文精神的教师。上海市教委非常重视教师人文素养的发展,把对教师人文素养的培养纳入上海市教师培训规划。正因为这样,工作坊非常重视学员人文素养的提升。

工作坊引导学员广泛读书,不仅要深入研究自己所教学科,时刻关注本学科的前沿发展领域,还应广泛涉猎富含人文知识的文、史、哲等方面的中外名著。学员通过广泛阅读,大量猎取这些名著中的知识,并对它们进行吸收和理解,把知识内化到自己的认知结构中,形成自己的独特理解和感悟,这样他们在课堂上,才能够谈古论今,广征博引,游刃有余。

工作坊组织学员参访人文古迹,帮助学员了解历史、文化、艺术等多个领域的知识,增强他们的文化素养和审美能力。比如第三期工作坊组织学员对明代王阳明之墓和王阳明故居进行了实地参观。行前通过聆听当地学者《五百年来王阳明》的专题讲座,对王阳明的生平与思想发展史有了比较全面的了解。在实地参访期间,大家边走边学,边看边想,对以"心即理也,知行合一,致良知"为核心要义的阳明心学有了更为直观的感受与更为深刻的体悟。大家结合自身的教师专业发展和工作实际,畅谈了对中华优秀传统文化进课程的认识和行动,一致认为要坚持立德树人,在深刻把握中华优秀传统文化本质要义的基础上,根据学生的身心特点和认知规律,通过课内外、校内外等多种教学样态,深化学生的内在体认,做到知行合一,增强社会责任感。

6. 站位格局提升

随着时代的发展,我们正处于一个新时代的起点,这个新时代呈现出一个非常复杂、多元、不确定的局面。在这种局面下,必须紧紧抓住时代的脉搏,培养学员的高站位与大格局。2019年工作坊组织了两场专题论坛,分别是《从文化的多样性谈国际视野与爱国情怀》(文科组)和《从"知道到发现"有多远——理性思维与创新精神》(理科组)。

前一个专题是基于近些年中国日益走近世界舞台中央,与不同文明交流对话、相互借鉴日益频繁、不断深入,文化空间和文化视野不断拓展,国家提出文化自信这一重大命题的背景下提出的,高端教师需要以一种从容不迫的态度来应对文化的多样性,既要有深厚的爱国情怀,又要有宽广的国际视野。学员们或从语文教学中文化自信的培育、文化价值的引导,或从外语教学中跨文化理解能力的培养、中华文化的传播,或从政治学科中的学科育人、文化育人、实践育人,或从班级文化中的家国情怀培养和传统文化传承,或从体育精神与校园体育文化的孕育,或从幼儿方言文化的感受和传承等多样的切入视角中,对于如何基于文化多样性视角培养学生国际视野与爱国情怀作了深入的思考。

后一专题则是基于当前国家把创新摆在国家发展全局的核心位置,并提出要不断推进理论创新、制度创新、科技创新、文化创新这一背景下,创新成为挺进新时代的一张通行证,成为一个民族或国家赖以生存的灵魂,成为高新人才所应具备的基础素质,作为高端教师应对理性思维与创新精神有自己的思考。学员们或从课堂教学,或从项目研究,或从校本课程建设,或从实验设计、教学设计甚至教育科研等多个视角切入,基于自身经验探讨和回应了关于理性思维和创新精神培育的问题。

表4-1   第二期拔尖教师工作坊论坛分享一览表

文科组:从文化的多样性谈国际视野与爱国情怀	
分享人	分享题目
吴钟铭	传统文化密林中的"引路人"——语文教学文化观刍议
谈俊	知行合一,学做一体——思想政治课教学中的爱国情怀与国际视野

(续表)

分享人	分享题目
董亚男	邂逅"木兰"找准语言教学的支点
宗华	"慧"读语篇——挖掘英语学科文化价值的教学尝试
金薇	以疑促思，辨中求真——文化多样性背景下培养学生世界视野和爱国情怀刍议
李岩	经典养心，文化润德——在班级文化活动中培育学生的家国情怀
章琪琪	重视优秀传统文化教育，提升文化育人教育效果
刘萍	民族民间传统体育项目的传承与创新在小学阶段的实践研究
滕颖磊	论新时代社会背景下的体育精神与爱国情怀
俞文珺	"启"文化之美，"绕"方言之趣
理科组：从"知道到发现"有多远——理性思维与创新精神	
分享人	分享题目
陆斌	数学教学与理性思维
吴巧玲	关注问题设计，培育创新素养
钭方健	培养学生创新素养的物理实验教学
高福如	问题为载体，思维为基础，素养为根本——理性思维与创新精神培育视角下数学课堂重构之管见
谢春君	以实验设计制作为载体，培养学生的理性思维
李显军	创新精神的校本表达——从本草园生物创新实践课程谈起
张杰	创新教育从劳动技术教学设计开始
戴剑	浅论校外教育在培养学生创新精神中的研究与实践
周瑞山	走在创新素养培育的小路上
吴华清	实现教学方式转型，培养教师创新精神

（二）培育教学特色，凝练专业品质

高端教师"高"在哪儿？除了拥有上述素养外，还能做到业务精良，对所教学科具有系统的、丰富的教学经验,在教学领域形成自身的特色,教学示范作用明显;同时也具有较强的教育教学研究能力,在教学内容、教材教法、学生成长、教学评价等方面有深入研究和独到见解,并能在学科领域内发挥引领示范作用。为了培育学员们的教学特色,凝练其专业品质,工作坊开展了特色提炼、模拟答辩、热点探讨等活动。

1. 特色提炼:"踢好临门一脚"

高端教师首先是高素质、教有特色的教师。教学特色是教师在长期的教学过程中,通过优化教材、优化教学内容、优化教学方法所形成的具有个性化特点的教学方式和方法。形成教学特色是一项任重道远的工作,教师只有在教学过程中不断地学习、研究、总结经验和改进教学方法的这样一个周而复始的良性循环中,才能逐步形成自己的教学特色。拔尖工作坊的学员都是区域的学科带头人,他们拥有丰富的教学经验,积累了许多教育教学技巧,但就是苦于不会总结和提炼自己的教育教学特色和风格。为了帮助学员突破这一"瓶颈",踢好从优秀走向卓越的"临门一脚",工作坊组织专家导师对学员们的教学风格和特色进行梳理,并开展有针对性的个性化培养活动。比如根据付丽旻老师多年坚持为每个学生建立个性化成长档案、关注学生身心健康的特点,帮助其提炼了"个性化成长档案"的德育特色;根据孙时敏老师近 30 年在学科价值上的追求和实践,帮助其提炼了"应用体验、思维发展"的教学风格;根据鲍丽倩老师的项目研究经历和培训课程主题,帮助其提炼了"问题导向—过程引领—合作共生"的教研特色;根据易建平老师长期致力于初高中数学教学与研究,从主持"学科素质有序训练手册"的编撰到执行"成功步步高"的主编,再到主持"高中数学 iMath"教学实践与研究项目,帮助其提炼了独具特色的"5i 模式"和"自我辨析—引导演变—反思整理"梯次递进的教学风格。

2. 模拟答辩:提升应对能力

工作坊组织模拟答辩会,以帮助学员熟悉特级教师和正高级教师评审答辩流程,积累现场答辩实战经验,以期在正式答辩中取得好的成绩。模拟答辩会邀请市内的权威专家组成"评审"团队,严格按照市级评审要求,全流程模拟"教师自我陈述""随机抽取必答问题并回答""专家提问"等答辩环节。会后工作坊坊主和学科导师落实一对一指导,"点穴"式地指出学员的专业发展瓶颈、存在的问题以及解决方式等,切实帮助他们不断打磨与完善汇报稿,从容应对专家提问,有针对性地提升学员的临场应对能力。比如2023年3月13日,第三届拔尖教师培养工作坊组织了一场模拟答辩活动,学员们就自己在师德修养、专业能力、本职工作、社会影响等方面的发展状况与市级专家进行了深度交流。所有学员提前填好个人情况表格,分为2组,集体参加交流活动。每一位学员提前准备3分钟个人自述,按照时间节点,提前30分钟抽取必答问题题目(见附件2:普陀区教育局拔尖教师培养工作坊学员与专家对话抽签必答问题及参考答案)。每人模拟答辩20分钟,包括3分钟自述、3分钟必答问题叙述,14分钟专家问答。必答题目涉及新时代基础教育的政策、当前教育教学改革的热点等内容,考察学员的教育视野和在落实教育教学改革方面的思考和行动。

3. 热点探讨:夯实专业素养

工作坊聚焦教育教学改革的前沿、热点、难点问题,组织学员开展交流研讨,促进学员及时了解国内外教育动态,关注教育现实,思考破解难题的方法,深刻理解课堂教学,洞悉教育教学内涵,提升专业眼界和思维高度,成为一名与教育教学改革同呼吸、共命运的参与者。2018年7月,第二届拔尖教师培养工作坊就组织了"核心素养下的考试与评价"专题交流,做了精心准备的学员们结合自己的学科特点交流和分享了各自的观点和看法。比如生命科学学科的李显军老师介绍了生命科学学科核心素养"生命观念、理性思维、科学探究、社会责任"的具体内涵,并从跨学科角度分析了物理、化学和生命科学学科核心素养之间的关系,结合上海中考改革的背景,分析生命科学如何做好中考案例分析题的筹备工作等。化学学科吴巧玲老师认为,高中化学考试应重视对基本化学知识和理论的融会贯通,要能联系实际,以实际问题为测试任务,以真实情境为测试载体,以化学必备知识、思想方法和核心观念为解决问题的工具,以能力测试为导向,注重测试考生的自主学习能力;教师应运用多种策略编制试题,重视理论联系实际,关注化学相关技术、科学研究与社会发展、生态环境的联系,全面检测学生的化学科学素养。跨学科的研讨给大家提供了"跳出学科看学科"的绝佳机会,使得观点在对话中碰撞,思想在研讨中融合。

二、工作坊分学科个体式研修

工作坊分学科个体式研修主要由学科导师策划和组织实施。导师依据学科特点和学员个性特点,指导学员制定专业发展规划、组织学员与区内外学科专家交流、指导学员进行公开教学展示、指导学员总结提炼教育教学成果等,以此来针对性地培养高端教师所应具备的学科素养。

(一)现状诊断,制定专业发展规划

为了学员更好地发展,每个导师针对带教学员提出一个发展期许与目标定位。带教启动后,导师深入学员的课堂听课,收集学员的文本作品,包括撰写的文章、做过的课题,了解学员的现状和特点;同时要求每一位学员通过对自我解剖与分析,在与导师沟通协商后制定个人专业发展规划,找到自我发展的起跳空间。规划制定过程中,导师分享自己专业发展的成功经验,做学员的学习"标杆",激励大家奋勇前行,也以失败教训告诫大家挫折未必就是坏事,如何在坚持与百折不挠中打造精彩人生才是做人的一种境界。按照确立的发展目标,导师对各自的学员实施个性化带教设计,有针对性地安排学习任务、研修重点,让每个人在任务驱动中,激发上进的动机,完成预设的项目。专业发展规划的制定为学员研修提供了专业发展的"标杆",使学员的研修学习有了明晰的方向和策略措施。

学员董亚男老师的发展规划

作为一名教师,若想在专业发展中由优秀走向卓越,一定要了解和分析个人发展的优势与不足,清醒地看到发展中的瓶颈,通过分析并制定个人规划,虚心向

周围更多优秀教师学习,坚持已确定的目标,最终才能突破瓶颈。

总体分析个人情况如下:

1. 有一定理论基础但研究还不够深入

在普陀区担任了两届学科带头人,参与并带领学员开展了"任务型教学课堂实践中存在问题与对策研究"和"高中英语教师年段教学目标意识与命题能力培养"两轮实践研究。一直不断学习理论,不断实践,力求自己成为团队专业发展的引领者。在此期间,参与并完成了《如何说课》《建构校本化的英语课程标准——教研组课程研发的实践样本》两本书籍的编写,完成论文数篇。然而,从研究内容来看,针对某个领域一以贯之的研究力度依旧不够,各类文章的研究还很零散。

期望解决路径:通过第四轮学科带头人研修活动,继"课程目标""命题研究"之后,撰写有关"听说课的活动设计"。非常渴望得到专家的指导,在认真思考、课堂实践研究之后撰写类似《高中英语阅读教学设计》《高中英语词汇教学活动设计》等高水准的书籍。

2. 专业发展在区内有一定影响力但辐射还不够广

担任工作室领衔人期间,带领学员参与了华东师范大学外语系、闵行区施国华工作室、上海市教研室(云南地区教师教学分享)、嘉定区封浜高级中学、甘泉外国语中学等相关的教学交流活动。但是从整个上海市层面来讲,个人专业发展的影响力还不够,专业发展的特色还不够鲜明。

期望解决路径:通过主题式论坛、课堂教学研讨等形式,通过与同行的交流与分享,提升个人专业素养,扩大一定的知名度。

3. 近期研修计划

大量阅读有关听说课的文献资料,从中梳理出本轮课题研究的切入点,完成一份文献报告(7 月底前)。

针对上一轮研究内容,撰写一篇关于"命题研究"的论文(8 月底前)。

完成本轮学科带头人研修方案(8 月底前)。

(二) 公开展示，扩大学员专业影响

工作坊规定每位学员都应在导师指导下进行市区级公开教学展示活动。区域层面搭建公开教学平台，先后组织了多场主题活动，聘请市级专家前来指导，把脉坐诊，点评分析，提升学员的专业影响力。例如，工作坊学员、曹杨第二中学葛伟老师的公开教学活动，出席对象包括上海市双名工程英语基地主持人、特级教师何亚男，双名工程英语基地专家组成员、特级教师应晓球，上海市教委教研室高中部主任、高中英语教研员、上海市特级教师汤青，华东师范大学外语学院博士生导师、学者邹为诚，以及来自上海市不同区域的 150 多位英语教师。工作坊学员、宜川中学谢春君老师研修期间开设区级以上公开课 8 次，完成近 60 节直播课，其中 2016 年 12 月的公开课《牛顿定律的理解与应用》使上海市各区物理教研员和市教研室领导齐聚宜川中学，共同研究"真实情境问题"的解决；2017 年 10 月谢老师的《双气球》公开课，获得听课教师和专家的高度评价，课上设计制作的双气球、大水桶等一组实验，代表上海市参加了全国物理教学专业委员会的科学晚会，获得优秀表演奖；2018 年 10 月，谢老师参加了上海教改 30 年专场展示活动，并做了题为《SYPT 丰富基础课教学》的交流发言，反响良好。学员公开展示的详细案例见附件 3。

(三) 成果提炼，形成教育教学著述

学科导师要指导学员总结和提炼自己的教育教学主张，形成高质量的研究成果，工作坊则要搭建专业成果出版平台，联系教育学院、上海教育出版社等，为学员出版专著提供资助与条件。第一期工作坊出版了五本专著，第二期工作坊出版了七本专著，在公开刊物更是发表了多篇论文。比如学员谢春君老师创建了"老谢创客实验室"，开发了《创客空间》拓展课程，然后基于自己近百例的微实验设计制作，在学科导师郑百易老师的指导下梳理总结了实验设计与制作的方法与技巧，从中选出 21 例，依据科研成果与教学特色融合的原则打磨形成有特点的书稿框架、体系和栏目，最终完成了个人专著的撰写和出版，并在市级以上刊物发表论

文 11 篇。学员付丽旻老师平时忙于教育教学,本无心写专著,学科导师陈镇虎专门约她喝咖啡,聊写书,考虑到她长期关注学生身心健康,多年坚持为每位学生建立个性化成长档案,最终确立"巧用个性化成长档案"作为书稿主题,并列出了大致的框架,后来在专家的指导下更是几易其稿,最终写作《破解成长密码——班主任巧用个性化成长档案的实践探索》并作为普陀区课改成果丛书出版。学员吴巧玲老师有着丰富的"网上走班"化学教学的经验,在学科导师叶佩玉老师的指导下,提炼了信息化背景下四环节化学课堂教学结构和"多优化、乐变革、重发展"的教学特色,并在全国核心期刊发表论文 6 篇,其中 5 篇获评市级一等奖。

附件1:普陀区第三期拔尖教师培养工作坊理论与科研方法研修方案

一、学习内容

(一) 板块 1:理论学习

1. 教育原理

主要学习赫尔巴特和杜威的教育思想,两人都是西方教育思想的集大成者。赫尔巴特作为传统教育理论代表人物,被誉为"科学教育学奠基人",杜威则是现代教育理论代表人物。

推荐书籍:

★ (1)《普通教育学》(赫尔巴特著,人民教育出版社,2015 年)

★ (2)《民主主义与教育》(杜威著,人民教育出版社,2011 年)

2. 教育理论

主要学习对当前课程教学改革影响较大的教育思想,包括深度学习、教育神经科学、逆向教学设计、项目化学习、跨学科教学、增值性评价等。

推荐书籍:

★（1）《深度学习：走向核心素养》（刘月霞，郭华主编，教育科学出版社，2018 年）

（2）《教育神经科学》（丹尼斯·马雷沙尔，布赖恩·巴特沃思，等主编，周加仙译，上海教育出版社，2020 年）

（3）《追求理解的教学设计（第二版）》（格兰特·威金斯，杰伊·麦克泰格著，闫寒冰，等译，华东师范大学出版社，2017 年）

（4）学习素养·项目化学习的中国建构丛书，教育科学出版社，2021 年

《跨学科的项目化学习：“4＋1”课程实践手册》（张悦颖，夏雪梅著）

《项目化学习设计：学习素养视角下的国际与本土实践》（夏雪梅著）

《跨学科项目经典案例：太空探索“家”》（吴萍，易菀兰，刘潇编著）

《重新定义学习：项目化学习 15 例》（浙江省教育厅教研室组织编写）

《项目化学习的实施：学习素养视角下的中国建构》（夏雪梅著）

（5）《增值评价：学校评价的新视角》（马晓强著，北京师范大学出版社，2012 年）

（二）板块 2：方法研修

1. 综合类

推荐书籍：

（1）《与一线老师谈科研》（苏忱著，上海教育出版社，2018 年）

（2）《教育研究方法：专题与案例》（刘良华著，华东师范大学出版社，2007 年）

2. 单一类

推荐书籍：

★（1）文献法：《怎样做文献综述——六步走向成功（第一版）》（劳伦斯·马奇，布兰达·麦克伊沃著，上海教育出版社，2011 年）

（2）观察法：《课堂观察：走向专业的听评课》（沈毅，崔允漷著，华东师范大学出版社，2008），《课堂观察Ⅱ：走向专业的听评课》（崔允漷，沈毅，吴江林，等著，华

东师范大学出版社,2013 年)

（3）案例法:《教育案例写作与研究》(陈大伟著,教育科学出版社,2012 年)

（4）调查法:《教育调查》(陶保平,黄河清主编,华东师范大学出版社,2005 年)

★（5）行动研究法:《教师行动研究(第三版)》(玛丽·路易丝·霍莉著,祝莉丽译,中国人民大学出版社,2014 年)

★（6）科研写作:《从实践到文本:中小学教师科研写作方法导论》(张肇丰著,华东师范大学出版社,2011 年)

二、学习方式

学员根据自己的学科教学和研究开展需要,每学期至少选择一本专著阅读,也可从知网下载相关文献,丰富阅读素材。在学习和理解的基础上,每月提出一个思考的问题,研究教学实践中该理论(或方法)的应用案例,并进行适当的评价,最后完成读书报告,在工作坊读书分享会上进行交流。

表 4-2　读书分享会安排

内容板块	阅读专题	读书报告分享人
理论学习	★《普通教育学》	
	★《民主主义与教育》	
	★《深度学习:走向核心素养》	
	《教育神经科学》	
	《追求理解的教学设计(第二版)》	
	学习素养·项目化学习的中国建构丛书	
	《增值评价:学校评价的新视角》	

(续表)

内容板块	阅读专题	读书报告分享人
方法研修	★《怎样做文献综述——六步走向成功(第一版)》	
	《课堂观察:走向专业的听评课》	
	《课堂观察Ⅱ:走向专业的听评课》	
	《教育案例写作与研究》	
	《教育调查》	
	★《教师行动研究(第三版)》	
	★《从实践到文本:中小学教师科研写作方法导论》	

注:★为必选阅读,其他为自选阅读

附件2:普陀区教育局拔尖教师培养工作坊学员与专家对话抽签必答问题及参考答案

1. 请叙述中国式教育现代化的特征,选一项结合实际进行说明。

(1)中国式现代化特征:人口规模巨大;所有人民共享;物质文明与精神文明共建;人与自然和谐共生;和平发展之路。

(2)中国式教育现代化特征:拥有独立而影响世界的教育文化体系;以国家战略和自主发展为核心的国家目标;基于中华本土可获得的传统优秀教育思想资源;具有较强的自我文化觉醒和外来文化转化能力;形成国家教育现代化的社会主义本色,这一点最为重要,也最为根本。

2. 中国式教育现代化需要建立高质量教育体系,请结合本职工作谈谈如何落实?

高质量教育体系的内涵特征为:既涉及教育增长方式和路径的转变,也是一个教育体制改革和机制转换的过程。

（1）公平发展的质量更高。基本消除区域、城乡、学校之间的教育不公平现象，增强教育制度供给的充分性与平衡性，建立健全"兜底"机制、保障机制，优化改进分享机制和动力机制。

（2）均衡发展的质量更高。立足教育布局差异和区域发展不均衡现象，科学规划区域教育协调发展空间布局，健全区域教育协调发展体制机制，引导各地因地制宜、发挥比较优势、优化教育格局。

（3）协调发展的质量更高。落实区域协调发展战略，构建城乡协调发展新格局，实现校际协调发展目标。

（4）全面发展的质量更高。全面贯彻党的教育方针，落实立德树人根本任务，坚持"五育"并举。全面发力深化教育改革，破除各方面体制机制障碍和弊端。

3. 立德树人是教育的首要任务，请结合本职工作谈谈学科育人的方法和路径。

（1）叙述学科教育价值，学科育人功能

学科教育价值：

为学生提供了系统的知识体系和学习方法。通过深入学习各学科的内容，学生可以掌握大量的基础知识和专业技能，为未来的学习和职业发展打下坚实的基础。同时，学科教育也注重培养学生的思维能力和解决问题的能力，使他们能够独立思考、分析问题并找到解决方案。

有助于培养学生的综合素质。通过参与学科活动和实践，学生可以锻炼自己的沟通能力、团队协作能力、创新能力等，这些能力在未来的生活和工作中都非常重要。此外，学科教育还能够激发学生的兴趣和潜能，帮助他们发现自己的优势和特长，从而更好地实现自我价值。

学科育人功能：

帮助学生树立正确的价值观和人生观。通过学习不同学科的知识和文化，学生可以更好地理解世界和人生，形成积极向上的价值观和世界观。同时，学科教育也注重培养学生的道德品质和社会责任感，使他们能够成为有担当、有社会良知的公民。

促进学生的全面发展。不同学科有着不同的特点和育人功能,它们共同作用于学生的成长和发展。例如,语文教育可以培养学生的语言表达能力和审美情趣;数学教育可以锻炼学生的逻辑思维和空间想象能力;英语教育可以拓宽学生的国际视野和跨文化交流能力;物理、化学、生物等自然科学教育可以培养学生的科学精神和探究能力;政治、历史等社会科学教育可以帮助学生了解社会现象和规律,形成正确的社会观和历史观。

(2)叙述学科育人的方法、路径

学科育人的方法和路径是多种多样的,需要根据不同学科的特点和学生的需求进行选择和组合。

4. 叙述学科教学核心素养,选择其中一点谈谈在课堂教学中的落实。

学科核心素养是学生通过课程学习逐步形成的正确价值观、必备品格和关键能力,是课程育人价值的集中体现。

语文的学科核心素养主要包括"语言的建构和运用""思维的发展和提升""审美的鉴赏和创造"以及"文化的理解和传承"四个方面。

数学的学科核心素养则涵盖了数学抽象、逻辑推理、数学建模、直观想象、数学运算和数据分析等要素。

英语的学科核心素养包括语言能力、思维品质、文化意识和学习能力四个维度。

物理的学科核心素养主要体现在物理观念、科学思维、科学探究和科学态度与责任等方面。

化学的学科核心素养包括宏观辨识与微观探析、变化观念与平衡思想、证据推理与模型认知、科学探究与创新意识,以及科学精神与社会责任等要素。

生物的学科核心素养主要体现在生命观念、科学思维、科学探究和社会责任等方面。

政治的学科核心素养主要包括政治认同、道德修养、法治观念、健全人格和责任意识等方面。

历史的学科核心素养主要聚焦于历史意识、历史理解、历史解释和历史价值观等方面。

不管哪一门学科的核心素养，其落实都需要关注与学科有关的、旨在提升人的综合素养的各种教育教学方式、方法和策略的探究，学科教师要创造性地"设计基于学生核心素养发展经验的教学活动"，实现课堂教学由知识课堂走向素养课堂的转型。

5. 深度学习对学生高阶思维的培养有什么作用？请举例说明。

"深度学习"是一种以学生高阶思维发展为导向的学习，关注学生知识获取的方式，强调在深度理解之上的建构与知识迁移。如数学的深度学习强调经验与结构、活动与体验、本质与变式、迁移与创造、价值与判断；语文的深度学习要求学生不仅停留在对语文知识的机械记忆和简单理解上，而是要通过适切的学习方式，对学习内容进行系统梳理与批判性理解。这包括了对文本的深度理解、深度感悟，以及对学习内容的批判性利用。英语的深度学习强调深入理解与批判性思维、语言运用与表达能力、文化意识与跨文化交流、个性化学习与自主学习等方面。

6. 单元教学的意义与价值是什么，结合本职工作进行叙述。

有助于整体把握教材，优化教学内容。通过对单元内容的系统梳理和整合，教师可以更清晰地了解每个单元的教学目标和重点，从而有针对性地设计教学活动并安排教学进度。同时，单元教学还可以促进教师对教材内容的深入理解和挖掘，使教学内容更加贴近学生的实际需求，提高教学的针对性和实效性。

有助于培养学生的整体感知能力和综合运用能力。通过单元教学，学生可以更加系统地学习和掌握某一领域的知识和技能，形成对该领域的整体感知和认识。同时，单元教学还可以促进学生进行跨学科学习和综合实践，培养他们的综合运用能力和解决问题的能力。

有助于提高教学效率和质量。通过优化教学内容和教学方式，单元教学可以使学生更加高效地掌握知识和技能，减少重复学习和无效劳动。同时，单元教学还可以促进教师的专业成长和教学水平的提高，推动教学质量的不断提升。

有助于培养学生的自主学习能力和终身学习习惯。通过单元教学,学生可以逐渐掌握学习的方法和策略,形成自主学习的意识和能力。这种能力将伴随学生的一生,使他们能够不断适应社会的发展和变化,实现终身学习和持续发展。

7. "双减"政策对教育质量有什么影响,请从学生的全面发展谈谈个人观点。

"双减"指要有效减轻义务教育阶段学生过重作业负担和校外培训负担。

"双减"政策的意义主要有以下几点:形成促进人的全面发展的教育生态;进一步凸显教育公平的价值取向;推动教学教育理念深刻变革。

8. 叙述习近平总书记提出的"四有教师"是什么,这对人的发展有什么影响?

习近平总书记提出的"四有教师"是指有理想信念、有道德情操、有扎实知识、有仁爱之心的教师。这一标准既是对好教师的称赞和鼓舞,也是对广大教师的激励和鞭策,为其指明了努力方向和奋斗目标。"四有教师"的标准体现了对教育工作者的全面要求和殷切期望。这样的教师不仅能够帮助学生掌握知识和技能,还能够引导他们树立正确的价值观和人生观,为人的全面发展奠定坚实的基础。

9. ChatGPT 的出现对教育带来了哪些冲击,教师的不可替代性是什么,如何进一步提高教师专业素养?

ChatGPT 的出现对教育带来了多方面的冲击。首先,ChatGPT 以其强大的自然语言处理能力和海量的信息存储,为教育提供了更为便捷和高效的知识获取途径。学生可以通过与 ChatGPT 的互动,随时获取所需的学习资料并解答疑惑,这在一定程度上改变了传统的学习方式。其次,ChatGPT 的应用使得个性化教育成为可能。每个学生都可以根据自己的学习进度和兴趣点,与 ChatGPT 进行有针对性的交流,从而得到更符合自身需求的学习资源和建议。这种个性化的学习体验有助于激发学生的学习兴趣和积极性。

教师的不可替代性主要体现在:(1)情感交流:教师能够与学生进行面对面的情感交流,理解学生的需求和困惑,并给予及时的关心和帮助。这种情感上的互动和支持是 ChatGPT 等人工智能无法替代的。(2)个性化指导:教师能够根据学生的实际情况和个性特点,提供个性化的学习指导和建议。而 ChatGPT 虽然能够提供一定的个性化服务,但无法像教师一样全面了解学生的个体差异。(3)价值观引导:教师在教育过程中不仅传授知识,还承担着引导学生形成正确价值观的重要任务。这是 ChatGPT 等人工智能无法胜任的。

提高教师的专业素养手段包括:加强教育培训、鼓励实践创新、建立评价体系。

10. 教育的根本意义是什么,学校教育是全部吗? 结合现实进行解释。

教育就是一种有目的、有组织、有计划、系统地传授知识和技术规范等的社会活动。教育的根本价值,就是给国家提供具有崇高信仰、道德高尚、诚实守法、技艺精湛、博学多才、多专多能的人才。教育的作用是使人成为人。教育是对人类灵魂的教育,而非仅是理智知识和认识的堆积。教育本身意味着一棵树摇动另一棵树,一朵云去推动另一朵云,一个灵魂去唤醒另一个灵魂。学校教育只是人生接受教育的一部分,学校教育、社会教育、家庭教育构成人的终身教育体系。

附件 3:普陀教育"763"人才攀升计划、中小学(幼儿园)第三期拔尖教师培养工作坊暨第六轮普陀区教育系统教师专业发展团队英语学科展示案例

一、活动主题

中学英语词汇教学实践研究

二、活动时间与地点

2023 年 4 月 12 日,上海市曹杨第二中学博雅中心

三、活动简介

宗华老师的研修团队从 2012 年至今,持续关注高中英语词汇教学实践研究,历经三个阶段。本次活动回顾从文本语境到单元语境的高中英语阅读词汇教学,同时探究如何立足"双新"在听说教学及写作教学中促进词汇产出,依托主题情境优化词汇作业设计。

四、活动议程

时间	内容	发言人
13:30—13:35	党委书记致辞	侯文英
13:35—14:00	高中英语阅读词汇教学研究回顾	宗华
14:00—14:55	中学英语词汇教学现状调查报告简析	邵汪杰
	探究主题意义的高中英语听说词汇教学实践与思考	邹青 卢倩妮
	依托主题语境促进高中英语写作教学词汇产出的实践研究	韩珺
	创设情境优化初中英语单元词汇作业设计	全燕晶
14:55—15:00	微视频:坚守教育初心 担当教育使命	

五、参会人员

上海外国语大学教授、博士生导师束定芳,上海第三女子中学原校长、特级教师何亚男,上海教师教育学院高中英语学科教研员、正高级教师、特级教师汤青,青浦区教师进修学院、正高级教师、特级教师陆跃勤,普陀区教育学院副书记、院长刘友霞,第四期"双名工程"高峰计划主持人、普陀区中小学(幼儿园)第三期工作坊领衔人、正高级教师、特级教师王华,曹杨第二中学党委书记、正高级教师、特级书记侯文英,曹杨第二中学正高级教师、特级教师葛伟,松江区教育学院高中英语教研员吴健雄,普陀区师资培训中心主任赵群等专家和领导出席本次活动。此外,汤青第四期"双名工程"攻关计划基地学员,松江区高中骨干教师代表、正高级教师宗华高中英语学科工作室学员,普陀区初高中英语特级教师工作室及带头人、工作室领衔人、高级指导教师,曹杨二中教育集团英语教师等也参加了研讨活动。

六、活动过程

1. 活动致辞

曹杨第二中学党委书记侯文英首先对与会领导、专家与同仁表示欢迎,并感谢大家为曹杨二中发展及教师成长给予的关心与指导。她指出,今天的活动聚焦双新背景下的有效教学,聚焦以学科带头人工作室活动助力学科建设,这对推进曹杨二中教育集团乃至区域的高质量发展具有现实意义和价值。最后,她鼓励更多的教师在专家引领下,通过"苦干＋巧干",以师生需求为导向,从教学问题出发开展研究,在获得个人专业发展的同时,成就学校,成就上海教育美好的未来。

2. 活动研讨

宗华老师的研修团队从 2012 年至今,持续关注高中英语词汇教学实践研究,历经三个阶段。作为工作室领衔人,宗老师携团队成员从主要问题、理论研究、课堂教学、实证研究、研究成果与启示等几方面,回顾了从第一阶段"文本语境"到第二阶段"单元语境"的高中英语词汇教学的研究历程,以及研修路径与启示。此外,她还分享了第三阶段立足"双新",借助上海市教委教研室深度教研模型和工具,围绕"中学英语词汇教学诊断"开展的系列化、进阶性、深层次的教学研究成果。

　　随后,曹杨第二中学附属学校邵汪杰老师简要介绍了中学英语词汇教学现状调查结果,从师生问卷的数据分别分析了词汇学习困难及成因,以及词汇教学方法、评价方式和词汇作业存在的问题。

　　针对词汇教学诊断的"拼写难、易混淆、用不好"三大困难以及词汇学习脱离主题语境、学生无法学以致用的问题,曹杨二中邹青老师和松江立达中学卢倩妮老师积极开展探究主题意义下的高中英语听说词汇教学实践,并分别以上海教育出版社《普通高中教科书英语选择性必修第二册》第三单元"Creativity"的听说课"Doodle"和上海外语教育出版社《普通高中教科书英语必修第二册》第一单元"Nature"的听力课"What a Wonderful World"教学设计为例,分享了如何在听说教学中设计具有关联性、递进性和循环性的词汇学习活动,增加词汇复现,促进词汇深度加工,帮助学生高质量产出词汇。

　　曹杨二中韩珺老师则依托主题语境,围绕"临期食品"这一话题,开展 Linked Skill Writing 系列教学,即主题阅读课、说写指导课、习作改进课。试图帮助学生通过多角度思考话题,构建词汇语义网,丰富表达内容;通过分析句间关系学会有逻辑地表达;通过利用语料库工具 COCA 和 SKELL,帮助学生表达得更多样、更地道、更适恰。

　　曹杨第二中学附属学校全燕晶老师紧紧围绕词汇作业情境性不强的问题,提出"真实性、交际性和创新性"的词汇作业设计原则,并以牛津英语(上海版)"What Can We Learn From Others"为例,分享创设情境优化初中英语单元词汇作业的设计案例。

　　3. 微视频播放

　　《坚守教育初心　担当教育使命》的微视频从"践行爱的教育,培养国之栋梁""特色引领,效益凸显""科研引领,萃取经验""团队引领,辐射共享"四方面回顾了宗华老师过去 23 年来的从教经历。她践行爱的教育,形成"做、思、言",即做中学、学中思、思而言有机结合的教学特色;她在不同阶段为教学提供新思路,推进教育教学改革；她带领团队，为不同学生提供"适合的教育"，为教师专业发展提供新路径，为推进区域教育改革提供智力支持和专业支撑。

七、专家点评

陆跃勤认为宗老师团队的研究项目在专家的引领下，紧跟时代的发展，体现了英语教学改革的方向。宗老师通过实证研究，借助数据精准分析，科学有效地对词汇教学进行了深入研究。她建议将在"问题—课例—课题"研修模式中形成的研究成果延伸到"课程"层面，推广辐射。

汤青肯定了宗华团队以"单元"为视角开展研究的意义和价值，以及依托团队锲而不舍求真、和谐有序推进的深度教研卓有成效。她认为宗华老师聚焦词汇的一个点开展研究，整个过程有实践、有反思、有整理、有提炼，是一项艰苦卓绝的工作。她希望今后能在词汇教学的路径和方法上、在学科育人的途径上有进一步突破和认识。

束定芳教授认为今天的活动充分体现高度、深度和温度。其次，他认为宗华团队的研究项目的最大的特点是聚焦、持续、实践性和彼此成就。同时，他建议在词汇教学中体现文化意识、思维品质等核心素养的不同维度，采用多种策略实施教学，并关注信息化手段在词汇教学中的应用。

何亚男认为宗华老师带领团队的研修过程给了一线教师一个重要的启示，即以"研"促"教"，为"教"而"研"。何老师还谈到宗华老师聚焦一个问题、持续十多年的研究非常可贵。她认为该研究在聚焦的过程中不断深入和持续发展，提高了课堂教学的品质。

王华书记首先肯定了本次活动的成功举办，他认为宗华带领团队坚持 12 年的持续研究体现了团队对于研究的信念、坚守，展现了克服困难、不断前行的品质。王书记还强调了在专家引领下，转化研究成果，形成普陀经验、上海经验的重要性。

刘友霞院长肯定了本次研讨活动对教师专业发展团队工作的启发,她指出,教师队伍的发展离不开三个"一",即一个人,一支团队和一件事。一个教师的专业成长要有好的导师、平台和内驱力。一个好的团队的研修样态要扎根课堂,聚焦主题、分工合作、深度研究,解决问题,推广展示。一件事情就是聚焦一个问题的解决,有顶层设计、实践探索、反思总结和提炼辐射,过程中聚合专家资源,形成市区校联动。刘院长感谢与会专家对普陀教育和队伍建设的引领和帮助,并期待与大家一起努力,为英语学科发展进行新探索、做出新贡献。

八、活动反思

工作室的每一次展示活动都需要经历策划、筹备、实施与总结四个阶段。策划阶段需要确定活动主题、目标,因为这些将直接决定展示活动的内容与形式,也构成了活动评价环节中评估的维度指标,便于活动参与者评价活动内容是否呼应主题、活动过程是否落实目标、活动是否达成预计效果等。

1. 策划阶段

回首过去十几年的研究历程,我发现在研究的不同阶段均存在一个共同点,即研究指向词汇教学实践研究。因此我们将主题确定为"中学英语词汇教学实践研究",希望通过回顾和展望,梳理提炼三个研究阶段聚焦破解的问题、形成的教学主张、采取的行动策略,并借鉴专家建议完善后续研究方案。

研究的第一阶段始于 2012 年前后,聚焦"文本语境下的高中英语词汇教学研究",而第二阶段(2016—2021 年)的研究恰逢新课标落地与新教材实施,因此研究顺应教改方向和师生需求,从"文本语境"延伸至"单元语境",探究单元主题语境下的高中英语阅读词汇教学。2022 年,当第六轮普陀教师专业发展团队启动时,团队研修希望在已有研究的基础上,立足"双新",针对词汇教学诊断的"拼写难、易混淆、用不好"三大困难以及词汇学习脱离主题语境、学生无法学以致用的问题,开展第三阶段的研究。这个阶段的实践研究依托主题语境,借助说写教学促进词汇产出。由此可见,研究在聚焦中发展,在持续中拓展,在改革中深入,并在细节中不断完善。

2. 准备阶段

在确定研修活动的主题和目标后,组员分工协作,依托主题语境,遵循"教学观摩、集体研讨、理论学习、聚焦问题、教学设计、课堂实践、二度设计、改进教学、提炼总结"的研究进程,开展听说和写作教学,促进词汇高质量产出。研究从观摩优质教学开始,随后组织集体研讨,研讨内容包括对教学教材的理解、目标是否有利于促进语言表达、活动设计如何落实教学目标、是否有效利用主题语境习得运用词汇等。在讨论的基础上,研究者聚焦问题,比如"如何在听说课中进行词汇教学""写作中如何解决词汇不足、表达缺乏逻辑和不够准确地道的问题"等。随后,执教者以问题为切入点,进行教学设计,试图通过课堂教学解决问题。经过多次磨课改进,完善教学各环节,使学习活动相互关联、逐渐深入、融合多种语言技能,促进词汇高质量产出。

如何将一节课的教学方法提炼为一类课的教学策略成为摆在研究者面前的又一个难题。这首先需要研究者从整体上回顾教学设计,仔细回炉目标设定及每一个教学环节,思考为达成教学目标、解决教学问题,教学设计做了哪些改进和调整及这样改进和调整背后的原因,并对调整后的效果进行评价等。其次就是撰写大纲,确定案例的思路与框架结构。最后,提笔撰写,阐释教学设计的依据,通过实践案例说明具体的做法,形成观点,凸显教学特色。定稿后,发言者开始制作PPT,将讲稿结构化,做到凸显核心内容,格式正确,引用规范,准确无误。经过多次模拟演练,能够基本脱稿,语速正常,情感稳定,表达自如、连贯、流利,时间把控在规定范围内。

3. 实施阶段

经过精心准备、细致打磨,团队成员组团发言。在工作室主持人的引领和指导下,在团队研修小伙伴的一路陪伴下,团队展示活动得到与会专家的高度肯定。聚焦问题,扎根课堂,持续研究,12 年的坚持……研究以实践教学中某一节课的问题为起点,思考这类问题的解决路径,通过课例研究化解问题,从而形成一类课的教学方法,进行公开教学展示或者参加教学评优。之后再把这一节课的问题变成研究课题,形成研究成果,推广辐射。在将"一节课"的教学方法提炼成"一类课"的教学策略过程中,我实现了个人专业发展的蜕变,见证了团队中青年教师的成长,也体会到了"体验式"的"真"课堂从"能力"培养转为"素养"培育,潜移默化地改变了学生的学习方式和教师的教学行为。

4. 总结阶段

结合专家的建议,从词汇教学的途径与策略、词汇教学与核心素养、词汇教学中信息技术的运用等方面拓宽研究的视域。同时,通过回看录像,查找自身话语表达的不足,并将专家点评的录像转为文字,整理通顺后提炼核心观点,撰写活动通讯稿,选择匹配的照片,制作微信报道活动。

九、学员感悟

宗老师团队的每个研究阶段都始于教学实践过程中遇到的突出问题,团队开展以问题为导向的实证研究,在研究理论的支撑下实现突破,形成研究成果。她将这样的研修方法和教师专业发展培养路径进行辐射,带领校区研修团队一步一个脚印地开展教学研究,让团队中的教师受益匪浅。

卢倩妮(松江立达中学):一个人可以走得很快,但一群人可以走得更远,这就是团队的价值。但团队的打造是艰辛的,这需要每位教师拥有同一个信念。

李淑萍老师(松江立达中学):各位前辈对教学和研究的坚持与热爱,自我反思与不断打磨,让我再一次感受到了"教研"的魅力。"为教而研,以研促教",宗老师及其团队让身为职初教师的我们看到了一个优秀教育人的探索之路。

梁钰老师(松江立达中学):从站上讲台、站稳讲台到站好讲台,青年教师的成长离不开自身的实践、学习和反思。

宗明霞老师(松江立达中学):教与研密不可分。"教"引活水,"研"筑清泉,青年教师的研究可以聚焦教学中的困惑,深入探索,从而优化教学。

安棂老师(松江立达中学):学生对单元主题意义的探究是学生学习语言的最重要内容,直接影响学生对学习内容的理解、思维发展的水平和语言运用的效果。

李艳艳老师(松江立达中学):教育不是为了适应外界而是为了丰富自己的内心。教师只有潜心教育,才能摒弃浮躁、功利,回归教育本真。

周玲玲(曹杨第二中学附属学校,普陀区第五轮、第六轮高中英语学科带头人、宗华工作室学员):宗老师带领我们阅读英语教学原版专著、分享读书感悟、聆听专家讲座、观摩公开教学、开展教学实践、撰写课例研究、总结教学策略。在工作室开展的深度教研活动中,我从教材文本的解读到单元教学的设计,从学生知识结构的把握到课堂教学目标的预设,从课内知识的讲解到课外语用的渗透等各方面,开拓了研究视野,增加了实践体验,将理论知识与教学实践真正做到了完美结合。

全燕晶(曹杨第二中学附属学校,普陀区初中英语学科带头人、第六轮高中英语学科带头人、宗华工作室学员):作为学员,我全程见证了活动准备、实施与反思三个阶段。无论是准备阶段主题的确定、课堂教学的行动研究、案例撰写的反复打磨到活动现场的精细调试、现场演练,乃至活动结束后的通讯报道、反思总结,我深刻感受到了团队主持人对教学的敬畏,对研究的聚焦、持续和严谨的态度,也感受到团队成员在一次次合作、创新、批判、思辨的研讨中激发出的思维火花,让项目研究真正实现以"研"促"教"、为"教"而"研"。

韩珺(上海市曹杨第二中学,第六轮高中英语学科带头人、宗华工作室学员):作为此次展示活动的参与者,我受益良多。对于写作教学,我一直以来都很困惑。教师缺乏对学生的教学指导,往往以范文代替教学,学生没有写作素材,不知道怎么写,当然也写不好。对于学生而言,写作过程很痛苦,不愿意写;对于教师而言,批改过程也很痛苦,耗时低效,教学效果不明显,学生写作能力提高缓慢。加入工作室后,在宗华老师的带领下,我们阅读了很多关于词汇教学的专业书籍。我慢慢意识到词汇和写作是相辅相成的,写作离不开好的词汇表达,有效的词汇学习也能促进写作能力,我突然感到新世界的大门为我敞开了。写作教学不一定只关注写作这一专项技能的教学。搭建各个主题语境下的词汇语义网是很好的一个突破口，既能为写作提供话题，也能给写作提供语言和内容的支撑。于是我在平日教学中就尝试了基于主题语境开展的写作教学。然而，这种教学往往是灵感迸发的无序尝试，没有形成系统；教学中的一些反思，没有及时落笔，一些教学想法要么束之高阁，要么转瞬即逝。通过这次展示活动，我有机会把之前关于写作教学的思考和做法进行梳理和总结。遇到困惑的时候，宗老师给了我很大的支持和点拨，鼓励我多看书籍文献，总结反思自己的教学，及时进行实践改进，极大地推进了我的教学研究意识和能力。而且在这次活动中，我充分体会到了团队的重要性。有导师的引领，给我们指点方向；有小伙伴的帮助，我们一起探讨设计思路，思想碰撞，点燃教学热情；遇到技术难题的时候，总有伙伴来支招。此次展示中关于语料库工具的教学探索，就得到了大家的大力支持。教书是让人快乐的，思考如何教书是引人探索的，在团队的引领下研究教学是促人成长的。我深深地感谢这次参与的机会，让我在专业上收获了成长。

十、主持人感言

曾记得师傅汤青老师在致学员的一封信中曾说："有实力的你，眼中是有团队的，个人成绩的背后是一个个团队的支撑，没有个人的荣耀，有的是团队的火焰。"我非常感谢在我专业成长过程中我所在的每一个团队给予我的各种帮助。

我大学毕业后就扎根普陀，服务二中，23年来我深深感到个人的发展与命运、学校、普陀息息相关，紧紧相连。我成长的每一步都离不开二中提供的岗位锻炼机会、专业发展平台和有力的支持保障，离不开曹杨二中英语教研组同事与我曾经一起开展的沉浸式教学实践研究。

回首自己的专业发展，从最初的教坛新秀、教育教学能手、高级指导教师、高级教师学科带头人到现任正高级教师，感谢普陀教育坚持十四年的教师系统干部、教师专业发展团队建设项目。

我也要感谢在我成长过程中培育我的历任恩师，其中何亚男与汤青两位师傅指导我如何在实践中聚焦真问题，以问题为起点思考解决路径。鼓励我提炼"从一节课怎么教到一类课怎么上"，再将教学问题转化为课题研究，形成研究成果，推广辐射。

感谢束定芳教授领衔的教材编写团队，让我有机会转变角色和身份，从教材使用者转变成编写者，贡献智慧和经验，让学生能够"讲（文化）小故事，悟（人生）大道理，学百科新知识，用英语做事情"。

同时，我也要感谢汤青老师主持的上海市第四期"双名工程"攻关基地、王华书记主持的拔尖人才工作坊团队、沈伟刚与沈华领衔的普陀教研团队、凌清华与吴健雄领衔的松江教研团队、基地校曹杨二中附属学校团队、我的工作室团队、松江立达英语教研组……在不同的团队中，与不同的伙伴研修，拓宽了我的视域，丰富了我的研究素材，让我可以学到更多知识与技能，并同时在不同层面服务学校、区域和上海教育，以贡献微薄之力。

己欲立而立人，己欲达而达人。以此为生，精于此道；以此为生，钟爱此道。用爱点亮智慧课堂，用爱培育未来学子。

第二节　"四个结合"的混合学习方式①

拔尖教师工作坊研修采用的不是传统的、单一的课程学习方式，而是一种多元化的综合学习方式，它结合了多种学习方法和途径，旨在为学员提供更全面、深

---

① 执笔：李显军，吴华清

入和个性化的学习体验,帮助教师适应不同的学习需求和环境,提升专业素养和教学能力。

一、集体学习与个别学习相结合

围绕研修主题及项目目标,工作坊将集体学习与个别学习进行一体化设计与实施,通过以问题为导向与以任务为驱动,以及课程学习、资源分享、问题探讨、教学实践、交流研讨、总结提升等环节来推进实施。

(一)集体学习

工作坊中的集体学习不以传统课程讲授为主,而多是围绕主题开展合作学习与小组研讨,主要内容如下:工作坊文化建设,建设高效学习共同体,为整体研修建构组织基础;共同学习学科核心素养等相关知识,为整体研修建构理论基础;研讨交流,共同探讨在教学实践中存在的主要问题及优化策略;典型示范,集体反思,总结提升实践力培育的经验与成果。

学员感悟:

在教育局的组织安排下,有幸参加了晋元高中正高级教师王华书记领衔的普陀区"拔尖教师"工作坊的培训学习,这是我从教生涯中一次非常难得的学习经历,王书记给予了我们十分宝贵的指导,也为我们提供了诸多与各位专家讨论交流的机会,十多位学习伙伴在专家导师的指导帮助下,交流分享、互相激励、共同进步,不仅历练多、收获大,而且氛围愉悦、过程充实。回想去年的情景,心存深深的感激,亦颇有感慨:这是一次对个人成长经历的全面梳理与特色打磨;这是一次团队专业提升的潜能迸发与巅峰体验;这是一次基于目标导向的精准指导与资源对接;这是一次"三化一强"战略的成功演绎与精彩示范。

（二）个别学习

工作坊中的个别学习是一种深度且个性化的学习方式，它强调每位学员的自主性、自律性、独特性、多元性，允许学员根据自己的兴趣、需求和进度进行学习。坊主和学科导师通常会提供一系列的学习资源和任务，学员可以根据自己的实际情况选择适合自己的学习内容，这种灵活的学习方式有助于激发学员的学习动力，提高学习效果。工作坊鼓励学员独立面对各种问题和挑战，通过自我探索和实践来找到解决方案，从而提升思维能力、创新能力和实践能力。学员个别学习的过程中，坊主和学科导师应提供足够的指导和反馈，保证学习效果。

学员感悟：

实验对于物理教学有着非凡的意义，通过实验，物理知识变得具体可感、生动有趣。但在一线教学过程中，常常会发生教材或教参所设定的物理实验在实际操作中效果不理想的现象，于是我本着"培养学生的实验探究能力是每一位中学物理教师不可或缺的教学技能"的理念，从 2013 年开始着手在微实验设计制作领域上做了孜孜不倦的探索与创新，研发了 60 多例物理微实验装置。

《气体压强模拟数显演示装置》是"气体压强产生"课中为改进"豆子实验"设计制作的装置。用台秤显示的冲击力是瞬时的，不便于学生观察。改进实验用力传感器接计算机来完成，冲击力通过屏幕显示出来，不仅方便学生观察，还可以进行多次实验对比。由于装置的改变，明显提升了收集数据、分析数据的效率与能力，突出了教学重点，突破了教学难点。学生也借助此装置，开展拓展研究，模拟探讨"气体压强的大小与分子质量、运动速率及单位体积内分子数"的关系。此装置获得上海市第 30 届科技创新大赛一等奖，全国创新大赛金奖。

在我的实验室中还有许多看似稀奇古怪的东西和材料，如饭盒盖子、空的饼干罐、小型洗衣机、用过的油漆桶、长短不一的玻璃片等，我就是利用这些日常生活中的素材，将艰涩难懂的物理知识变成一个个可观可感的实验，从"会跳舞的玉米流体糊"——验证非牛顿流体实验,到"电从哪里来"——通过制作原电池观察电流实验,还有双气球、液膜电动机、爬山虎等几十个原创微实验,就地取材,将灵感与教学完美结合,在奇思妙想中启发了学生对物理知识的新思考、新认识,感受到了学习物理的价值。

(三) 集体学习与个别学习相结合

集体学习与个别学习相结合的学习方式,一般以研修项目为载体,人员组成超越了单个学校的教研组,学习内容超越了单纯理论的抽象学习,学习形式超越了单向的灌输式培训,弱化了思想者和实践者之间的区别,所有参与者既是实践者也是思想者,打破了封闭群体的单向交流模式,有助于营建开放融合的学习共同体。实施的主要途径是通过工作坊导师主持的某一主题的教学研究或解决某个问题等多种形式,以工作坊活动联接跨学校的学习共同体合作开展问题汇聚、主题研讨、任务驱动等体验式、参与式、互动式研修活动,促进教师学、用、思、行的结合,将教师的个人反思、专业实践、合作交流有机整合,贯通与提升个体实践经验,沉淀与生成集体智慧。

集体学习与个别学习相结合,能够充分发挥集体智慧和个体优势。在集体学习中,教师可以共同研讨、分享经验和观点,通过集体智慧解决问题。同时,个别学习则允许教师根据自己的兴趣和需求进行深度学习,探索自己感兴趣的领域或解决特定的教学问题。这种结合方式既能够激发教师的创新思维,又能够满足教师的个性化学习需求。

二、经典学习与热点学习相结合

经典学习与热点学习相结合,是一种富有深度和广度的学习方式,特别适用于需要不断更新知识体系和提升专业素养的高端教师培养。

（一）**经典学习**

经典学习强调对基础理论和知识的深入理解和掌握。它涵盖了教育教学的核心理念、基本原则和经典方法，为学员提供了稳固的学术支撑和理论指导。通过经典学习，学员能更加深入地理解教育的本质和规律，从而更加自信地面对教育教学中的各种挑战。

首先，经典学习强调的是对经典的深入研读和理解。这里的"经典"包括教育哲学、教育心理学、教育史等方面的著作，它们蕴含了丰富的教育思想和智慧。通过研读这些经典，教师可以更深入地理解教育的本质、目的和方法，从而更加自信地面对教学中的各种挑战。

其次，经典学习注重教师的内心改变和道德提升。经典学习不仅是对知识的获取，更是对心灵的洗礼。通过学习经典，教师可以提升道德境界，从而更好地为人师表。这种内心改变会直接影响到教师的教学态度和行为，使教学充满人文关怀和道德力量。

此外，教师的经典学习还需要注重实践和应用。经典理论和方法只有在实际教学中得到应用，才能真正发挥其价值。因此，教师需要不断地将所学经典与实际教学相结合，探索适合自己的教学方法和策略，以提升教学效果。

最后，教师的经典学习是一个持续不断的过程。教育领域在不断发展和变化，新的教育理念和方法不断涌现。因此，教师需要保持开放的心态和持续学习的精神，不断更新自己的知识体系和教学方法，以适应时代的需求和挑战。

（二）**热点学习**

热点学习则关注当前教育领域的新动态、新思想和新方法，它反映了教育实践的最新趋势和发展方向，为学员提供了宝贵的前沿信息和启示。通过组织热点学习，学员可以及时了解和掌握最新的教育理念和教学技术，从而保持与时俱进的教学态度和教学方法。

首先，工作坊明确了教师需要了解和掌握的当前改革热点的具体内容。热点学习包括时政热点(如 2022 年党的二十大、2022 年北京冬奥会、信息化)、教育热点(如全国教育大会、2022 年教育部颁布的义务教育课程方案和课程标准)、专业热点(如 2021 年云南亚洲象事件、2022 年入侵物种鳄雀鳝生态事件)等,热点学习是提升教师参与感、话语度的重要方法,教师也能通过工作坊对热点信息的培训与交流,将热点所涉及的具体内容整理、提炼、简化、转化为适合学生的教学活动。

其次,建立学习机制。比如定期组织教师进行集中学习,邀请专家进行政策解读和分享;组成教师学习小组,共同学习和讨论教育改革热点,分享经验和心得;鼓励教师利用互联网资源获取最新的教育改革信息和资源。

最后,引导教师将热点学习内容融入教学实践,探索创新教学模式,如项目式学习、合作学习、探究式学习等,通过实践来检验和深化对教育改革热点的理解。

(三) 经典学习与热点学习的结合

拔尖教师工作坊将经典学习与热点学习相结合,旨在充分发挥两者的优势,实现学习效果的最大化。一方面,经典学习为热点学习提供了坚实的理论基础和支撑,以便学员能够更好地理解和应用新的教育理念和方法。另一方面,热点学习则拓展了经典学习的视野和范畴,有助学员能够更加全面地了解当前教育的现状和未来发展方向。

例如,工作坊组织学员学习传统文化经典,同时学习加强传统文化教育的政策要求,给学员留下了深刻的体会。

学员感悟 1:

文化是一个国家、一个民族的灵魂。中国优秀传统文化博大精深。加强中华传统文化教育,对于了解基本国情、传承历史传统、实现文化积淀、培养家国情怀、增强民族文化自信、自觉践行社会主义核心价值观具有重要的意义。通过经典品鉴活动,可以感受中华文化之美,培养国家亲切感和自豪感。在古典名著精彩片段赏析中,体会中国古典文学的意境之美。作为一名班主任,肩负着培养祖国未来接班人的重任,我们要用好传统文化、要充分挖掘传统文化的育人价值,通过班级文化建设活动,在潜移默化中、在文化浸润中,让每个孩子深刻认识到中国梦是我们每一个人的梦,促进国家昌盛是我们的每一个人的责任。

学员感悟2:

中华优秀传统文化教育对于学校文化建设以及学生教育的意义是毋庸置疑的。作为教育者,我们必须时刻牢记进行优秀传统文化教育的目的是"培养家国情怀、学会社会关爱、提高人格修养",并努力将其文化育人的教育作用发挥到最大。同时,我们更应该积极思考,如何在开展优秀传统文化教育时有效进行顶层设计以及整体构架,以提升中华优秀传统文化教育的吸引力和感染力,提高教育的实效性,真正做到"重视优秀传统文化教育,提升文化育人教育效果"。

三、专题学习与交流学习相结合

专题学习与交流学习相结合是一种有效的工作坊研修策略,它可以帮助学员更深入地理解和掌握知识,同时促进思维的碰撞和创意的生成。

(一)专题学习

专题学习是指学员在坊主和学科导师的指导下,围绕某一特定的"课题"或"话题",进行有组织的深入研究。专题学习是一种针对特定主题进行深入研究的学习方式,其特点包括有明确的学习目标(如解决问题、弄清疑惑)、预设的学习内容(关于课题或话题的知识)、可选的学习方法(如查阅资料、咨询他人、整理归纳,以及向同行表达展示)和灵活的学习评价(通过导师鉴定、同行互评、自我反思等方式对学习过程和成果进行评价)。

（二）交流学习

交流学习是一种通过与他人交流、共享知识和经验的学习方式，通过讨论、互相学习，共享知识和经验，以达到学习的目的。它可以帮助学员更深入地了解某个领域的知识或技能，同时也可以促进彼此之间的交流和合作。交流学习的形式多种多样，包括学术会议、学术讲座、学术论坛等。

（三）专题学习与交流学习的结合

工作坊研修的专题提炼采取众智众筹、合作生成的方式，结合了主持人团队智慧和学员的已有经验。专题选自学科热点，要有利于突破学员教学难点，聚焦课堂。专题结合了学员的实际教学，充分考虑了学员参与中可能出现的各种困难与问题，可操作性强。每个小组的专题选择都是紧密围绕工作坊专题形成的；小组专题都是教师教学中存在的真实问题与实际问题；小组成员有不同研究方向，但相互关联，成员间便于合作研究；小组及成员都有研修计划，便于落实。以下是初中跨学科小组的以地理实践力为主的专题交流活动。

表4-3　工作坊小组专题交流示例

专题	时间	交流内容	交流方式	交流人员
地理实践力培育	2022.9.22	基于学生地理实践力培育的初中地理教学设计与实施	腾讯会议	李老师
	2022.9.29	基于学生地理实践力培育的初中地理教学微课题研究	腾讯会议	王老师
	2022.10.13	提升学生地理实践力的地理实验设计与实施	腾讯会议	李老师
	2022.10.20	基于学生地理实践力培育的初中研学旅行设计与实施	腾讯会议	甘老师

第一次交流活动为"基于学生地理实践力培育的初中地理教学设计与实施"，这个活动紧扣研修主题，聚焦学生核心素养立足课堂，体现了学科特色，符合当前

教学需要,具有较高研修价值,能提升教师培育学生地理实践力的能力,能促进学生核心素养发展;活动目标明确,任务清晰,让学员结合所学内容,立足岗位开展实践学习;活动流程分多步骤推进,科学明晰,安排合理。

第二次交流活动为"基于学生地理实践力培育的初中地理教学微课题研究",这个活动与第一次线上活动紧密联系,采取序列化设计,具有延续性、递进性。两次主题活动均聚焦地理实践力培育,第一次交流重点在教学设计与实施,第二交流重点在微课题研究,让学员通过科学研究的视角反思课堂教学,"以研促教""教研相长",有助于学员加深对地理实践力的理解并改进课堂教学策略,还有助于解决骨干教师科研能力不强这个发展瓶颈问题。在整个过程中,主持人团队积极参与和关注活动开展,及时开展线上点评、总结和推优,及时解答学员线上学习中的问题,并通过定期制作高质量的研修简报对学习情况进行总结评价和专业引领。

两者的结合需要注意:

1. 将专题学习作为交流学习的基础。在专题学习的过程中,学员获得了丰厚的知识和信息,为交流学习提供了有力的支持。他们可以在交流平台上分享自己的学习心得和体会,并与其他教师进行讨论和交流。

2. 在交流学习中深化对专题学习的理解。通过交流学习,学员可以相互启发、相互学习,进一步深化对专题学习的理解。学员可以在讨论中发现问题、解决问题,不断完善自己的知识体系和实践能力。

3. 形成学习的良性循环。专题学习与交流学习相互促进,形成良性循环。专题学习为交流学习提供基础和支持,交流学习能够进一步推动专题学习的深入和发展。两者的结合不断提升着学员们的教育改革意识和实践能力,为教育改革的推进提供了有力的支持。

四、实地学习与论坛学习相结合

由于教师学习具有基于情境与问题、经验与反思、合作与实践等的特点,因此工作坊的混合式研修在主题选择、内容安排、组织设计、管理评价等环节上必须体现这些特点。为此,工作坊积极探索实地学习与论坛学习相结合的学习模式。

（一）实地学习

实地学习是在现实环境下进行的一种学习方式。它通常要求学员投入一定的时间和精力,通过亲身体验、观察、参与等方式来深入了解教育的某个领域或专题。实地学习有助于学员了解不同的文化、环境、工作和生活方式等,从而扩大视野,增进对教育现状的认知。此外,实地学习对于学员的实践能力与综合能力的提升也非常有利,可以让学员更加深入地了解教育教学的实际工作情况,对专业素养提升有不小的帮助。

（二）论坛学习

论坛学习是一种基于线上或线下论坛的学习方式。学员通过参与论坛的讨论、分享、提问等活动环节,与其他学员或专家进行交流和互动,以获取知识和经验。论坛学习具有便捷性、互动性强的特点,可以随时随地进行学习和交流。在论坛学习中,学员可以分享自己的经验和见解,也可以借鉴他人的观点和方法,从而拓宽视野,提升学习效果。

（三）实地学习与论坛学习的结合

实地学习注重亲身体验和实践操作,能够深入了解实际情况;而论坛学习则具有便捷性、互动性强的特点,能够随时随地进行学习和交流。两者的结合旨在通过学员的亲身体验和实践,结合线上或线下的论坛讨论,来深化对教育某一领域或专题的理解。工作坊每次的实地学习与论坛学习都规划了合适的主题,具体的学习情境与场所选择要指向教师的教学实践情境,直面教学困惑和问题,并贯穿研修过程始终。学习内容安排须考虑到教师的经验和实践,能通过实地学习与论坛学习的机会,为教师学习提供生动的案例与素材,提升教师的教育理解和思考水平。组织设计以问题为导向,激发教师的实践反思,为改进教学而学习。

工作坊组织的实地学习为论坛学习提供了丰富的素材和实例,使讨论更加具体、生动;而论坛学习则为实地学习提供了理论支撑和观点碰撞,有助于深化对实地学习内容的理解。

例如,在杭州实地学习中,学员们开展了论坛交流。

学员感悟1:

在本次交流学习中,个人感受最突出的是信息化的应用。在杭州市高级中学数学课堂上,其分析软件能做到学生手写题目全部输入,每个题目都能出现所有学生的答题试卷情况和对答卷的数据分析;在杭州市第二中学通用技术课堂上,教师运用平板进行教学,熟练、流畅、简洁。因此,在信息技术的应用上,我们如何去做呢? 我做了一些思考。

一是学校信息化建设现状。"信息化"作为我区"三化一强"战略之一,是有显著特色的,区内部分学校的信息化成效已在全市有一定影响力,但是,大部分学校投入和产出不成正比。主要呈现出基础保障还不完善、教师信息化应用水平较低,特别在应用信息化提高管理效率和课堂教学效率、应用信息化诊断学生学习中的问题和改变教师教学方式上还没能在全区形成能进行复制推广的有效方案。

二是如何改善现有的信息化建设。首先要加强基础保障,如完善各学校的网络设施,保障网络畅通。其次要加强教师培训,对不同教师进行分级培训,并落实到五年培训计划中,做到一般教师能使用学校内常用的信息化设备,能力较强的教师能参与信息化的建设或课题,提高教师整体信息化应用能力和素养。第三,要能基于需求开发学校所需的软件。能从学生、教师、家长、学校等需求出发,以"从下往上"和原来"从上往下"的方式结合开发软件,重点在对学生学习中问题诊断、学生选科,改变教师教学等方面开发或引进相应的软件。第四,设置区域信息化研究机构,研究建设区域共建共享机制,避免各校各自研究同一类项目,研究水平又提不上。让专业的人做专业的事,能让投入与产出得到最大的效益。

在大数据、人工智能时代，教育需要改革、创新。信息化是驱动教育综合改革引擎之一，已在学校教学管理、教与学模式等方面实现一定效益与创新。但要有更大的发展，是一定要基于需求，有实效，这样才能真正推进教育的改革。

学员感悟2：

通过对浙沪两地课堂教学的比较，可以看出两地在某些教学理念或习惯上有所不同。课堂教学应该是"任务驱动"与"问题驱动"的融合，并取得一种和谐的统一与平衡，这样的课堂一定是高效的课堂；另一点思考是关于试卷讲评课的重点。试卷讲评课应该注重两点：一个是"讲"，一个是"评"。"讲"的问题涉及：如何"讲"？谁来"讲"？我认为对一个成熟教师来说肯定是突出学生的"讲"。"评"的问题同样涉及：如何"评"？谁来"评"？这就涉及到一个教学活动的设计问题，我认为，试卷讲评课，教师要重视组织好"评"及"评"的活动设计。概括地说，试卷讲评课最重要的是：教师引导学生"讲"——讲"错误原因""做对的思路""困惑"与"经验分享"等；教师组织好师生共同"评"——如安排谁来"评"、怎样"评"、"评"得怎样等。

第三节　"立足岗位"的综合评价导向①

科学地评价拔尖工作坊学员的研修情况对于促进高端教师的专业发展，优化研修内容和方法、提供决策支持以及提升教育质量等具有重要意义。因此，我们

---

① 执笔：李显军，吴华清

应该高度重视工作坊学员的研修评价工作,不断完善评价机制和方法,确保评价的公正性、客观性和有效性。

一、遵循教师研修评价的发展趋势

为了更好地开展工作坊学员的研修评价工作,我们对教师研修评价的发展趋势进行了梳理和分析,并在实践操作中尽量体现以下特点。

(一)评价内容越来越明确清晰

之前的教师研修评价,其内容比较笼统、模糊,指向整个研修工作。伴随实践深入,评价内容逐渐有了明确的环节区分:研修前的准备评价、研修中的组织实施评价、研修后的效果检视等,后续又进一步具体细分为研修前需求分析评估、研修方案评估、研修过程评估、目标达成度评估、研修效果评估等。

(二)评价方式、评价主体也日益多元化

教师研修评价方式在之前往往是经验性的,主要考察考勤记录、研修作业等。随着不断地探索,开始引进量化评价,首先是满意度调查得到普遍应用,随后尝试采用研修后测试、反思性作业等方式,评估学员的研修收获、学以致用等情况。但这些方法因其具有一定的主观性,或者因其囿于知识考察、书面应用而受到质疑。为了评估研修效果的应用及其带来的教育教学质量变化,随后探索了档案袋评价、标志性成果评价等方式;教师研修评价的主体也由单一的参训者逐步拓展为培训单位、教育行政管理部门、学员同行和学生甚至第三方评价机构等。评价方式和主体都遵循问题解决逻辑,并日益走向多元化。

(三)研修评价指标体系建设越来越受重视

指标体系的制定直接决定评价的结果,对研修质量也有很强的导向作用,而

教师研修评价涉及的因素非常复杂,需要构建科学合理的评价指标体系,才能保障评价的科学性。

二、遵循本职工作与专业发展"双向赋能"

对拔尖工作坊学员的研修评价应该遵循"本职工作与专业发展双向赋能"的原则,这一原则强调在评价学员研修成果时,需要同时关注教师在本职工作中的表现和专业发展的成果。这一评价理念旨在实现教师在教育教学工作中专业能力的提升,同时促进其在专业发展道路上不断前行,两者相辅相成,共同推动教育事业的进步。

(一)评价关注学员本职工作与专业发展双向赋能对于学员个人成长具有重要意义

学员的本职工作是其职业生涯的核心,它涵盖了教学、管理、科研等多个方面。当学员能够在本职工作中不断积累经验、提升技能时,他们的自信心和成就感就会不断增强,从而激发他们进一步学习和提升的动力。与此同时,专业发展则是学员个人成长的重要支撑。通过参加工作坊研修,学员可以不断提升自己的专业素养和创新能力,为教育教学工作注入新的活力。这种双向赋能的模式,使学员在本职工作和专业发展两个维度上都能够获得成长和进步,从而实现个人价值的最大化。

(二)评价关注学员本职工作与专业发展双向赋能对于提升教育教学质量具有积极作用

教师是教育教学的关键因素,他们的专业素养和教学能力直接影响学生的学习效果和成长发展。当教师能够不断提升自己的专业能力和教学水平时,他们才能够更好地理解学生的需求,采用更加有效的教学方法,提高学生的学习效果和满意度。同时,教师的专业发展还能够推动教育教学的创新和发展。通过不断学习和研究,教师可以发现新的教学理念和教学方法,为教育教学工作注入新的活力和动力。这种创新和发展不仅能够提升教育教学质量,还能够为教育事业的长远发展奠定坚实基础。

(三)评价关注学员本职工作与专业发展双向赋能需要多方面的支持和保障

学员所在学校也应该为其提供必要的培训和发展机会,包括定期组织专业培训、开展教学研讨活动、提供学术研究支持等。这些活动可以帮助学员不断更新教育理念、提升教学技能、拓展学术视野,为其专业发展提供有力支持。所在学校也应建立科学的评价机制,全面、客观地反映学员在本职工作和专业发展两个方面的表现和成果,为学员的成长和进步提供明确的导向和动力。同时,评价机制还应该具有激励作用,能够激发学员的积极性和创造力,推动他们不断追求更高的目标。

(四)评价关注学员本职工作与专业发展双向赋能需要教师的积极参与和自身努力

学员应该认识到本职工作和专业发展是相互依存、相互促进的。他们应该在本职工作中不断总结经验、发现问题、提升技能,同时积极参加工作坊研修、开展学术研究等活动,提升自己的专业素养和创新能力。此外,学员还应该具备开放的心态和合作精神,愿意与同事、学生、家长等各方进行交流和合作,共同推动教育教学的进步和发展。

(五)评价关注学员本职工作与专业发展双向赋能需要采用全面客观的评价视角

首先,评价应关注学员在本职工作中的表现。教师的本职工作是教育教学,因此,评价应着重考察学员在研修后是否能够将所学应用于教学实践中,是否提升了教学效果,是否能够满足学生的学习需求。这种评价主要通过课堂观察、学生反馈、教学成果展示等方式进行。

其次,评价也应关注学员的专业发展。专业发展不仅包括教师学科知识的提升,还包括教学技能、教育理念、科研能力等多方面的提升。评价应关注学员在研修过程中是否积极参与、是否有所收获、是否能够在专业领域内取得一定的成果。这种评价主要通过学员提交研修报告、教学反思、学术论文等方式进行。

在遵循"本职工作与专业发展双向赋能"的原则下,学员的研修评价体现了以下几个特点:一是综合性,评价综合考虑教师在本职工作和专业发展两个方面的表现,避免只关注其中一个方面;二是客观性,评价应基于事实和数据,避免主观臆断和偏见;三是激励性,评价应具有激励作用,能够激发学员继续学习和提升的动力;四是导向性,评价应能够为学员提供明确的导向,帮助他们明确自己在专业发展中的方向和目标。

三、遵循教学质量与研究成果"同频共振"

"学非所用、学用分离"是教师培训饱受非议的痛点之一,其本质是忽视培训行为的有效转化,没有实现学以致用、学用结合。拔尖工作坊的研修评价遵循了教学质量与研究成果"同频共振"的原则,这一原则强调了在评价学员研修效果时,需要同时考量教学质量和研究成果两个方面,确保两者在研修过程中相互促进、共同发展。

(一)教学质量是工作坊研修评价的核心指标之一

教师作为教育教学的主体,其教学质量直接关系到学生的学习效果和成长发展。因此,在评价学员研修活动时,必须关注其是否能够在研修后有效提升教学质量,为学生提供更加优质的教学服务。这包括学员是否能够更新教育理念、优化教学方法、提高课堂管理能力等。通过评价学员的教学质量,可以确保研修活动真正落实到教学实践中,学员能够真正将研修成果转化为实际的教学效果。

（二）研究成果是工作坊研修评价的另一个重要方面

研修活动不仅仅是提升教学技能的过程，更是学员自我提升、专业发展的途径。因此，在评价学员研修效果时，也需要关注他们在研究方面的成果。这包括学员是否能够在研修过程中积极参与课题研究、发表学术论文、获得科研成果等。通过评价学员的研究成果，可以激励他们积极投入科研工作，推动学术创新，提高他们的专业素养和学术水平。

教学质量与研究成果"同频共振"意味着在评价学员研修效果时，需要将教学质量和研究成果两个方面紧密结合起来，确保两者相互促进、共同发展。具体来说，这一原则体现在以下几个方面。

一是相互促进。教学质量和研究成果是评价学员研修效果的两个方面，它们之间应该相互促进。一方面，教学质量的提升可以为学员研究工作提供实践基础，使他们能够更好地发现问题、研究问题；另一方面，研究成果的取得也可以为学员的教学工作提供理论支持，使他们能够更好地理解教学规律、提高教学效果。

二是共同发展。教学质量和研究成果的提升是一个持续发展的过程，需要学员在研修活动中不断努力、不断追求。在评价学员研修效果时，应该关注学员在这两个方面的持续发展情况，鼓励学员持续追求教学质量的提升和研究成果的取得。

三是综合评价。在评价学员研修活动时，应该综合考虑教学质量和研究成果两个方面，避免只关注其中一个方面。通过综合评价，可以更加全面、客观地了解他们的研修成果，为教师的专业发展提供有力的支持。

四、实施工作坊研修综合评价的效果

工作坊采用"立足岗位"的综合评价导向，在多个方面对学员的专业发展和研修活动产生重要影响。

（一）激励与导向作用

"立足岗位"的综合评价激励了学员积极参与拔尖工作坊的研修活动，使他们明确了研修的目标和方向。当学员意识到他们的努力会被公正、客观地评价时，他们更有动力去学习和改进。同时，"立足岗位"的综合评价也为学员提供了明确的研修导向，帮助他们识别自身在专业知识、教学技能等方面的不足，从而有针对性地进行改进与提升。

（二）促进专业发展

通过"立足岗位"的综合评价，学员了解了自己在研修过程中的进步和成就，增强了自信心和成就感。同时，评价也帮助学员发现自身存在的问题和不足，为他们提供了改进和提高的方向。这种持续改进的过程有助于他们不断提高自身的专业素养和教学能力。

（三）优化研修内容和方法

"立足岗位"的综合评价实现了对学员研修的内容和方法的反馈和优化。通过收集和分析教师的研修数据，评价可以发现研修内容和方法中存在的问题和不足，从而进行有针对性的改进。这确保了研修活动更加符合学员的实际需求和发展方向，提高了研修的实效性和针对性。

第五章　普陀区拔尖教师培养工作坊的操作范式

　　拔尖教师工作坊在具体的研修实践中形成了多种操作范式,比如组团式研修、融入式研修、项目式研修、主题式研修等。每一种操作范式都有其独特的优势和适用的场景。组团式研修集合了一群具有共同兴趣和目标的教师,形成了学习共同体,通过集体讨论、合作研究,促进教师之间的知识共享和经验交流,提高研修的效率和效果;融入式研修强化了研修与实际教学工作的紧密结合,将研修内容直接应用于日常教学中,使教师能够在实践中学习和提升,助力教师的实践能力和教学质量的提高;项目式研修以具体项目为载体,通过项目的实施过程来推动教师的研修和学习,激发教师的积极性和创造力,提升教师解决实际问题的能力;主题式研修则围绕某一特定主题或领域进行深入研修,使学员能够系统掌握某一领域的知识和技能,助推教师形成专业特长并深化专业素养。这些操作范式满足了学员多样的学习需求,提升了拔尖教师工作坊的研修活力。

第一节 组团式研修：让学员在协作中成长①

组团式联动研修模式是语文学科组在原来区级教师发展学科工作室模式的基础上，把师徒带教和学科工作室两种研修机制融合在一起的教师发展团队研修机制的创新。按"学段衔接、异质互补，组内多元、雁阵发展"原则，以拔尖工作坊带教导师王伟娟老师为核心，带领高中、初中、小学等学科工作室组成学科共同协作研修的共同体。这种研修填补了区级大规模培训和学校特色化培训之间的"真空带"，解决了区内大班培训和师徒带教难以实现精准培训和团队协作管理的问题。

一、研修思路

组团式联动研修主要采用的是"一核双线三阶"的研修思路。"一核"即以王伟娟特级教师工作室作为组团式研修的核心；"双线"即研修内容读写并进、线上线下双线融合；"三阶"指研修历程分为设计、实践、反思迭代三个阶段。

语文学科组围绕《高中部编语文教材读写实践研究——"王老师教作文"品牌再建与应用（续）》项目开展团队研修，采取"双线并进"的研修模式，以高中部编语文教材中的单元写作要求为出发点，以高中学生读写综合能力的培养为贯通点，以课堂教学为主要阵地，以"王老师教作文"信息平台为研发载体，厘清与优化高中语文部编教材读写内容，整合教材资源及传统资源，创设与完善双新视域下高中读写教学的新样态，帮助学生在更宽广的语文读写空间获得学业与精神的成长。

---

① 执笔：吴钟铭

指向引领统筹和实践共享目标。整合优势资源,凸显体验培训,分享培训资源。设计、实践、反思迭代三个层级呈现递进上升态势,将理论、体验与实践有机融合,促进教师专业能力与职业精神成长。

二、研修文化

(一)研修文化凝聚于"德"与"学"价值观

在上海语文教学界,王伟娟老师以写作教学著称,她不仅是上海市语文特级教师、正高级教师,还是华东师范大学特聘教授,上海市名师基地主持人。获上海市教书育人楷模、教育部"万人计划"等十多项荣誉称号,享受国务院政府特殊津贴。组团式研修的核心在于王伟娟老师的治学价值观。王老师在语文教学上的"道德文章"合乎《中庸》提倡的"君子尊德性而道问学"精神。这种"德"与"学"的相互促进,在王伟娟老师的写作教学中表现得淋漓尽致。

(二)研修文化问道于"包容开放"教学观

王伟娟老师的教学秉持"普渡众生"的理念,不追求奇崛的创新,以平常课上出不平常效果为特色。学员吴钟铭老师曾坐在王老师办公室,困惑于肖复兴的散文《莫扎特的单簧管与巴赫的双簧管》深奥难懂,请教王老师该如何启发学生理解。王老师轻轻地说了句:"贴上去"。即根据学生情况,相机点拨。这句话和王老师说这句话时候淡雅自如的神情印记在吴老师的脑海中,以至于吴老师一想起这件事,马上浮现的就是《桃花源记》中的那句"仿佛若有光",他也像那位渔人一样,经过王老师的点化,"豁然开朗"而得窥语文教学的"桃花源"。以此回看王老师的教学,在乱花渐欲迷人眼、"城头变换大王旗"的写作教学思潮中,她一直保持着教学的定力,按照自己对于写作教学的理解坚实地走着。

王老师的写作教学实在有些"安静"。王老师从不标榜什么宗旨、理念,只是默默地培植。就像她指导我们做的寻常事,似与寻常教师并无二致。可是曹杨二中的"小作家群"一拨一拨地向上拔节，却也是在我们的目瞪口呆中发生的。在学员们看来，王老师的风格首要在于一个"静"字。这种静气体现在气定神闲地保持教学"定力"，不盲从于社会风潮。静心于认定的方向，从容不迫地"深植"下去。

王老师在写作教学上做的都是寻常事，但是偏偏寻常事上能做出不一样的效果。究其原因是因为王老师在很多寻常事上做到了"不一样"。就像有人评王老师的写作指导课为随物赋形般的智慧一样，很多人感叹于这种智慧而望而生畏，畏其不可学也；然而王老师在写作指导中注重常规"变型"的一面，却罕有人感之、知之。例如，王老师也会要求学生积累作文素材，但王老师注重的是积累之后的运用，即评点素材积累、积累与思考同步，圈点素材与多角度论点提炼的训练结合等诸多方法的综合运用。这些方法普通甚而让人觉得有些"老套"，但经过王老师这番"综合"运用施教，却成果斐然。这就像金庸小说中武侠高手一样，一套不起眼的"太祖长拳"由萧峰这样的高手演绎出来，自是虎虎生风，效果别具一格。

这种追求朴实的教学是和王老师的教学理念分不开的。大道至简，在追求热闹和形式创新的今天，有时简单的道理却很难让人觉察和接受。王老师以寻常事中事事见心思的精神，在写作的每一个环节"以己为舟渡人心"。在她的写作教学中，不忽略每位学生的长处与亮点，平等地与"众生交流"。在学生中形成写作的"磁场效应"，让学生能写、会写、愿意写。曾有禅语云"千江有水千江月"，说的是江不分大小，有水即有月；人不分高低，有人便有佛性。佛性在人心，无所不在；就如月照江水，无所不映。这句话说的是禅机，用来形容王老师的写作教学也是很贴切的。

王老师经常说自己越来越喜欢"静水流深"，并且以此命名她的文集。在聊及教师发展话题时，她说到，教育的源头活水在课堂中，在学生中，在教学教研的整个过程中。只有投身入水，才能处于静心状态下独立思考，方可悟得正道。她的这番话，让人想起欧阳修的那句名言："心定则道纯，道纯则充于中者实，中充实则发为文者辉光。"

上海师范大学教授詹丹老师曾经在一篇序言中提到："能够及时把教师点评

中的教学经验提示出来,并且上升到一种新的教学观念,成为王老师批语的一大特色。但这里的'三合一',并不意味着是用王老师自身的教学理念,来笼罩、一统所有工作室教师的教学经验,不是简单地把其他老师的经验之多纳入到'我'之一的理解框架中。我们看到,不论是她赞赏吴钟铭老师开发的'教学资源',还是认同何其美老师的自我反思,或者理解金薇老师把作文教学与生命体验相关联,等等。其实,都是基于对象教学经验的一种概括,从而在相当程度上,既发挥了工作室各位教师的自身教学个性,也进一步撞出了王老师自身的思想火花,并从根本上提升了工作室教学的整体境界。"

王老师的课堂不仅"众生平等",同时也包容开放。王老师在《语文教学要注意"六开"》一文中表述了她在提升课堂教学效率中的做法。所谓六开,即开放、开发、开通、开心、开明、开掘。其中尤以"开放"最为重要。这些观点是20年前的王老师提出的。20年后,回首当年的教学主张,不仅没有过时,反而经由时间和实践的磨洗,更加的清晰。写作教学需要"开通、接通"学生的生活世界,提升学生的思维品质,溯其源头,教师的课堂就必须开放。

这些年,中小学写作教学呈现的弊病横生现象,大多与写作教学关起门来自搞一套内容体系有关。学生对写作没有亲近感,没有真情流露的欲望,写作教学之路越走越窄,在应试的漩涡中不能自拔。在王老师的写作教学中,王老师做了许多"题外之意",比如讲座、聊天等,似乎已经与写作教学"离题"甚远,但实质上却是"开窗放入大江来",站在更高的层面总览课本与生活、历史与现实、当下与未来。当学生有了这样的眼光与格局,提笔写作,自然就随处可见"银山拍天浪"了。

(三)研修文化成长于"慈爱忧悯"的育人观

王伟娟老师的写作教学闻名沪上,教师界多以"曹杨二中的小作者群"现象赞誉王老师对于学生写作兴趣的培养之功。这固然是王老师功不唐捐,辛勤培育的结果。然而,仅以此来概括王老师的写作教学的特点,窃以为远远不够,甚至会让人产生是因为曹杨二中生源质量的水涨船高成就了王老师写作教学的"大误会"。

还有研究生曾写过论文"研究"王老师的写作教学风格，得出"快乐"二字。写作兴趣激发是王老师一直倡导的写作教学的着眼点之一，片面强调这一点，总括为王老师的写作教学风格，却也让人有些"缘木求鱼"之感。

王老师对于自己的教学特点，并没有太多的专门论述。但从王老师倡导的写作教学的作为与不作为中，我们似可窥得其中门径一二。例如，写作教学是否有序？众说纷纭，没有定论。写作序列研究是一个话题的"雷区"，说不清道不明。王老师从写作教学围着高考题转而忽略各年级训练目标的混乱现象入手，以写作教学序列"定体则无、大体应有"为原则，对高中各年级写作教学内容研讨其实施的侧重点，如此，纲举目张，让更多的学生走出了写作"高开低走"的怪圈。就写作教学的内容确定而言，从学情出发，不放空枪，不唱高调，从实际出发，立足解决写作的问题，是王老师的教学立足点。

回到文章开头探讨的王老师教学特点问题，也许就不言自喻了。王老师的作文教学最初笔者是这么体会和概括的："心中有谱，适时点拨、指导有神"。但随着时间的流逝以及对王老师长期的实践观察，笔者以为这句话是浅薄的，无法涵盖王老师写作教学的精髓。因为王老师的写作教学观是与她的语文教学观、育人之道密不可分的。她做的那些寻常事中，往往蕴含着灵活的写作指导之道和慈爱忧悯的育人之道。在她的写作教学中，"道德文章"这四个字始终是在首位的。

三、研修策略

在教师研修实践与研究过程中，我们探索并不断完善了以下主要实践策略。

策略一：确保研修主题及活动过程的适切性。

首先，深入学习者群体的管理或教学生活，判明他们的既有经验、面临问题与发展需求，并以此为依据设计相关的研修主题、实施过程与预期产出结果。其次，在教师研修过程中教与学双方需要重新确立各自角色。学习者群体从先前的"接受者"变成参与问题解决、互为资源、合作共建、自主改进实践的"自主学习者"；而教学组织者则依据学习者群体实际需求变成学习主题及学习过程的"设计者"、互动研修过程的"引导者"、帮助参与者获得学习成效的"促进者"。

策略二:始终聚焦教学实践能力发展的研修主旨。

在组团式研修的初始阶段,要尽量贴近学习者群体最为迫切的实际问题进行研修,激发他们参与的动机,鼓励他们分享自身经验并及时建构共识。以"精心设计、重在实施、成在持续、落在迭代、赢在成效"为实践流程。"精心设计"主要指要依据成人学习与能力发展的基本规律,设计研修活动全过程。"重在实施"指在现场实施过程中,主持人要抓好会场准备,做好技术支持,把握好"提出问题、启发个人思考、引导小组讨论、激励成果分享、形成有价值结果"等各环节。"成在持续"指要确定持续实践改进的具体措施及对于参与者实践改进的具体要求。"落在迭代"指以专人或团队方式将每次研修结果结构化、文本化,转化为迭代的研修知识。在有条件的情况下,也可以将研修成果与后续实践成果转化为研究成果,并以各种方式加以传播。当然,最后还需要强调"赢在成效",即研修活动应该能够给参与各方带来具体实在的成效。

策略三:采取丰富多变的活动形式。

(1)核心导师推动式。集合成员学术辐射骨干力量的专长,依据全体教师个人意愿进行研修。建立学习智慧众筹,配合线下的研讨活动,以及教师个人发展需求,通过集体备课,成员计划式推进、跟进式指导,形成全面又集中、团体又共享,互通有助的草根研修新模式。通过自主加合作创建模式,在限定时间内完成分组,明确分工,发表意见,通过系列跟进式、多点聚焦式、短程互助式、骨干引领式等多种方式进行研修。

(2)研讨生成式。通过规划先行,确定研讨重点,审议方案;再确定目标,明晰审议框架,认真搜集资料,准备研修计划和内容,并进行讨论、甄选、梳理、整合。最后内容汇总,进行"分工式"认领,即组内分工制作并形成知识资源。

(3)自选主题式。这种方式主要起到启明向导、渗透跟进的作用。由不同研修群体形成组织对话,主要起到组织生点、反馈优化的作用,以此形成线上教研模式。预先准备观点依据，共同进行深入研修，形成研讨策略。导师教师深入参与研讨、跟进过程、诊断，隐形引导研讨，并做好现场质量把关，以此形成自选主题研修。

（4）多维研课式。通过教师自评、同伴互评、团队点评等形式，分维度观课诊断和评议改进，引导教师自主研学、碰撞研讨、对比研磨和总结研析，进行问题归因和策略优化，打磨教师个性化、层次化成果，分层分类助力教师专业发展。

四、操作案例[①]

随着新课标、新教材的推进，针对语文学科核心素养的培养，无论是课程内容层面的研究，还是教学方式变革的探索，都对教师的专业素养寄予了更高期待，教师必须以持续的专业发展来适应新课程的要求，以更好实现教育立德树人的根本目标。而针对如何在团队研修中提升教师专业能力，以促进教师获得更好的专业发展这一问题，我们积极致力于以项目研修为载体，双线并进，组团研修，提升教师的实施能力。

（一）团队研修体现"双新落实"的适切性

团队研修是一种学习方式，美国学者劳伦斯·索耶（Lawrence B. Sawyer）提出，"知识并非是学习者头脑中静态的智力结构，而是一个包括人、工具、环境中的其他人以及运用知识的活动在内的认知过程"。基于这样的认识，有效的团队研修需要活动的创设、研修环境的优化、学习共同体的组建。我们将"新教材背景下读写结合有效教学设计的实践研究"确定为本轮团队研修的核心项目，项目的确立与提出力求体现"双新落实"的适切性，以更好引领教师实施能力的提升。

普通高中语文课程坚持立德树人，以核心素养为本来推进语文课程深层次的

① 案例执笔：朱莹蓓

变革，而"语言建构与运用"是语文学科核心素养的基础，是指"在丰富的语言实践中，学生通过积累、梳理和整合，掌握规律，形成经验，发展在具体语言情境中正确运用语言的能力"，可见，语文学科核心素养的落实需要读与写的有机融合。在课程设置上，新教材也将阅读与写作结合得更为紧密了，从学习任务群的表述即可得知，比如"文学阅读与写作""思辨性阅读与表达""实用性阅读与交流"等。但是，在现实的教学情境中，"读"与"写"往往割裂分离。长期以来，中学语文教学更多关注"读"而忽略"写"，很多从"读写结合"角度切入教学的尝试，也常给人一种割裂感，并不能将读与写有机融合。再加上新教材强调单元教学的整体结构化设计，教学参考提供的教学设计方案多从阅读角度切入，很多教师无暇顾及"读"与"写"的结合；有些单元即使有"读写结合"的教学设计，也缺少实践的认证。

另外，双新背景之下，语文课程力求加强实践性，以促进学生语文学习方式的转变。因此，我们的研修立足读写结合有效教学设计的实践研究，以培养学生的读写能力，帮助学生在更宽广的语文读写空间获得学业与精神的成长，这是对新课标基本理念的深入思考，也是通过具体实践研究落实语文核心素养的需要，这也对提升教师的实施能力，获得更好的专业发展，提供了切实可行的着力点。

（二）双线并进实现专业发展的持续性

1. 在研修内容上——读写并进

阅读与写作是语文教学的两大关键，而"读写结合"常见的路径有两条。一条是"以读促写"，即通过阅读来为写作提供语言积累、素材资源、文体形式和写作技法等内容，让阅读为写作服务。另一条是"以写促读"，即通过写作来引导学生更加深入、透彻地理解作品，提高阅读分析的能力，让写作为阅读服务。而我们的项目研修，在此基础上结合了对新课标的思考、新教材的研究，立足课堂实践，从对单元整体教学的思考切入，找到"读写结合点"，设计教学活动方案和学案，力求在双线并进中提升教师的实施能力。

我们的团队研修在总体规划的基础上，尊重教师的自主选择，鼓励扬长发展。

有些教师从写作出发,或针对高三写作训练中出现的"论证不充分"这一问题,找到"读写结合点",用课本范例点拨,寻求提高学生思辨性写作能力的有效途径;或针对高三写作训练中出现的"缺乏新鲜有效的论据"这一问题,以时文素材为载体,引导学生关注社会现象,把握时代脉搏,探究帮助学生积累素材的有效策略。有些教师从阅读出发,或在经典现代诗的教学中,从"读写结合"角度切入进行教学创新,引导学生通过对脚本朗读的设计,深入体味诗歌内涵,形成个性化解读;或在史传作品的教学中,从"读写结合"角度创设学习任务,为长篇史传作品的教学打开一种新的可能。在研修内容上的双线并进,可以促进教师就阅读与写作的有机融合进行深入的思考与探究,或让阅读成为写作的支架,或让写作成为阅读的支架,更好地将阅读教学与写作教学落到实处,提升教师在教学中的实施能力。

2. 在研修形式上——线下与线上并进

线下的课堂实践是项目研修的主阵地,团队学员也都是一线教师,所以我们的项目研究首先是"入乎'课堂'"的。同时,为了实现教师专业发展的持续性,我们需要培养教师的思考力,这是教师自我发展不可缺失的源动力。所以团队研修以项目研究为抓手,旨在通过这样的过程,引领学员在教学与实践中印证所学理论,反思课堂,总结经验,发现不足,提炼教学主张,激发教学智慧,使后续的创造与创新成为可能,在"出乎'课堂'"的努力中,撰写教学案例,不断修正和完善自己的教学设计和学案,以科研促进教学的有效性,也使我们的教师在成就学生的同时,磨练了自我,自身在专业发展上也获得了更大的提升,实现了与学生的共同发展。

互联网时代,我们的研修模式也需要与时俱进。借助特级教师王伟娟老师的"三合一"信息平台,积极带领学员围绕课题"高中部编语文教材读写实践研究"的三轮探索进行实践研究,并提炼认识,撰写文章。在必修上册第七单元写作任务的实践与思考中,我们确认了设计写作任务时需要考虑的问题。比如这个题目是否能激发学生的写作兴趣?又比如此次写作训练能否有效落实本单元的学习要求?在对必修下册第一单元写作任务的实践与反思中,我们认识到写作任务的设计需要单元化、结构化,以此为起点,才能更好地将写作教学过程化,从而切实提高学生的写作能力。在新教材语文必修上册前三单元读写任务的设计与思考中,我们从作文题《我是谁》开始,对必修上册前三个单元的读写任务进行了再设计,并提出读写结合有效教学的推进,一则可以依托单元教学,从不同学习任务群入手,让"以读促写"和"以写促读"形成螺旋式上升学习模式,借此将培育学生语文学科核心素养落在实处;二则可以借助写作训练,拓展专题阅读,引导学生对"人与自我""人与他人""人与社会""人与世界"这些命题进行思考,每个学期通过开展多轮此类活动,同样也呈现螺旋式上升学习模式,以此引领学生的精神成长。线上研修的推进,让我们团队的研修方式变得更加多元,研修内容变得更加丰富,从而进一步拓宽了项目研修的广度,也为教师的专业发展提供了更多机会,促进教师认识到持续学习和发展自己的意义所在。

3. 在研修组织上——总分并进

作为工作室领衔人,以及王伟娟特级教师工作室成员,我们的项目研修与王老师工作室的项目研究方向"高中部编语文教材读写实践研究"是一致的。王老师的研修团队具有更高的专业素养,更加注重从实践到理论认识的提炼、总结和反思,能撰写案例为线下的深入研究提供依据;而我们团队的教师更加年轻,我们的研修更加注重读写结合有效教学的实践探究。所以在团队研修上,我积极借力,利用"总分并进"的优势,感受上行下效、学以致用的意义。在王老师团队中,我不断突破自己,以实现自己专业化发展的持续性;在我的团队中,又努力带领更年轻的老师们走向优秀,提升教学实施力。团队研修实现了成就自我与成就他人的双线融合。

苏霍姆林斯基(Сухомлинский)说:"教师的劳动就是一种真正的创造性劳动,它是很接近科学研究的。"提升团队研修的科学性,我们还需要打开视野,整合资源。借助曹杨二中语文学科高地的优势,我们在特级教师王伟娟老师的引领下,与丁蕾老师、李文俊老师工作室多次开展联合研修,从一堂课、一个微报告,到一个项目研修的深入、一个团队经验的分享。组团研修可以使我们的教师获得更加宽广的视野，站在一个更高的视角来审视自己的教学，实现专业发展的持续性，促进团队研修效应的辐射，为区域教师的专业化发展助力。

第二节　融入式研修：让学员在工作中成长①

随着对工作坊学员培养工作的不断深入，工作坊在促进个人专业发展的同时，注重让学员以学校教育教学实践工作为基础，解决课堂教学问题。带教指导青年教师，用研训一体的方法解决实际问题，落实"研中有训、训中有研"，将培养过程融入到各项工作中，融入式研修逐渐成为工作坊研修的重要方式。所谓"融入式研修"是指工作坊学员将"坊"内研修的理论与实践融入自身学校教育教学工作中，与学校校本研修相融合，与"双新"教育改革相融合，与教师专业发展相融合。融入式研修积极利用各方资源，结合具体项目，立足问题解决，激发教师的主动发展。

一、实践探索

第一届工作坊学员，数学学科易建平老师，曾任上海市曹杨第二中学副校长，在学习过程中，他将工作坊研修与学校分管工作、带教团队教师培养任务相结合，实施"融入式"研修。

---

① 执笔：易建平

（一）丰富资源搭建教师专业发展平台

数字化时代，如何利用数字赋能学校教学工作，是工作坊学员培养的一项任务，各学科均有涉足。曹杨二中数学学科在易老师带领下，积极研究"iStudy 教学模式"，在原有《导学案》的基础上，形成了涵盖高中三年完整的《高中数学 iMath》纸质学习资料及配套网络资源库。通过在课堂中不断地实践，形成了较完善的校本课程资源，体现了课程改革要求，提供了实际操作工具。

关于这套资源的运用，教师可以通过 iSelftest（i 自测）的反馈，了解学生的预习效果，并及时调整教学设计，甚至还可以活用学生在预习阶段产生的问题直接作为课堂引入。如在"指数函数的图象和性质"这一课中，教师以线上平台（BBS）中热烈讨论的三个问题为情境，指导学生认识指数函数的定义。又如 iEvolve（i 演变）例题的选编要有典型性，要能体现学习的通性通法，要能在一般能力的基础上，通过对例题中相关问题多角度和多层次的探索、思考和演变，对所要讲解的问题做横向联系和纵向延伸。变式训练题和演变的问题由专门的"i 插件"隐藏在 iPad 的第二层，供教学中调用；变式训练题和演变的问题可任由授课教师课前根据学情和进度添加与修改，不仅可以从例题出发向深度和广度"散发"，也可以根据学情设计相关的"铺垫"向经典例题"聚合"。

学科资源库的建设为教师提供了坚实有效的备课基础，"5i"学习链，根据学生学习的需要插入合适的信息技术手段，聚焦了教学中各个重要的环节，从而服务于教学，使得课堂教学实践与探索获得进一步提升，也为教师的个性化发展提供了更多的可能。同时，促进了课堂教学的渐变，并形成了教研组特色，收效良好。

（二）校本研修促进青年教师成长

在学校工作中，易老师积极设计、推广"iStudy"教学模式，立足课堂转型发展和学生核心素养培育，倡导"自主、合作、探究"，创设"师·道"讲坛和化育讲堂，这种新的尝试，为青年教师的发展创设了开放、真实的成长空间。青年教师通过线上线下融合的听评课活动，相互学习、交流，快速成长。比如青年教师朱依哲老师在化育讲堂中开设"分式不等式求解"一课,青年教师们线上线下针对变式教学进行了深入剖析,并回答了专家的问题。

专家:曹杨二中在推广"iStudy"教学模式中,数学组开发了"iMath"丛书,能否深入剖析一下变式教学?

青年教师:变式教学是指更换命题中的非本质属性,突出本质属性,加深学生对数学本质的理解。变式教学可以帮助我们在教学过程中探索数学本质。我认为可以从以下几个角度去操作。第一,可以变换问题的条件和结论,从充分性和必要性加深了解;第二,将问题的条件一般化或特殊化,以培养学生的发散性思维和收敛性思维;第三,变换知识的结构,加深知识的纵向和横向联系;第四,联系实际问题进行变式,提升学生应用数学的能力。综上,变式就是让学生在变化中感受不变的本质。我们的"iMath"在变式教学中就做了很好的示范。

专家:怎样才能在变式教学中让学生看到一个知识学习的全貌?

青年教师:老师在备课做题过程中,会自动把同类问题整理到一起,我们归纳、整理了类题的一般解题方法。学生却是在不同时间段遇到这些题,且他们并未及时整理,所以他们更容易遗忘。此时就需要我们通过变式教学帮学生进行整理。我们利用"iMath"上的变式问题,总结、概括,就是希望让大家看到数学知识发生发展的全过程。

研讨活动的组织,充分体现了学员在学校学科教学模式研讨中发挥的作用,把校本资源的开发与课堂教学实践有机结合,组织实施的"iStudy"教学模式,编写的"iMath"教学丛书,对青年教师专业发展提供了可辐射、可推广的教学经验,启发青年教师反思的同时,激发教研组内生原动力。

(三)多方合作推动区域辐射

工作坊的学员均为区域学科带头人,他们各自都有自身的工作室和培养的学员,同时也承担学科教学区域辐射任务。在融入式研修中,既融入学校教师队伍培养,也融入区域不同学校的联动。作为区域"资源共享、联合教研"的抓手,在区教学研究室的指导和统筹下,《高中数学 iMath》在区域内实验性示范性高中与上海市特色高中等 5 所学校同步使用,定期开展主题性研讨,并向区内进行辐射和推广。收集合作学校反馈意见与要求后,《高中数学 iMath》进行了内容和结构的修订,在明确学科"大概念"基础上整体构建单元教学,引入学生自我评价机制,进一步引导高水平与元认知的投入,为学生个人"学科综合素质评价指数"的形成提供依据。以教学资源建设为抓手,对教学重、难点以及教学中需要拓展的部分进行协同开发、分工负责,组建区数字教材和数字资源团队,以曹杨二中为研制基地,普陀教育学院负责推广服务,形成全区优质教育资源共享的局面。

为适应区域高中数学数字教材和资源建设的团队需求,易老师组织学员团队开设区域共享课程"J 课堂",基于学科核心知识与"学生建构错误典型样例库"设计并开发网络微课、微解视频,及时向学生推送解题思路,解答学生的困惑。同时,也开辟了专门的栏目,方便师生使用和互动,为普陀区数学教学质量的提高提供一站式和全程式的服务。

(四)团队协作共同进步

曹杨二中有三个数学教师工作室,分别是黄坪特级教师工作室、桂思铭特级教师工作室、易建平学科带头人工作室,三个工作室各具特色。易建平工作室理论建构、黄坪工作室教学开发、桂思铭工作室技术引领,三个工作室形成合力,围绕普陀区数字教材和数字资源的建设,同步跟进、推送曹杨二中三个年级学段的优质教学资源,使全区得到共享,为提高全区数学教学质量贡献力量。资源建设由黄坪老师领衔,区教研室统一规划,继续开展针对性、适应性校本化研究。资源建设强调信息技术与教学的高度融合,但因经费问题和"学霸君"等 APP 的冲击,"微解析""作业卡""跟进练习"等进展不力。针对《高中数学 iMath》前期实验中存在的问题提出改进措施,研究《高中数学 iMath》校本化实施的实际情况,因校、因地制宜。

在区域高中数学联合展示中,团队协作,联合互动。在课堂上,教师倾情投入,循循善诱,彰显了教师平等的学生观、开放的教学观和互动的活动观;学生在教师的引导下畅所欲言,课堂氛围轻松。教学设计由浅入深、环环相扣,且善于运用启发式教学鼓励学生积极思考,体现了曹二数学学科"信息化技术"以及"变式教学"的特色,深受专家老师的好评。

二、操作要求

融入式研修以教育教学实践的工作研究为基础,用科研的方法解决实际问题,带着问题学习以提高素养。从操作要求上来看,同样融合了现有的各项研修方式的优势。

(一)融入式研修创新研修形式

融入式研修在教研的过程中根据教育教学实践提出问题,将问题提升为研究的课题,通过培训提高研究能力,经过研究形成研究结论,再将研究结论用于指导解决问题、服务教学实践,这样就形成了三位一体、循环往复、协调运作、共同发展的模式。融入式研修的形式多样,比较常见的有以下三种形式。

合作共享式。倡导教师教育教学实践要专业发展,强调同伴互助、合作探究、互相听课、评课和反思交流等研修方式常规化。

论坛讲堂式。定期举办教师论坛和教师讲堂。论坛是多人同题,大家围绕一个中心谈体会,分享经验,求得共识。

活动交流式。外出讲学和上示范课,将培训资源输出,展示学校教师专业风采。

(二)融入式研修需要主题统领

融入式研修的关键是要聚焦一个核心研究主题,架构一个课程体系,形成系列研修任务,融培训、教研、科研为一体,是一个综合的、系统的研修过程。其运作模式如下图所示。

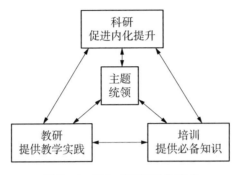

图5-1　融入式研修运作模式

从教师的学习需求出发,通过将培训任务整合为项目,要求培训、教研、科研都应围绕核心研究主题展开,组建学科骨干团队,参与多种研讨方式的学习和实践,制定项目培训目标,通过过程管理和绩效评估,培训为教师发展提供必备知识,教研为教师发展提供实践指导,科研帮助教师内化提升,全面提高学科骨干教师的学科技能及专业水平,提高综合素质,成就专业发展。

融入式教研的模式同样围绕以下主题开展。

第一,查找问题,确定主题。主题教研突出点是"主题"。研究的主题应是教师在教学实践中发现的一些影响教学实施与成效、需要提炼成系列主题加以研究的问题。

第二,相互交流,形成方案。主题确定后,教研组会交换意见,讨论并实施计划。该计划应包括教研活动主题和问题提出的目的意义、问题研究的主要内容、活动的步骤、预期的效果、解决问题的措施与手段及一个周期内教研组活动的数量和地点。

第三,学习资料,达成共识。计划确定后,教师要组织团队成员学习相关教学理论和实践策略的文章,解决前期或活动期间遇到的难题,为主题校本教研的成功开展提供理论支撑,同时提升团队成员的专业素养。在此基础上,学校可以召开集体学习交流会,让教师发表自己的理解,提出问题与改进建议。

第四,教学反思,深入研讨。反思是经验改进、内化和提升的过程。教学教师写教学反思,要反思评课教师的建议对教学产生的帮助,以及研究主题在教学中的凸显等;听课教师写反思,要对比自己的施教过程和教学教师的异同和可借鉴之处。教研组集体通过评估、沟通和反思,可以进一步发现细节问题,总结成功经验,提升主题教研的实效。

第五,总结经验,全面推广。主题教学研究在收到良好效果后,应及时总结教学行为并改进过程,总结实践中探索出的有效行为和改进策略,并通过案例、记录和论文进行介绍、推广和运用。教师通过"写"再次思考,梳理自己的思想,实现理解与认识的进一步提升。

(三)融入式研修的主阵地指向课堂

融入式研修以项目引领区域教研,充分发挥同伴互助的优势,扎根课堂,始终坚持以问题研究为根本,以课堂教学为重点,引导师生回归主体,引导教研回归实践,追求校本教研活动价值的最大化。它让每一个学校在差异形成的"张力"中逐步建构开放式的教研生态,在合作共生的大格局下,最终都能回归基于校情的自主教研,提高区域内各校校本教研效益。

融入式研修是一种指向师生知识与能力建构的深度校本教研模式。教师在自主研究新课标、新教材、新评价、新课堂、新问题和新学情的基础上,通过团队的合作探究,生成集体的智慧,进而在自己的课堂上精准实施导学、导答、导评等。通过与校本教研相结合的融入式研修,教师拥有了共同的文化愿景,共同的教育信仰,秉承深度改革的教研理念,同时在校本教研团队中有着高度的文化认同。团队成员之间相互学习,运用系统思考的心智模式,主动审视在项目式校本教研中的自我情感参与、认知参与和行为参与程度。行动者的行动是具有能动性的,在行动中会维持对自己的反思性监控。教师通过不断反思,重新关注自我,专注问题焦点,启动潜意识学习,最终在个人愿景与现实状况的真实差异之中,激发个体创造性张力的产生。保持这种创造性张力,更有利于自我的超越和组织的发展。

(四) 融入式研修以工作室运作为有效路径

名师工作室是由挂牌名师领衔,由若干骨干教师共同组成的旨在促进教师专业发展的学习型组织,是集教学与研究为一体的教研共同体。教师专业发展在本质上是教师在工作中发现问题,通过协同探究解决问题,并以此提高专业能力、发展专业素养的过程。因此,研究性和实践性是名师工作室研修活动的两个基本定位。作为由具有共同教育理想与研究愿景的教师组成的学习型、研究型、专业化团队,名师工作室必须有自己的教学主张和研究项目,实施主题化、系列化的研修策略和有效的运作机制,才能充分发挥名教师的示范、引领作用,提升工作室研究内涵,促进教师的专业发展。联动互动是工作室活动方式的特点。与名师工作室相结合的融入式研修,可以实现优质资源的共享和互补,并扩大项目成果的辐射面,同时也能够更好地为教师专业发展搭建平台。

第三节　项目式研修:让学员在探究中成长[①]

项目式研修是以研修团队为单位,基于教师发展或学科教学中的真实问题展开探究,通过教学观摩、理论学习、实践研究、研讨交流、专家指导、团队协作等研究手段解决问题,并形成可推广、可辐射的研究成果,同时在探究中形成研究合力,促进教师专业发展的研修方式。

──────────

① 执笔:宗华

一、构成要素

项目式研修围绕主题、聚焦问题，在目标的驱动下，通过系列化、深层次、持续性的实践研究，解决教与学的问题，为课堂提质增效，同时探索"教—研—训"一体化，即教学、科研、培训有机结合的教师专业发展新路径。这样的项目研修主要由团队协作、真实问题、聚焦主题、持续探究、公开成果五个要素构成，而这五个方面也体现了研修内容的宽度、思维的深度以及参与的广度，最终实现深度研修。项目式研修一改往日传授式、接受式的研修方式，避免偏事务性或理论性的研修学习，取而代之的是具有时代性、系统性、持续性、体验式的研修活动。

（一）团队协作

项目式研修不是个体独立地开展研究，而是通过研修共同体的构建实现。学校的备课组、教研组、项目组，教育集团内的学科团队或者是区级层面的研修团队，比如高级指导教师团队、学科带头人工作室团队、拔尖教师工作坊团队、管理干部团队等都可以组建成为项目式研修团队。团队由项目主持人及若干学员组成，也可以聘请专家作为项目组成员，形成专家引领、协作探究、伙伴互助有机结合的研修共同体。

在项目研修中，根据项目的内容与专业需求，结合教师的发展方向与兴趣特点，形成"双向融合"的组团机制。项目主持人发布需要招募的成员数量、研修内容及任务要求，成员根据研修主题确定是否加入，再根据研修的具体任务进行选择。这体现了对研究者本体的关注和差异化的考量，同时也满足了教师个性化的专业发展需求，调动了教师的参与能动性，为项目的实施形成了宝贵的研修资源，为后续研究的开展奠定了扎实的基础。

（二）真实问题

基于真实问题的解决是项目式研修的一个重要特征。这个真实问题不仅限于教师通过教学观察、作业批改、阶段评价等方式对教学问题进行的判断,更多是运用教学诊断的基本知识、基本方法、学科教学论知识以及学科专业知识[①],在深度教研模式下,对问题进行深度剖析,寻找问题的根源,指向教学中的真实问题。[②]

真实问题的发现需要教师关注问题链中由表及里的递进性和内在的因果逻辑关系,可以依照"提炼困难—描述症状—阐释原因—学习指导—教学建议"的路径进行连续 5 次提问[③],即运用 5Why 分析法,围绕一个问题连续发问 5 次,直到找到问题的真正的根源[④]。在这样的剖析过程中,辅以研读课程标准和教学基本要求、聆听专题报告、阅读专业书籍、分享阅读体会、接受专业指导等方式,有助于促进教师进行深度思考,发现真实问题。

(三)聚焦主题

主题,即研修项目围绕什么内容开展,是项目式研修的核心。主题具有很强的学科专业性,是学科中某个值得关注的方面,教育教学问题属于主题的范畴。同时,在某种程度上,主题也体现了教育教学改革方向,具有时代性特征。聚焦主题的研修有效地避免了当下研修内容不聚焦、碎片化严重的问题,有利于提质增效,有利于聚焦教师核心能力的培育,更有利于教学问题的解决。

研修成员对所列举的真实问题进行分类、筛选、追问、分解和剖析,形成问题链,进而提炼和确定教研的主题,再逐层、逐步设计序列化教研子主题,形成有结构的教研主题,作为系列活动设计的导引,并规划预期目标、问题及策略。

① 丁弘正,李佳,王后雄.中学化学教师教学诊断能力的调查研究[J].化学教育,2015,36,(01):51-55.
② 陆伯鸿.深度教研的研究与实践[J].上海课程教学研究.2019,(12):67-75.
③ 宗华,全燕晶.深度教研模式下中学英语教学诊断的实施方法研究——以词汇教学诊断为例[J].中小学英语教学与研究,2023,(03):36-40+81.
④ 庞心宇.运用 5WHY+5W2H 分析法激发学生创新思维[J].科技创新导报,2014,11,(18):238+240.

（四）持续探究

持续探究是解决真实问题的基本条件。研修成员可以围绕一个主题，解决教育教学不同阶段该主题范畴中的不同的教学问题，开展长达十几年的研究，也可以持续关注政策导向与时代需求，破解中小学教育教学实践中短期内亟需破解的真实问题，为教学、教研和教师专业成长找到新的生长点。

持续探究是围绕具有驱动性的真实问题，通过调研、分析、发现问题、行动研究、解决问题等逐步深入的。探究源于兴趣，这意味着参与者在自主选择基础上，会更主动、更自愿地投入到探究中。参与者可以结合长任务要求，制定个性化的研修方案，合理安排研修时间、团队合作方式等。这非常利于真实问题的解决，利于促进教师的高阶思维发展，利于激发教师个体的内生力。

（五）公开成果

公开的研修成果是项目式研修最鲜明的特色，有多种表现形式。成果可以是研修成员的个人成果，也可以是团队成果，可以是在项目研修过程中生成的材料，比如观察日志、调查问卷、分析报告、研修纪要等，也可以是在项目研修结束时形成的研究报告、教学案例、公开发表的论文或出版的专著等。

项目研修成果的内容要能回应真实问题，提供解决真实问题的方法和路径。研修成果往往需要概括研修的背景或缘由；概述论文研究的基本内容、主要观点、实践或实证过程等，包括所采用的理论、主要观点、研究对象、研究方法、研究工具、过程步骤等；最后阐释研究的结果、应用效果、实用价值、推广前景、今后的研究方向、建议启示等。

二、实施路径

项目式研修是个复杂而又系统的工程，分为"规划设计—项目实施—成果产出"三个主要环节。规划设计环节需要确定研修目的、制定研修方案、组建研修团队,明确职责与分工、研修主题与内容;项目实施环节可以通过"调查研究—培训研讨—行动研究"不同阶段实施推进,每个阶段再以"调查问卷、分类筛选、追问剖析""专题讲座、理论学习、聚焦问题"以及"课堂教学、分组研讨、教学反思"等多种形式和内容开展研修活动;成果产出阶段围绕研究主题,回应真实问题,以不同的形式呈现个人或团队的研修成果,或开发微课推广研究成果,或采取集中展示的形式辐射研究成果(见图5-2)。

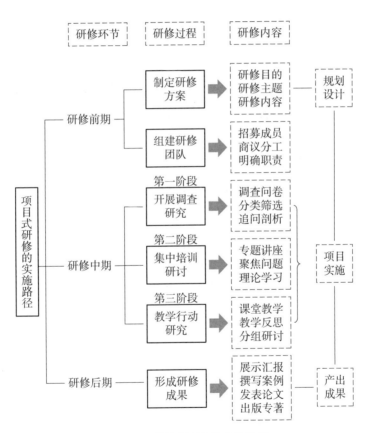

图5-2　项目式研修的实施路径

三、操作案例

宗华老师毕业后扎根普陀 23 年，从教坛新秀、教育教学能手、高级指导教师、学科带头人到正高级教师，离不开普陀教育坚持十四年的教育系统干部教师专业发展团队建设项目。她通过项目实现了一次次的蜕变，也带领团队成员收获了专业成长，她看到了"体验式"的"真"课堂从"能力"培养转为"素养"培育，潜移默化地改变了学生的学习方式并优化了自己的教学行为。

从 2012 年至今，宗华老师带领研修团队持续关注高中英语词汇教学实践研究，历经三个阶段：从"文本语境"到"单元语境"的高中英语阅读词汇教学，再到探究如何立足"双新"在听说教学及写作教学中促进词汇产出，最后到依托主题情境优化词汇作业设计（见表 5-1）。

表 5-1 "中学英语词汇教学实践研究"项目式研修进程

项目式研修主题：中学英语词汇教学实践研究				
研修历程	研修团队	真实问题	聚焦主题（子主题）	研修成果
第一阶段（2012—2015 年）	校英语备课组团队	词汇教学脱离文本语境；词汇操练脱离文本主题；词汇活动脱离日常生活；词汇教学缺乏对学生思辨能力的培养；词汇教学缺乏整体设计	基于文本理解和文本主题的高中英语阅读课词汇教学	核心期刊发表论文 1 篇，完成课题 1 个（优秀）
第二阶段（2016—2021 年）	市双名工程汤青高中英语基地团队、区第五轮教师专业发展第二期拔尖工作坊团	一轻：教师轻视对语篇的研读；二缺：词汇教学的目标缺乏整体性和递进性；三脱离：脱离主题、脱离语境、脱离情境	单元主题语境下的高中英语词汇教学实践	核心期刊发表论文 1 篇；发表教学案例 1 篇（收录于《上海市高中英语学科教学基本要求》）；公开发表论

研修历程	研修团队	真实问题	聚焦主题 (子主题)	研修成果
第三阶段 (2022年— 至今)	队、宗华高中 英语学科工作 室团队			文1篇;完成课题 2个(优秀+良好)
	区第六轮教师 专业发展第三 期拔尖教师工 作坊团队、宗 华高中英语学 科工作室团队	诊断意识薄弱; 诊断方法欠缺; 诊断肤浅	深度教研模式 下中学英语教 学诊断的实施 方法研究	核心期刊发表论 文1篇;指导学员 撰写研修案例4 篇;学科市级公开 展示1次;完成1 个市级课题;1个 尚未结题
		词汇学习脱离主题语境; 学生无法学以致用	依托主题语境 在说写教学中 促进词汇产出 的实践研究	

每个阶段的活动围绕"中学英语词汇教学实践研究"这个大主题(大项目)进行,借助子主题(子项目),通过三个环节不断推进研修进程,并结合项目式研修的关键要素展开持续的研究。每个阶段又各自独立成为一个子项目,依照研修的路径开展项目探究。本案例以第三阶段深度教研模式下中学英语教学诊断的实施方法研究——以词汇教学诊断为例,谈谈如何开展项目式研修。该项目式研修作为上海市教育委员会教学研究室"指向核心素养培育的新教研"市级课题项目的阶段研究成果发表于《中小学英语教学与研究》2023年第3期。

(一) 研修前期,规划设计

1. 背景与目的

词汇学习是语言学习的重要组成部分。《义务教育英语课程标准(2022年版)》和《普通高中英语课程标准(2017年版2020年修订)》都明确指出"词汇学习不只是记忆词汇的音、形、义,更重要的是在语篇中通过听、说、读、看、写等活动,理解和表达与各种主题相关的信息和观点"。然而,目前中学英语词汇教学存在脱离主题、脱离语境、脱离情境的现象。为诊断教学中发现的问题,为后续改进词汇教学提供数据支撑和依据,研修团队借助教研工具,开展词汇教学诊断的项目式研修活动,旨在准确定位词汇教学中问题产生的原因及外在表现;基本确定实践研究方向;优化教师掌握教学诊断的基本方法;培养教师基于教学问题"归因"分析的教学诊断意识和能力。

2. 组建与分工

为推进诊断进程,我们成立了由曹杨二中附属学校(深度教研项目校)英语教研组与曹杨二中部分高中英语教师组成的单学科、跨学段的研修团队。团队成员各自承担相应的任务:调研设计组负责调查问卷的设计、分发与回收;研讨分析组负责对问卷设计提出建议,并分析诊断结果。各成员独立思考,深度互动,构成一个研究共同体。

3. 主题与内容

陆伯鸿提出"真实问题的解决需要系统谋划,需要对所列问题进行分类、筛选、追问、分解和剖析,形成问题链,进而提炼和确定教研的主题,再逐层、逐步设计序列化教研子主题,形成有结构的教研"①。本研究围绕"中学英语词汇教学诊断"主题,通过规划设计、项目实施、成果产出三个环节开展,每个阶段包含一次或几次活动。其中,项目实施环节围绕"词汇教学问题初探""指向核心素养培育的英语词汇教学问题探究""基于问卷调查的词汇教学现状解析"三个教研子主题深入推进,并规划预期目标、问题与策略(见表5-2),构成教学诊断的三个主要阶段和方法,即"预期研究,梳理问题""剖析问题,设计问卷""解读数据,改进教学"。

---

① 陆伯鸿. 深度教研的研究与实践[J]. 上海课程教学研究. 2019,(12):67-75.

表5-2 研修主题与活动内容

研修主题:中学英语词汇教学诊断			
研修子主题	活动内容	预期目标	问题与策略
词汇教学问题初探	教学反思、倾听了解、调研梳理	初步研究,梳理提炼词汇教学中的真问题,确定问卷主要内容与方向	应该从哪些维度去了解词汇教学问题? 运用80/20原则,从词汇学习困难与途径、策略与评价等方面进行了解
指向核心素养培育的英语词汇教学问题探究	集中研讨、主题评估、理论学习	剖析词汇教学的问题,对问卷进行二次设计	如何聚焦词汇教学的真问题设计有效的调查问卷? 运用5Why分析法剖析问题的根源,关注问题链之间的递进性和逻辑性
基于问卷调查的词汇教学现状解析	分组研讨、总结提炼、撰写报告	解读数据,分析问题根源;形成问题诊断的路径和解决的方法;确定词汇教学研究方向	如何解决词汇教学中的问题?比如,如何改进词汇教学评价方法? 设计关联性强、递进性好、循环率高的课后学习活动,优化词汇作业

(二) 研修中期,项目实施

阶段一:预期研究(Pilot study),梳理问题

我们通过小样本(6～10年级每年级15～20人)的预期研究(pilot study)初探词汇教学问题,然后再进行问卷二次设计,以便降低问卷的不合理性,提高问题的指向性、问题之间的逻辑关联性和研究的实效性。

为更好开展词汇教学,指导学生学习词汇,课题组成员设计问卷一,以初高中98位学生为样本,以主观问题形式从词汇学习的困难、方法与评价方面初步排摸了其词汇学习的情况,针对反馈内容,课题组成员运用帕雷托(Vilfredo Paredo)提出的80/20原则,即将时间花在重要的少数问题上,因为掌握了这些重要的少数问题,花20%的时间,即可取得80%的成效[1],结合教学反思,梳理、分类、汇总了词汇教学在学习途径、学习策略和评价手段方面存在的问题(见表5-3),并将这

---

[1] 赵菲、幺阔强. 敏捷开发方法的几个关键原则[J]. 科技创新导报,2008,(35):163.

些问题提炼为"拼写难、易混淆、用不好"三个方面。

表5-3　词汇教学在途径、策略和评价手段方面存在的问题

词汇学习途径	词汇学习策略	词汇评价手段
● 脱离文本死记硬背 ● 仅仅通过大量机械操练学习词汇 ● 脱离语篇孤立地学习词汇 ● 缺乏联系生活的词汇运用	● 很少朗读，哑巴英语 ● 很少关注英文释义 ● 很少使用字典辅助学习 ● 很少进行主题延伸阅读或整本书阅读 ● 词汇学习方法较为单一，多为例句法、造句法等，缺少综合实践性的活动	● 翻译默写为主，评价形式单一 ● 评价方式情境性不强，很少考查对于词汇在不同语境中的运用 ● 词汇作业与话题相关度不高 ● 缺少让学生综合运用话题词汇开展交际的评价形式

阶段二：剖析问题，设计问卷

随后，教师围绕词汇学习困难及其成因、词汇学习策略与评价等方面进行深度探究，运用5Why分析法，即"围绕一个问题连续发问5次，直到找到问题的真正根源"①进行探究。这需要教师关注问题链由表及里的递进性和内在的因果逻辑关系，可以依照"提炼困难—描述表症—阐释原因—学习指导—教学建议"路径进行连续5次提问，比如学生有哪些词汇学习困难？学习困难的表症是什么？是什么导致这些困难？针对困难，教师可给予怎样的学习指导？如何改进词汇教学方法帮助学生克服这些困难？

上述剖析问题的过程辅以研读初高中英语课程标准和教学基本要求、聆听专题报告、阅读专业书籍、分享阅读体会、接受专业指导等方式，有助于教师从理论到实践加深对词汇教学的深入理解，体现教研深度。

研修团队的部分研讨片段如下。

教师1：学生反映词汇拼写难的问题主要体现在拼写易错、名词单复数和动词

---

① 庞心宇. 运用5WHY+5W2H分析法激发学生创新思维[J]. 科技创新导报，2014，11，(18)：238+240.

时态时形式错误,会拼不会读,用中文标注读音等现象上。因此,我们需要进一步了解学生词汇基础知识的掌握程度、学习方式以及教师针对词汇音、形、义教学所采取的教学方法。

教师2:针对学生混淆词汇的情况,后期问卷需要了解他们容易混淆哪些词汇以及为什么容易混淆。比如,难以辨别义相近、形相近的词,容易混淆一词多义、一词多性的词在不同语境中的意义等。

教师3:在词汇运用方面,有的教师认为"用得好"能在产出性活动中表达思想和观点;有的教师则认为"不会用"表现为选词不能为语意表达服务,或者在不太熟悉的语境中存在理解困难等。二次问卷设计要聚焦词汇学习的有效途径,着重了解教师在词汇教学中的策略与评价。

在这样的互动交流研讨中,研修团队成员揭示了问题,并进行了归因,提出了解决方法,为二次问卷设计提供了依据。同时团队成员也发现,词汇学习的实际困难与教师日常教学诊断的困难存在差异。可见,深度教研模式下的教学诊断可以帮助教师聚焦教学中的真问题,解决真矛盾(见表5-4)。

表5-4　运用5Why分析法针对词汇学习困难的剖析

困难 (Difficulties)	表症 (Aspects)	原因 (Reasons)	学习指导 (Guidance)	教学建议 (Advice)
拼写难	拼写错误: ● 名词单复数错误 ● 动词过去式与分词形式错误 ● 单词拼不出	1. 音与形没有建立联系(拼读字母不读单词) 2. 词形变化不熟悉:可数名词复数,形容词和副词的比较级与最高级、动词各种形式的变化(第三人称的单数、过去式、过去分词)	1. 学习语音知识 ● 根据读音规则和音标拼读单词 ● 查阅字典,运用音标知识和拼读规则学习单词的发音 2. 增加朗读练习了解重音、意群、重读、弱读、连读、爆破、语调、节奏等变化	【音、形】 1. 梳理语音知识体系 2. 研究语音知识怎么教

（续表）

困难 （Difficulties）	表症 （Aspects）	原因 （Reasons）	学习指导 （Guidance）	教学建议 （Advice）
易混淆	容易混淆义相近、形相近、动词或形容词搭配等	1. 脱离文本语境、孤立地学习和记忆词汇 2. 用中文释义代替英文释义，导致对词汇意义的理解有偏差	1. 单词释文 ● 鼓励用英语下定义解释词义 ● 在语境中理解词汇的确切含义 2. 掌握构词法 ● 合成法：合成名词、合成动词、合成形容词、合成副词 ● 派生法：前缀、后缀 ● 转化法：词形不变，词性和词义发生变化；词形不变，读音、词性和词义发生变化	【词性、词义】 1. 在语境中教词汇，利于掌握词汇，加深文本理解 2. 增加相关主题的语料，巩固词汇学习 3. 拓展主题词汇，归纳、分类 4. 通过设计主题词汇的专项练习帮助学生掌握词汇的语音、词形、词义、词性及语法性质，培养词块意识
用不好	阅读方面： ● 单词不识猜不出 ● 词义难辨读不懂 ● 语境不同读不透 翻译与写作方面： ● 仅限使用熟悉的词汇 ● 出现中式英语的表达	语言输入层面： 1. 句子结构理不清，指代理解有偏差 2. 老词新语境，不理解词义 3. 读不出作者的情感、态度和价值观 4. 缺少词义理解策略 语言输出层面： 1. 词语搭配有误 2. 选词不能为意义表达服务 3. 缺乏主动使用新授词汇的意识	1. 通过大量阅读，在典型、不同的语境中接触词汇，关注不同语境中的词义、搭配和用法 2. 形成话题词块，构建主题词汇语义网 3. 关注词汇背后的文化差异	【运用】 1. 设计与话题高相关度、形式多样的学习活动和作业，提高主题词汇复现率，帮助学生感知、理解相关主题意义，迁移强化词汇运用能力 2. 词汇检测评价方式多元多样 3. 词汇学习策略指导（单词释义法、上下文猜测、构词法猜测、积累上位词或下位词、语义图式法、关注词汇背后的文化、近反义词、一词多义等）

阶段三:解读数据,改进教学

改进后的调查问卷于 2022 年 5 月面向初高中师生发放,共回收有效问卷3 546 份。不同于预期研究阶段的问卷,本次问卷分学生问卷与教师问卷。学生问卷聚焦词汇学习困难与成因,教师问卷重点了解词汇教学方法与评价方式。此外,问卷题目形式更为多样,以多选题为主,兼有单选题、矩阵量表题和简答题。受访师生涵盖公办实验性示范性高中、特色高中、完全中学、九年一贯制中学、民办初高中等。问卷量与参与者的结构一定程度上保证了问卷结果的可信度,确保问卷结果的分析与研究更能聚焦"真"问题。

研修团队根据问卷结果,开展研讨活动,完成"活动要点记录单",对活动的整体概况、数据解读的重点内容、解决问题的方法等进行记录和摘要,并进行结构化处理和内容提炼,引导教师深度参与。要点内容如下:

1. 学生问卷中的"词汇学习困难及成因"

针对学生"记不牢"(53.38%)、"积累少"(49.35%)、"易混淆"(47.49%)的词汇学习困难,究其根源是学习词汇时没有在发音与词形之间建立联系(35.31%),很少关注英文释义(43.51%),脱离语篇孤立地学习词汇(40.64%)。学生缺乏对单词的发音、韵律、节奏等词汇学习的底层知识,没有在音与形之间建立联系,没有在音韵与意义之间建立联系,这严重影响高级词汇知识的学习。多数同学认为掌握词汇就是"识记""理解",更多同学将词汇手册(76.54%)作为词汇学习的主要途径。尽管构词法(59.42%)、联想法(45.01%)与拼读法(40.33%)是学生常用且有效的词汇学习方法,但是这些方法更多关注了词汇的音与形,对于帮助学生准确掌握词义缺乏必要的语境,这可能是学生无法学以致用的主要原因。

2. 教师问卷中的"词汇教学方法及评价"

在词汇教学中,例句展示法(68.87%)、翻译法(56.29%)、语境词汇教学法(53.05%)以及单词表教学法(45.57%)是教师较为常用的方法,词汇学习评价以默写(89.48%)为主。这些方法和策略能够让教师在一定的语境下解释、示范,并以翻译的方式巩固操练,虽然利于巩固词汇基础知识,但缺乏在不同语境中理解运用词汇的机会,词汇活动与话题语境的相关度和多样性有待提高,综合运用话题词汇进行交际的活动有待增加。

除此以外,针对词汇作业的调查显示词汇作业的情境性不强(61.11%),形式单一(41.92%),活动任务缺少对问题解决能力的培养(41.41%)且与学生生活联系不紧密(38.89%)。由此可见,词汇作业目标有待完善,作业设计的丰富性和实践性不够,尚不能满足不同语言水平学生的学习需求(见图 5-3)。

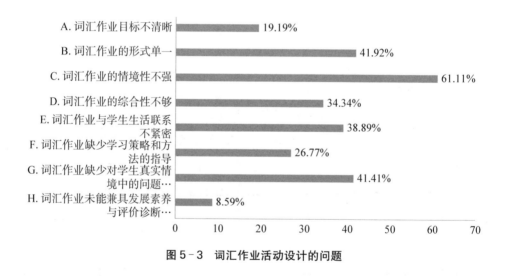

图 5-3　词汇作业活动设计的问题

综上,教师在教学中需要指导学生在真实语境中习得和学得词汇,并通过直接或间接的学习活动内化、迁移、运用所学词汇来表达意义。学生在词汇学习方法指导下,通过多种词汇复现形式,在活动中对词汇进行深度加工,学会应用。这些归因分析形成的"证据"为改进教学提供了科学依据。

针对词汇学习脱离主题语境,学生无法学以致用的问题,研修团队力图在听说读写教学中创设情境,设计关联性、递进性和循环性的学习活动,优化词汇学习,提高词汇运用能力。

以上海外语教育出版社《普通高中教科书　英语　必修　第二册》第一单元第 2 页"Nature"单元的听力课"What a Wonderful World"教学设计为例。本节课的听力内容是歌曲"What a Wonderful World"的歌词,教学目标为能理解歌曲语篇中所涉及的景物及其内含;能够根据所听内容补全歌词,理解和感受自然之美;能够小组合作创编歌词,发现并赞美自然之美,提高审美情趣。笔者在听前借助不同歌曲中描写的景物导入词块或主题词汇,如 bloom, bright blessed days, dark sacred night, great valley, rainbow 等,通过板书、图片和领读帮助学生熟悉或复现词汇的"音、形、义",为之后的听力活动扫清词汇障碍。为落实教学目标,笔者改编了教材中第 10 页的活动Ⅲ,将所填空格聚焦自然界中的景物、人物与描述性形容词和行为动词等细节信息,通过补全歌词,关注歌词中颂扬的美丽景物与温馨场景。学生在诵读中赏析歌词,将自己置于此情此景中,并尝试用 I feel+adj/that+clause when I see/hear/watch…句型分享见到此情此景时的自身感受,活动中学生用 relaxed、excited、happy、enjoyable、shocked 等形容词描述自己的喜悦、兴奋、放松、惊叹等多种情感和心情,复习以-ed、-able 结尾的形容词构词法。最后,在听后环节的个性歌词创作的可输出性活动中,学生迁移运用所掌握的主题词汇,促进词汇学习(见图 5-4)。在整个听力教学过程中,教师设计关联性、递进性的学习活动,渗透词义猜测、词汇填空、分析构词法等词汇教学策略,复现主题词汇,促进词汇循环使用,同时帮助学生理解、感受、赞美现实世界之美,并学会表达美、创造美。

(三) 研修后期,产出成果

研修团队梳理研究过程,提炼教学观点,形成可复制、可操作的研修成果,公开发表,并在区内公开展示,汇报研修成果,参会者对研修活动进行评估。与会专家认为"团队基于深度教研模式,围绕'中学生英语词汇教学诊断'主题开展研修活动,清晰阐释了词汇教学的问题,为问题的解决提供了研修方案。研修活动采

图5-4　学生歌词创作作品(未作修改)

取个人展示与小组讨论相结合、理论与实践相融合的方式,通过记录研讨内容、提炼讨论要点、创建研讨氛围等具体措施提高教师参与度,促进深度教研。同时运用一定的诊断工具(如问卷、观察记录表、Nvivo 软件等)对词汇教学问题进行多元分析。活动过程一改以往问题诊断的随意性、盲目性,聚焦真问题,体现科学性,并形成了问题诊断路径和方法"。与会者一致认为"深度教研模式下的教学诊断能大大提高教师的教学诊断能力,即在教学中发现问题、分析问题与解决问题的能力,这对于转变教师理念,优化教师教学行为,促进教师专业发展均起到了实质性作用"。

第四节　主题式研修:让学员在攻坚中成长[①]

自 2006 年董亚男老师成为区级学科带头人以来,她历经了三轮学科带头人,并在 2020 年成立了特级教师工作室,为区域培养了一批英语骨干教师。她在自身专业不断发展的同时,也带领工作室学员一起围绕"听说""视听说"教学主题形成了主题式研修模式。这种模式以"主题"为抓手,围绕教学实践的困难与空白点提出研修主题,再围绕研修主题形成主课题与子课题,以"课题"为切入点,既打造了参训教师研修的"共同愿景",又针对研修主题协作攻坚摧难,最终反拨课堂教学,推动学生语言能力的发展,实现师生的共同成长。主题式研修培养了一批具有教科研能力的优秀教师,为普陀区英语学科建设添砖加瓦。

一、研修思路

董亚男老师及团队与时俱进,从学生的实际学习需求出发,充分把握"双新"视域下高中英语学科新的增长点——"视"这一语言技能,从"听说"拓展到"视听说",希望能围绕"视频教学"为高中英语教学实践提供一批教学设计实施策略,让学生能够在更有激发性的语言学习活动中,把握机会,大胆表达,提升自己的语言能力。这个主题的提出既反映出了董亚男老师在她过去一直研究"听说"主题上的延续与深化,也体现了她把握教育改革脉络,高瞻远瞩,独具慧眼的能力。

主题式研修围绕以下几个关键因素展开。

第一,理论研读与提炼。团队认真研读国内外关于视听说的语言理论和教学理论,结合团队成员的教学实践进行解读,从而提炼切合区域内高中教学现状、有

[①] 执笔:朱晓彦,董亚男

利于区域内高中英语教学发展的部分。

第二,教学实践与反思。在理论研读的基础上,开展专题式、阶段式教学实践,观察理论落在实践层面的效果,结合区域高中英语视听说教学实际需求,对教学实践进行深入且全面的反思,提炼教学实践策略。

第三,课题形成与深化。实践过程中,团队逐步确立主课题的研究目标、研究内容和研究方式,从而真正提出主课题。如本轮研修中,团队确立了以董亚男老师为领衔人的上海市 2024 年教育科研项目一般课题《促进文化理解与表达的高中英语"视频整合式学习"的开发与实践》。这个课题既体现了团队一段时间以来的研究铺垫,也基于相关研究的最新理论提出了最新的教学理念——视频整合式教学。

三个要素相辅相成,互为起点,循环升级,不断推动研修进入更深入的层次(如图 5-5 所示),使所有参与研修的团队成员都获益匪浅,促进了学员的教育科研能力的发展,也进一步培养了学员的教育专业精神。

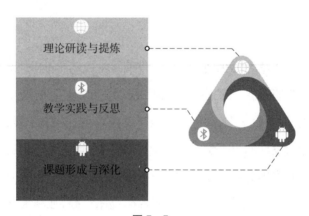

图 5-5

在三个要素的驱动下,董亚男老师带领大家形成了整体研修思路(如图 5-6所示)。整体研修过程中,团队成员也根据自身的研修兴趣和特长,辐射发展出各种子域研究,并在各子域研究下不断进行教学实践与反思,提炼策略,实践原则,助力主课题的研究。

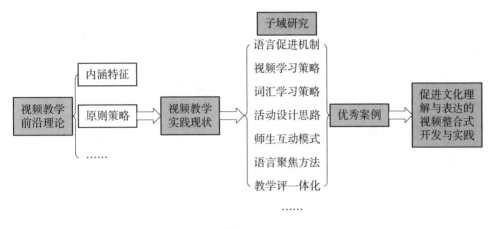

图 5-6

二、研修文化

（一）"专"与"精"

一种好的研修文化的形成来之不易。作为工作室的主持人,董亚男老师自身的专业成长就是对主题式研修的最好注解。从十多年前开始观察到"听说"在高中英语教学中的缺失之后,她一直致力于研究这个领域。她坚信,学生语言能力的发展必须是平衡的,尤其要重视听说技能的发展。以此为起点,她开展了长达四年的研究,先后在核心期刊发表多篇论文,完成了专著《高中英语听说教学理论与活动设计》一书,并获得了上海市第七届学校教育科研成果二等奖,奠定了她在上海高中英语教学领域的地位。她逐步成长为正高级教师、特级教师,连续六轮担任区域学科带头人,负责指导、培养区内英语教师专业学习与课题研究。同时,她也是高中英语新教材的核心作者之一。她 11 次参与市、区级教师培训,帮助教师更好地使用教材,其中参加市级培训 4 次、区级培训 7 次(包括多区联合),并参与了疫情期间的上海市空中课堂摄制。

时至今日,团队的研修仍然秉承她"做专、做精"的治学价值观。从"听说"到"视听说",虽一字之差,但背后是教学理念的升级换代,是语言学习方式的全面改革,是她对相关领域的执着和专注,感染着一群群年轻从业者去执着认定一个方向,不断深入研究。团队中,跟随的老学员就有 5～6 人,更有人在这种精神的感染下坚持追求专业发展,并成长为区域内包括高级指导教师在内的骨干教师。

(二)"变"与"通"

在追求"精专"的道路上,董老师也向所有研修团队成员呈现了如何去不断钻研、不断创新的精神。围绕"视听说"主题,董老师鼓励团队成员要不落窠臼,大胆尝试,不断地站在学生学习的立场去研究、理解、设计更符合学生认知,更能促发学生语言能力发展的学习活动。研究中,董老师提出了对听说教学的独特见解。

听说教学要充分认识《普通高中英语课程标准(2017 年版 2020 年修订)》中所提出的"主题语境"的作用,并遵循课程六要素,将表达性技能与理解性技能培养要求整合,切实符合高中英语技能培养内容标准。与此同时,各学段、年段学习要参照英语学业质量标准的水平划分,循序渐进,螺旋式上升培养学生的听说理解能力与表达能力。

据此,她在研究中确立了听说教学的理论基础,为一线教师提炼了听说教学的六大实施策略,即围绕主题,整体把握教学;基于学情,拓展教学主题;对照目标,设计真实任务;探究意义,注重语言表达;线上线下,打通学习时空;创新作业,关注个性学习。这些策略看似朴实,却是从一节又一节的教学实践课中切实得出的真知灼见。尤其是"设计真实任务",既在"任务型教学"的理念下实现了创新,又真切促进了听说教学的实际教学效果,极大丰富了学生的语言表达。也在此基础上,她指导学员朱晓彦在 2021 年参加了上海市中小学(幼儿园)中青年教师教学比赛,以一节听说课获得了高中英语二等奖。

在现今"视听说"的研究中,董老师又指导学员摈弃在听说研究中的一些既成经验,以"二轻二多"为原则,重新观察"视频"与"音频"之间的异同,体会听说在视频教学中的作用。同时,全新解读视频教学,重视画面信息对于语言学习的作用。当李美华老师开设《Snack Attack》(《零食攻击》)课时,对于教学设计起初把握得非常困难,董老师鼓励她打破桎梏,以故事性默片中人物的动作、可能的语言、表情变化、背景音乐等为切入口,寻找学生语言输出的爆发点。当学生假想主人公之间的对话时,他们基于丰富的画面信息产生了许多联想,说出了诸多有意义的表达,而董老师又鼓励李美华老师在此刻抓住"语言聚焦"的时机,对学生的语言进行点拨、修改、提升,帮助学生自然内化升级语言,并达到了很好的教学效果。可以说,"变"与"通"是在董老师带领下的"主题式"研修的灵魂所在。

(三)"达"与"谦"

董老师从她自己的专业成长道路出发,一直鼓励所有的学员要不断挖掘自己的子域研究,形成自己的研究特色,边研修,边出成果。围绕研修主题"听说—视听说",董老师一直希望学员能够在专业成长道路上走得更快更稳,实现"达"的境界。无论是理论研读,还是教学实践,抑或教学反思,又或者是案例整理,她一直要求所有的学员全部参与,人人都在参与的过程中逐步确立自己的研究方向。如在听说阶段,学员朱晓彦发现自己对于线上线下混合式教学有较大的兴趣,从而投身于此,向区域内教师做相关发言,并发表了相关论文《基于混合式学习的高中英语听说教学研究》,获得了上海市教育信息化背景下的课程教学变革征文比赛的二等奖,同时也获得了区级一等奖;而其《基于移动学习资源"套餐式"高中英语听说作业的创意设计实践》区级个人课题也获得了良好的评价。在研究视听说阶段,她也鼓励所有的老学员继续努力,谦虚对待自己已取得的成绩,拓宽或加深自己的研究范围,重新寻找突破口。在她的鼓励下,学员子域研究特别活跃,如学员陈晶老师研究视听说教学中的高阶思维培养,夏睿莹老师研究视频教学中师生互动模式,朱晓彦老师研究视听说教学中的词汇学习等,可谓是百花齐放,各自争鸣。

良好积极的主题式研修氛围使领衔人和学员都找到了自己研修生涯的方向，去追寻自己心中的光与热。

三、研修策略

在大家围绕"听说""视听说"这一主题开展研修实践与研究的过程中，董老师带领团队不断探索并完善了以下主要实践策略。

策略一："理论研读""教学实践"双管齐下。

在董老师的带领下，工作室的"主题式"研修一直保持着"理论＋实践"的循环往复模式。通过面向师生的问卷调查、访谈、课堂观察，工作室不间断地了解着高中英语"听说—视听说"教学的实践现状，围绕研修主题了解教学实践的实际需求，并以此为依据对文献展开针对性的研读。

例如，在解读 Jane Sherman 的《Using Authentic Video in the Language Classroom》这一英语视频教学理论原著时，工作室全体成员通过分组解读的方式，两两一组，从不同的视角，结合自身的教学经验，对每一章节及对应的活动进行解读。整个过程中，无论是导师还是学员，都全员参与，亲力亲为。

与此同时，研读后的心得体会在整个研修共同体中分享，激励其他参训教师在下一次的教学实践中运用相关教学设计原则或策略，观察其与教学实际的适配性。从教学实践中所获得的反思体会则再在下一轮的理论研读中提请工作室全体成员一起分析，不断让思维在碰撞中迸射火花，不断地总结英语视听说教学中的一般规律，寻找出视听说教学设计中存在的问题，研究利用规律去解决教学实际问题的方法、策略与原则，从而形成新的对理论知识的解读与迁移运用。这个过程使得团队中的每一个人都是"学习者""实践者"与"反思者"，是整个学习共同体的有机组成部分，并在研修过程中产生大量的具有实践意义的案例，为主题式研修提供了案例库储备，可谓一举数得。

策略二:"专家引领""自主发展"相辅相成。

几轮研修过程中,工作室一直坚持请大量业内专家来为参训教师指点迷津。专家讲座一直是工作室研修的常规手段。几轮研究中,工作室请过华东师范大学邹为诚教授、舒云祥教授、全建强教授、桑紫林副教授,上海师范大学卜友红教授,上海市特级教师、正高级教师徐继田老师、谢忠平老师、刘力老师,上海市普陀区教育学院吴华清老师等,从各种不同的角度为我们的课题研究助力。无论是学生高阶思维的培养,还是教学活动的设计原则,抑或"双新"视域下教学中的师生互动,又或者是"师生语言聚焦的时机把握",再到课题核心概念"视频整合式教学"的外延与内涵,专家们都不吝赐教,给予了许多无私的帮助。

当然,除了专家的指导引领外,董老师认为"边研究边成长"是工作室的研修常态。除了学员的理论研读,工作室的研修活动也丰富多彩,包括教学实践、案例分析、专家讲座、团队观摩、课题研讨等。随着研修的逐步深入,团队逐渐发展出了自己的研修观察工具、教师课堂观察工具、学生课堂反馈工具等,逐渐形成了自己的研修机制。在学员们纷纷有了自己的子课题之后,大家定期交流自己的课题研究进展,通过互相交流,共同成长,在各自的赛道上互相争鸣。短短几年间,学员们都大有进步。有的已经成长为所在学校的教研组长、备课组长,获得市区级的荣誉;有的成长为高级指导教师;更有数人在研修期间评上中学高级教师。学员们的子课题互有渗透,学员之间实现了共同成长。

策略三:"独立活动""联合研修"相得益彰。

董老师一直认为,团队的力量能带动个人的发展。"主题式"研修不仅是一种自得其乐的教学探究过程,也是与诸多团队共同切磋、互相学习的过程。团队秉承"请进来,走出去"的原则,一直与市区其他兄弟院校、姊妹团队保持着互相沟通展示的通道。过去的几轮研修中,董老师所带领的团队一直采用与高级指导教师团队联合研修的模式,使得更多的参训教师能够汇聚到"听说""视听说"这一研修主题范围,接触对大家来说相对陌生的"视听说",了解作为开放性表达平台的视频教学,让新教材和新课标的改革真正做到深入人心。

　　除此之外，近几年来，团队稳步开展与市区其他团队的联动。联动方式一般分为两种：一种是教学实践层面的展示，展示中大家凭借各自的研修主要方向，指导青年教师推出公开课堂实践，供大家观摩评课。从评课中，大家了解了彼此的研究动向和进度。另一种是以课题交流为依托的交流，交流中大家以"微论坛""微报告"的形式介绍各自的课题研究进展，从各自的课题中提取亮点，找到课题联动的"点"。这样的交流活动，不仅扩大了团队在市区的影响力，也能让参训教师拓宽眼界，在优秀同仁身上汲取力量，促发他们的研修热情，助力他们的专业发展。

　　这些策略，是董老师带领大家在几轮研修中逐步形成的，既有机制保障，又有研修人力呼应。几轮实践下来，我们愈发明白围绕"目标"的研修能提升大家的研修专注度，使得大家的研修"有聚焦""重积累""出成效"，能让团队成员长时间地保持对于研修的热情，往"精""尖""特"的方向上前进。

四、主题式研修的操作案例

（一）形成教学共识

　　在前期的研究中，团队研读相关理论著作以及相关主题的国内外前沿理论，形成了以下教学共识。

　　传统的听力教学往往通过选择题检测学生听到了哪些关键信息，是否把握主旨大意，没有充分挖掘材料中的其他内容，听力课中所使用的教学方法多是以教师为主导的类型，语言材料的真实性导致情境创设不够，很难做到在真实的情境中运用语言来完成真实任务、掌握语言使用技能。语言学习材料内容缺少逐步深入的、探究性的理解学习活动，难以培养学生独立学习能力，这致使课堂互动性差，课堂效率偏低，教学效果难以达到期望。随着时代的发展，传统听力教学有以下几个比较明显的缺陷：听说教学资源不够丰富；听说学习活动脱离实际；听说学习途径过于单一。

"主题式"教学(theme-based teaching)则是以内容为载体,以文本的内涵为主体,围绕有意义的主题所进行的一种语言教学活动。其宗旨是让学生在良好的、具有高动机性的环境中进行语言学习。"主题式"教学十分强调语言在实际生活中的应用,主张教学"情境化""内容化""生活化",即把语言放到有意义的主题中去学习,真正做到在情境中运用语言,提升学生的表达能力。从教学内容来看,"主题式"教学内容源于课程内容又高于课程内容,一切的学习活动都是围绕一个主题进行多维度思考,并自主地进行研究。"主题式"教学主张让学生承担真实的学习任务,设计一种有效的策略来开展教学。教学重视活动过程、注重与学生共同构建英语主题教学的过程。以听说教学为例,"主题式"听说学习不仅是单纯的模仿,更多的是语言发展、创造的过程,是基于内容且对内容更深层次的探讨。话题从不同角度展现主题,帮助学生进行内容和语言两方面的学习。如在听说教学设计中,如何预设输入、输出的适当比例,使学生能够在一定输入量的基础上,用目标语言来解决问题? 又如何通过有层次的渐进式任务设计,帮助学生理解语言内容,关注语言形式,掌握语言功能,进而提高学生的听说水平? 而现有关于听说教学的课堂实践也比较匮乏,现有的听说教学设计类型也相对单一。

团队经过研究,认为"主题式"听说教学的课堂应该至少遵循这样几条原则:按"主题"组织教学;融"内容"选材设计;聚焦"形式"与"意义"优先。

(二) 推进研修实践

工作室基于这些教学共识,开展了相关的研修实践。

1. 开展理论研读

在理论研读方面,工作室出台了一个相对符合所有参训教师课题研究与自我成长需求相契合的要求(如图5-7所示)。

工作室为此深入研读了大量专著与论文(如图5-8所示)。

2. 落实课例研究

随后,团队开展了第一、二轮教学实践,汇集了一批优秀课例(如图5-9所示)。

✧ 阅读最新有关测试理论的文章至少5篇：

1.梳理测试理论的发展

2.测试对教学的反拨作用

3.如何制定测试内容

4.如何将测试结果用于教学

预期效果：熟悉命题的基本过程，了解命题与教学间的关系

✧ 阅读最新听说教学的文章至少5篇：

1.梳理国、内外听说教学基本/主流理论

2.收集可用于教学设计的听说案例5个

3.梳理牛津/新世纪听说教学课程教学目标

预期效果：熟悉听说教学目标、了解听说课设计的基本要素

以上材料从中国知网来寻找，通过关键词查找期刊或者学术论文。及时做好笔记。学习后每人准备一个10分钟的presentation，用于开学交流。

图 5 - 7

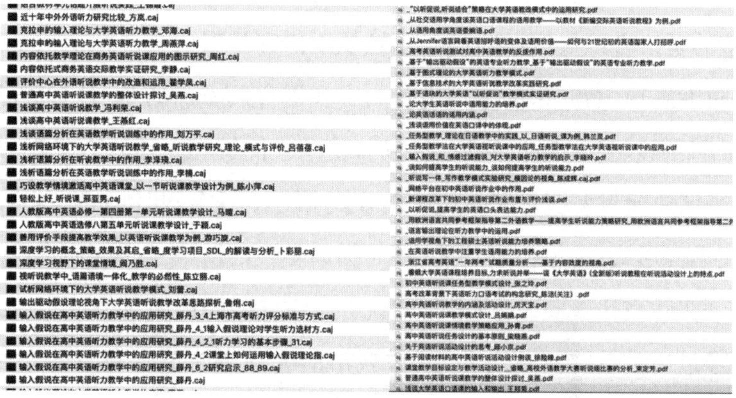
近十年中外外语听力研究比较_方岚.caj
克拉申的输入理论与大学英语听力教学_邓海.caj
克拉申的输入理论与大学英语听力教学_周燕萍.caj
内容依托教学理论在商务英语听说课应用的图示研究_周红.caj
内容依托式商务英语交际教学实证研究_李静.caj
评价中心在外语听说教学中的改造和运用_翟学凤.caj
普通高中英语听说课教学的整体设计探讨_吴燕.caj
浅谈高中英语听说教学_冯利荣.caj
浅谈高中英语听说课教学_王燕红.caj
浅谈语篇分析在英语教学听说训练中的作用_刘万平.caj
浅析网络环境下的大学英语听说教学_省略_听说教学研究_理论_模式与评价_吕蓓蓓.caj
浅析语篇分析在听说教学中的作用_李泽瑛.caj
浅析语篇分析在英语教学听说训练中的作用_李楠.caj
巧设教学情境激活高中英语课堂_以一节听说课教学设计为例_陈小萍.caj
轻松上好_听说课_邢亚男.caj
人教版高中英语必修一第四册第一单元听说课教学设计_马曦.caj
人教版高中英语选修八第五单元听说课教学设计_于颖.caj
善用评价手段提高教学效果_以英语听说课教学为例_游巧旋.caj
深度学习的概念_策略_效果及其启_省略_度学习项目_SDL_的解读与分析_卜彩丽.caj
深度学习视野下的课堂情境_阎乃胜.caj
视听说教学中_语篇语境一体化_教学的必然性_陈立丽.caj
试析网络环境下的大学英语听说教学模式_刘蕾.caj
输出驱动假设理论视角下大学英语听说教学改革思路探析_鲁俐.caj
输入假说在高中英语听力教学中的应用研究_薛丹_3_4上海市高考听力评分标准与方式.caj
输入假说在高中英语听力教学中的应用研究_薛丹_4_1输入假说理论对学生听力选材方.caj
输入假说在高中英语听力教学中的应用研究_薛丹_4_2_1听力学习的基本步骤_31.caj
输入假说在高中英语听力教学中的应用研究_薛丹_4_2课堂上如何运用输入假说理论指.caj
输入假说在高中英语听力教学中的应用研究_薛丹_6_2研究启示_88_89.caj
输入假说在高中英语听力教学中的应用研究_薛丹.caj
_"以听促说,听说结合"策略在大学英语教改模式中的运用研究.pdf
_从社交语用学角度谈英语口语课程的语用教学——以教材《新编交际英语听说教程》为例.pdf
_从语用角度谈英语委婉语.pdf
_从Jennifer语言解看英语招呼语的变体及语用价值——如何与21世纪初的英语国家人打招呼.pdf
_高考英语听说测试对高中英语教学的反拨作用.pdf
_基于"输出驱动假设"的英语专业听力教学_基于"输出驱动假设"的英语专业听力教学.pdf
_基于图式理论的大学英语听力教学模式.pdf
_基于信息技术的大学英语听说教学改革实践研究.pdf
_基于语块的大学英语"以听促说"教学模式实证研究.pdf
_论大学生英语听说中语用能力的培养.pdf
_论英语话语的语用内涵.pdf
_浅谈语用价值在英语口译中的体现.pdf
_任务型教学_理论在日语教学中的实践_以_日语听说_课为例_韩兰灵.pdf
_任务型教学法在大学英语视听说课中的应用_任务型教学法在大学英语视听说课中的应用.pdf
_输入假说_和_情感过滤假说_对大学英语听力教学的启示_李婕玲.pdf
_谈如何提高学生的听说能力_谈如何提高学生的听说能力.pdf
_听说写一体_写作教学模式实验研究_模因论的视角_陈成辉.caj.pdf
_网络平台在初中英语听说作业中的作用.pdf
_新课程改革下的初中英语听说作业布置与评价浅谈.pdf
_以听促说,提高学生的英语口头表达能力.pdf
_用欧洲语言共同参考框架指导第二外语教学——提高学生听说能力策略研究_用欧洲语言共同参考框架指导第二外
_语言输出理论在听力教学中的运用.pdf
_语用学视角下的工程硕士英语听说能力培养策略.pdf
_在英语听说教学中注重学生语用能力的培养.pdf
_浙江省高考英语"一年两考"试题质量分析——基于内容效度的视角.pdf
_着眼大学英语课程培养目标,力求听说并举——谈《大学英语》(全新版)听说教程在听说活动设计上的特点.pdf
初中英语听说课任务型教学模式设计_张之玲.pdf
高考改革背景下英语听力口语考试的构念研究_陈洁(关注) .pdf
高中英语听说教学的内涵及活动设计_历天宝.pdf
高中英语听说课教学模式设计_吕娟娟.pdf
高中英语听说课情境教学策略应用_孙青.pdf
高中英语听说任务设计的基本原则_梁晓燕.pdf
关于英语听说活动设计的思考_顾小京.pdf
基于阅读材料的高中英语听说活动设计例谈_徐脸峰.pdf
课堂教学目标设定与教学活动设计__省略_高校外语教学大赛听说组比赛的分析_束定芳.pdf
普通高中英语听说课教学的整体设计探讨_吴燕.pdf
浅谈大学英语口语课的输入和输出_王程菊.pdf

图 5 - 8

课题	单元主题语境	教材类别	编写人
Sharing a Project	人与自我	新世纪 S1B2 Module 2 Unit 3	董亚男
Pets	人与自我	牛津版 S1B1 Module 3 Unit 5	夏睿莹
Will traditional stores be replaced by online shopping?	人与自我	新世纪 S2B1 Module 4 Unit 7	夏睿莹
How to Make Suggestions	人与自我	牛津版 S2B2 Module 1 Unit 1	朱晓彦
Christmas and the Spring Festival	人与社会	新世纪 S1B1 Module 2 Unit 4	张勇
Globalization	人与社会	新世纪 S1B1 Module 4 Unit 7	张勇
An Interview with Lang Lang	人与社会	新世纪 S1B2 Module 3 Unit 5	张勇
A Travel Plan for the Coming Holiday	人与社会	新世纪 S1B2 Module 1 Unit 1	朱晓彦
Technology in sports——For and Against	人与社会	新世纪 S2B1 Module 2 Unit 3	王海英
Humans and Nature	人与自然	新世纪 S2B1 Module 3 Unit 6	王海英
Math Anxiety	人与自然	新世纪 S2B2 Module 3 Unit 6	朱晓彦

图 5 - 9

优秀课例的产生是对研修的一大助力。在这批优秀课例中,《A travel plan for the coming holiday》尤为突出。这个课例以自然教学单位为起点,针对单元的主题意义重新编排,形成了教师理解的教学单元(如图5-10所示)。

图5-10

教师再对教学语料进行重组,提供了以下认识(如图5-11所示)。

图5-11

整堂课注重设计“英语学习活动观”下的学习,结合项目化学习和语言沉浸学习,以“真实任务＋真实情境”为基础,在理解和表达的语言实践活动的学习过程中,融合知识学习和技能发展,关注学生学习过程,促进课堂内外的真实互动。

整堂课结合所在学校的国际交流优势,为学生创设一个文化交流情境下的真实任务——为本校墨西哥交流生制定一份清明假期上海三日游旅行计划,将学生的学习活动与真实世界关联起来。

以下是整个学习活动的环节设置(如图 5 - 12 所示)。

课前:教师启动任务,让学生以小组形式发挥所思所想设计一份旅行计划草案;

课中:学习听说语料,归纳制定旅行计划要考虑的因素以及讨论为什么这样考虑;小组合作修改自己的草案,并介绍本组方案。

课后:完善本组的旅行计划,并交由外籍学生评价,将评价反馈给学生。

整个学习活动中,我们从过去的只关注微技能培养的听力理解活动转变为"以意义为中心"的听力理解活动,听力技巧与口语语境并重;又从"为表达而表达"的口语技能培养转变为在真实交际任务中运用语言,从而更好地培养学生的理解与表达技能。

学生对此的反馈相当积极,认为能真正运用英语宣传家乡,帮助别人是非常有趣的,是真正地在"用语言做事情"。

图 5 - 12

从教师的案例分享中,我们可以看到整堂课围绕主题意义,组织真实的课堂互动,促使课堂有更多"有意义"事件的生成,让学生能更好地"以意义为中心"去表达、使用语言,如图 5 - 13 所示。

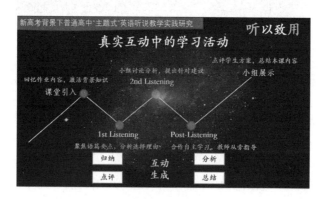

图 5 - 13

通过整堂课的完整实践,教师和学生都获益匪浅。最直观的就是可以从"任务"启动时学生的语言表达和学生最后对于"任务"的完成中对比中发现。

如图 5 - 14,我们可以看出学生纳入"旅行计划"的考虑因素更全面,语言表达更丰富,而这些变化过程中最重要的就是在听说教学中的主题建构下的"有意义的输入"。

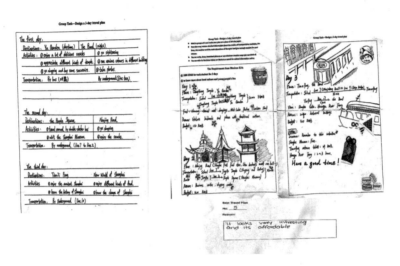

图 5 - 14

另外,教师在此次课例实践中的大胆尝试,也使得团队对当时还是一种"时新货"的"混合式学习"有了更深的理解,如图 5 - 15。

听说教学的革新还包括拓宽学生的学习途径。 "混合式"的学习途径打破了听说教学的固有模式。我们的补充调查表明,学生普遍认为 5-15 分钟的在线学习时间是可以接受的。**因而利用移动技术,线上线下双向结合,能使听说学习更具活力。**

在《A travel plan for the coming holiday》中我们在课前请学生观看三个与上海旅游有关的视频,总时长在 10 分钟左右,然后着手设计草案,为学生在课中讨论旅行计划做好准备。

除了观看视频,也可以运用一些 App 学习软件来组织学习。本课后,我们尝试让学生利用软件中的 AI 智能口语对话巩固所学到的主题相关内容。

图 5 - 15

3. 收获研修成效

一个案例的成功，是对整个团队继续深入研究听说教学策略，总结听说教学活动设计原则的巨大激励。正如团队成员在案例分享总结中所说："我们研究如何'教'听说就要研究学生是如何'学'听说，教为了学，学促进教。现阶段，我们着重从学生视角对学习材料、学习方式、学习过程进行观察，但探索永远在路上。下一步，我们还将研究如何让学生从'被动'地听力理解到成为'主动'的聆听者，教师如何指导学生在'以意义为中心'的口语表达中更好地实现'兼顾形式，意义优先'。为了学生的发展，我们需要做更多。"

从这个课例出发，团队成员大受鼓舞。授课教师感受到"混合式学习"对于听说语言技能培养的助力功能，拓宽子域研究，从而申请了《运用 App 资源设计高中英语听说作业的实践研究》的区级个人课题，并成功结题，取得了区级"良好"的评价。

从子课题出发，团队成员纷纷投身于更多的听说研究。成员的《基于混合式学习的高中英语听说教学研究》一文获得"上海市教育信息化背景下的课程教学变革征文比赛"的二等奖，同时也获得了当年区级一等奖。成员教师博采众长，继续钻研听说作业设计，以"小作业，大能量"为主题做了区内交流。后续的研修过程中，又大胆尝试，在 2020 年再以一节重新建构的高三教学单元《A word to youth》中的听说课《Growing pains》获得 2021 年度上海市中小学（幼儿园）中青年教师教学比赛高中英语二等奖。与此同时，还参与了沪外教版新教材听说课例的录制，为全上海使用这套教材的教师提供听说教学的示范课例。这些荣誉，不仅是对教师专业成长的肯定，更是得益于严格、自律，从兴趣出发，寻找自我生长点的"主题式"研修模式。

团队发展从个人出发，汇聚成河，使得团队成员的研修实践硕果累累（见图5-16）。当然，路仍在脚下，"主题式"研修的道路漫长，但我们相信，一路艰辛，一路芬芳。

论文发表获奖	董亚男	《激活听说教学 促进深度学习》《中小学英语教学与研究》2018.07
	朱晓彦	《基于混合式学习的高中英语听说教学研究》荣获普陀区教育信息化背景下的课程教学变革征文活动 一等奖 《上海课程教学研究》信息化征文比赛 二等奖 2020 年第 3 期
		《巧妙设计学习活动 促进课堂有机生成》荣获普陀区"创新视角下的教育现代化"征文 三等奖 《普陀教育》2020 年 4 月刊
	夏睿莹	《情境教学策略在高中英语听说课中的应用——以一堂"pets"为主题的英语听说课为例》《试题与研究杂志》2018 年第 32 期
	吴雯	《运用手机 APP 资源设计高中英语听说作业的研究》荣获第一届上海市教育信息化论文大赛 二等奖
		《运用语篇分析方法设计听说教学》《上海英语教研》2019 年 6 期月刊
		《运用诊断性测试提高初中英语听说教学的实践研究》《上海英语教研》2020 年 5-6 月刊

董亚男	全区论坛：《聚焦标准 关注评价 深度学习》
董亚男	全区论坛：《基于课程标准的听说教学设计》
董亚男	全国理工联盟：《基于课程标准的教学内容与设计》
董亚男	成都金牛区教师培训：《基于课程标准的英语听说教学设计》
董亚男	全国理工联盟：《单元教学目标与教学设计》
董亚男	全市：《新高考背景下普通高中"主题式"英语听说教学实践研究》
董亚男	全区：《邂逅'木兰'找准语言教学的'支点'》
董亚男	长宁区骨干教师培训：《听说并进 融合读写 综合发展》
董亚男	全市：《高中英语听说教学理论与活动设计》新书发布会
董亚男	金山区：《在 Deep reading 中培养学生的听说读写》
董亚男	嘉定区：《在 Reading 中培养学生的听说读写》
朱晓彦	全区"新课标"培训主题讲座主讲：《语篇知识与英语听说教学设计》
朱晓彦	全区论坛：《中外语言课程标准对比及教学启示》
朱晓彦	全市：《我们如何利用移动 App 进行听说拓展？》
吴雯	全区论坛：《研之有"悟"》
夏睿莹	全区论坛：《基于课标的听说设计》
夏睿莹	全市：《英语听说教学活动设计》
张勇	全市：《阅读与听说—汲取、融合、共进》

姓名	公开课课题
董亚男	区级公开课 *Sharing a project*
董亚男	市级公开课 *An Added Bonus ?*
王海英	跨校联合教研 *Humans and Nature*
朱晓彦	听说公开课 *Travel Plan for- the Comings Holiday* 荣获第十五届"同济杯"教学大奖赛一等奖
朱晓彦	宝山普陀跨区联合教研 *Math Anxiety*
张　勇	宝山普陀跨区区联合教研 *Globalization*
黄怡雯	宝山普陀跨区联合教研 *My Unpleasant- Experience*
陈　晶	闵行普陀跨区联合教研 *Shopping online or-in the store?*
沈　威	闵行普陀跨区联合教研 *How to Make Suggestions*
夏睿莹	成都普陀联合教研、区级公开课：听说教学 *Pets*
张　勇	闵行普陀跨区联合教研 *Christmas VS The Spring Festival*
郭承斐	闵行普陀跨区联合教研 *Blowing in the wind*
黄颖娜	成都普陀联合教研、区级公开课：听说教学 *Technology in Sports*
张　勇	全区公开课 *An Interview with Lang Lang*
朱晓彦	全区公开课一等奖 *Well Done, Spotty*
朱晓彦	市级公开课 *Birthday Traditions*
夏睿莹	区级公开课 *Self-Doubting Success*

图 5－16

第六章　普陀区拔尖教师培养工作坊的实施成效

　　普陀区拔尖教师工作坊的实施成效显著。首先，拔尖教师工作坊促进了学员的专业发展，众多的学员专业素养和能力得到了极大提高，成为了正高级教师或特级教师。其次，拔尖教师工作坊聚集了区域内的优秀教师，通过共同学习和研讨，形成了一支高水平的高端教师团队，助推了区域骨干教师队伍结构的完整优化。再次，工作坊的培训和研讨活动不仅关注教师个人的发展，还致力于推动整个区域的教育教学改革，通过探讨新的教学理念、教学方法和评价方式来提高课堂教学的质量和效果，形成了大量的物化成果，为区域提供了有益的改革思路和实践经验。

第一节 拔尖教师培养工作坊的实施效果①

拔尖教师工作坊的实施效果是多方面的,既体现在教师个体的专业素养提升上,也体现在区域骨干教师队伍结构的优化上,还体现在区域教育质量的整体提升上。

一、助推了骨干教师队伍结构的完整优化

以拔尖教师工作坊为载体的普陀区高端教师培养,通过专业化的培训和提升,将区域一批具备较高教育教学水平和专业素养的教师培养成为了特级教师和正高级教师。这些特级教师和正高级教师在教育教学实践中具备丰富的经验和创新能力,他们为区域教育系统带来了积极的影响和变革,使得普陀区骨干教师队伍在数量、结构和素质等方面得到全面提升和完善,从而促进了区域骨干教师队伍结构的完整优化。

(一)构建了完整的育才体系

普陀区根据中小学(幼儿园)教师专业发展实际,按照特级教师、首席教师、学科带头人、高级指导教师、教学能手、教坛新秀设置发展梯队,厘清各类人才发展需求,组建各学科、多层次专业指导团队,培养骨干教师,持续推进专业指导团队建设,奠定了全区教师专业发展基础性工程。经过多年的努力,普陀区构建了可持续发展的教师队伍管理框架,搭建了研训一体的教师专业化发展体系,区域教师队伍建设成效显著。但在看到成绩的同时,普陀区也看到新形势下的现实挑

---

① 执笔:张豪,吴华清

战。其中，在拔尖教师培养方面，存在结构性缺陷：一是学科间发展不平衡，少数学科存在盲点，部分学科显得薄弱；二是一些优秀教师教学风格尚未形成，教学特色未能彰显；三是部分优秀教师眼界有待开拓，畏难情绪需要克服。

在广泛调研的基础上，普陀区借鉴了上海市兄弟区县工作经验和国内外高端人才培养模式，依托区特级教师联谊会平台，成立了拔尖教师工作坊，借助区内外学科领军人物力量，积极探索高端人才培养机制。"拔尖教师工作坊"组建标志着在区内原有五个梯队建设的基础上，在学科带头人和特级教师之间增加"拔尖教师"培养机制。这项举措，在现实层面，弥补了人才培养上的"断层""断档"缺陷，为区内拔尖教师从优秀走向卓越搭建了"梯子"，帮助优秀教师走出发展"高原期"。在发展层面，关注市级高端人才培养，加强高端人才超常发展渠道建设，完善了区域教师培养的体系，极大地促进了大批优秀教师成为在全市乃至更高层面上的学科领军人物。

（二）优化了教师培育结构

持续三届的"拔尖教师工作坊"不断优化了区域骨干教师培养结构，助力优秀教师成就"师德的表率、育人的模范、教学的专家"目标。

"拔尖教师工作坊"以落实立德树人为根本任务，以社会主义核心价值观为主导，以教育转型背景下教师专业发展的改革创新为核心，以优秀教师的先进事迹引领学员师德师风建设，持续开展师德教育主题活动，顺应时代要求，弘扬核心素养，积累思辨经验，启迪学员不断提升师德修养、快速成长。通过工作坊的学习，每一位学员夯实了成长基础，强化了教育思想，加深了对学科育人的深层次的理解，对在实际工作中的哲学态度、理性分析和管理与指导中的育人等全过程有了新的认识。

强调师德提升的同时，深化理论学习，增加研修厚度；开展实践活动，凸现研修特点；强化课题研究、成果意识，提升研修高度；注重情感建设，激发研修活力；充分发挥了工作坊"孵化地""辐射场"的功能，努力实现培养效应最大化。

在学员遴选上，按照兼顾学科、学段的原则，特别关注解决"薄弱"区间，努力消灭盲点，形成优质资源全面覆盖。在学员培养上，积极发挥市内名家专家的专业引领作用，针对学员自身发展面临的实际问题进行探讨，不断提升科研能力和学术水平，努力促成学员从优秀走上卓越。在培养工作中，按照以内为主、内外联动原则，实施学科组长的"主责任制"，采用学科带教和"工作坊"带教的"双轨联动"机制，充分发挥了工作坊"孵化地""辐射场"的功能，努力实现培养效应最大化。

导师带教制发挥了积极作用。为了学员更好的发展，每个导师针对带教学员提出一个发展期许与目标定位，要求每一位学员通过自我解剖与分析，制定个人成长计划，找到自我发展的起跳空间。经与导师进一步沟通协商，在导师诊断并提出建议后，形成自我发展规划。这样，导师成为学员的学习"标杆"，规划成为学员的发展"标杆"，学员的研修学习有了明晰的方向。学员通过学习，提高教育自觉，强化教书育人、服务国家人民的认识；在专业情意、专业知识、专业技能等方面通过学习，将已有教学经验系统化、科学化，进而提高到理性的高度，最终形成自己的教学特色和教学风格。

树立标杆，强化了导师的有效引领；因才定位，有针对性地制定学员的发展路径，促使学员把各自的潜能发挥出来，形成自主发展"动力源"，不断优化优秀教师培育结构。

（三）发挥了特色机制效应

"拔尖教师工作坊"以三"高"——高层次、高规格、高水准为目标，对应工作坊定位、培训策略和运作方式。按照发展目标，导师对各自的学员实施个性化设计，有针对性地安排学习任务、研修重点，让每个人在任务驱动中，激发上进的动机，完成预设的项目。工作坊支持学员有序形成专业成果、专业影响，在各类答辩中不断成熟，逐步接近努力目标。研修活动构建了"理论学习、热点探讨、课题研究、个性培养、展示活动、访学考察"等培训板块，形成了培养机制立体型、个性化和体验式三大特点。

纵观"拔尖教师工作坊"渐次成型、不断优化的过程,实施路径和操作范式的不断完善、互促共进,进而形成并发挥积极效应的特色机制逐渐显现。

在实施路径上,"统分结合"的坊间研修形式,即跨学科综合性研修与分学科个体式研修相结合,注重整体性和个性化的统一,使得优秀学员在同步成长的过程中,不断凸显个性。"四个结合"的混合学习方式,即集体学习与个别学习相结合、经典学习与热点学习相结合、专题学习与交流学习相结合、实地学习与论坛学习相结合,充分发挥了研训一体的积极作用。"立足岗位"的综合评价导向,即本职工作与专业发展"双向赋能",教学质量与研究成果"同频共振",发挥了评价的积极作用,使得优秀教师能够在不同阶段找准定位,在不同位置调整步伐,在不同层面保持定力。

在研修范式上,改变了传统研修点状分布、线性联结,不易形成合力的缺陷,在导师与学员的智慧创造中,组团式研修发挥协同优势,形成抱团发展态势;融入式研修将研修贯穿在学科发展的过程中,助力教师在实践中成长;项目式研修专注于课程与教学的重点、难点和热点问题,以项目的形式不断深入推进,着力于问题解决;主题式研修围绕研修主题协作攻坚,不断提高研修的专业性和科学性。

总之,回顾"拔尖教师工作坊"持续推进的历程,在师德培育中,"长效"与"标志"相统一;在专业提升中,"实效"与"影响"相一致;在育人指导中,"培养"与"共生"相匹配,取得了丰厚成果。

当前,普陀区以"为每一个学生学以成人、人生出彩提供适合的教育"为核心理念,凝心聚力打造"适合教育"新体系。在教师队伍建设领域,主动探索"适性发展"的普陀模式,打造以"教师学习"为中心的教育人才发展体系,通过可持续定制培养,为每位教师提供"人人出彩"的机会,打造普陀"靠谱之师"。"拔尖教师工作坊"也依托763攀升计划的平台,以新课程、新教材实施为抓手,在培养优秀教师的工作中贡献智慧和力量,为普陀建成"创新发展活力区、美好生活品质区"提供一流的教育人才保障,为推进普陀教育高质量发展,建设教育强区作出更大贡献!

二、促进了区域教育教学改革的有效实施

拔尖教师工作坊培养的高端教师,他们在教育理念、教学方法、教育技术等方面具备较高水平和创新能力,不仅能够为学生提供优质的教学服务,还引领和推动了区域教育教学改革的发展,提高了区域整体教育质量。学员们结合区域教育改革需要,带领各自工作室团队开展项目研究,着力在双新课程的实施、质量保障体系的充实和完善、课堂教学评价工具和指标、教师专业成长的策略和途径等诸多方面开展研究与实践。成果以论文、专著、研讨会、报告会、名师论坛、公开教学等形式在全区、全市乃至全国范围内进行介绍、推广,有力推动了普陀区的教育教学改革,有效提升了区域教学质量。他们对区域教育教学改革的参与主要体现在以下方面。

(一)以先进思想引领教育教学改革

拔尖教师工作坊关注学员先进教育思想的培育,这些思想反映了当前教育发展的趋势和要求。经历了拔尖教师工作坊的研修,学员们更加关注学生的个性发展和全面发展,重视培养学生的创造力、实践能力和综合素质,摒弃过于注重知识灌输的教育教学模式。学员们先进教育理念的掌握,为区域教育教学改革提供了理论支持和实践指导。

(二)以深厚理论推动教育教学改革

工作坊培育的高端教师不仅在教学实践中有丰富经验,而且还具备深厚的理论素养。他们关注教育领域的前沿研究,不断学习新的教育理论和教学方法,以提升自己的教育教学水平。深入的理论研究,使得他们能够站在更高的角度审视教育教学问题,提出更加科学合理的改革方案。

（三）以创新实践参与教育教学改革

工作坊培育的高端教师在教学实践中，善于运用新的教育理念和教学方法，创新教学方式和手段。他们注重培养学生的创新思维和实践能力，鼓励学生参与到教学活动中来，发挥学生的主体地位。教学实践的创新，不仅提高了教学效果和质量，也为教育教学改革提供了实践经验和成功案例。

（四）以示范带动助推教育教学改革

工作坊培育的高端教师，其先进理念和成功实践对其他教师产生了较好的示范带动作用。他们的教学风格和理念激发了其他教师参与教育教学改革的热情和信心，同时其教育教学经验和成果也能帮助其他教师提高教育教学水平，促进整个教师队伍素质的提升。

这些特点使得我们培养的高端教师成为普陀区教育教学改革的重要推动力量，为普陀区教育事业的高质量发展作出了积极贡献。

第二节　拔尖教师培养工作坊的物化成果[①]

拔尖教师工作坊的物化成果是指学员在工作坊研修期间所创造或贡献出的实际物质成果，这些成果是学员们在研修期间思考、总结和实践出来的。普陀区拔尖教师工作坊学员研修期间取得了丰富的物化成果，主要包括创新教学设计、教材和教学资源，以及具有推广价值的课题研究成果、学术专著和论文、培训课程

---

① 执笔：吴华清

等。这些成果在提高普陀区的教育教学质量、推动教育教学创新、促进教师专业发展和丰富教育教学资源等方面做出了积极贡献。同时,这些成果也具有引领和示范作用,可以为广大教师提供借鉴和参考,助力优秀人才培养和教育教学水平的提高,从而推动普陀教育的整体发展。

一、总体情况

三届拔尖教师工作坊33位学员中的16人被评为上海市特级教师,17人被评为正高级教师,这显示出工作坊在培养高端教师方面的显著成效。下表是过去三次特级教师评审的区域分布情况,与其他区相比,普陀区与先进大区的差距明显缩小,2017年普陀区9人获评特级教师,2020年8人获评特级教师,2023年7人获评特级教师。

2017 年上海市特级教师评审区域分布情况(总数 110 人)

区域	黄浦	徐汇	长宁	静安	普陀	虹口	杨浦	闵行	宝山	浦东	嘉定	松江	金山	青浦	奉贤	崇明	市直属
数量	6	5	6	9	9	4	7	9	5	12	6	6	4	5	3	3	11

2020 年上海市特级教师评审区域分布情况(总数 120 人)

区域	黄浦	徐汇	长宁	静安	普陀	虹口	杨浦	闵行	宝山	浦东	嘉定	松江	金山	青浦	奉贤	崇明	市直属
数量	11	7	7	8	8	8	9	7	1	12	3	7	3	4	4	3	18

2023 年上海市特级教师评审区域分布情况(总数 119 人)

区域	黄浦	徐汇	长宁	静安	普陀	虹口	杨浦	闵行	宝山	浦东	嘉定	松江	金山	青浦	奉贤	崇明	市直属
数量	6	9	3	7	7	7	12	7	4	12	5	10	4	4	5	2	15

二、发表的论文

发表论文不仅有助于提升教师学术地位,还能够促进学术交流、提高教育质量、提升学科声誉并推动学科发展。第一,撰写和发表论文是教师学术交流的重要方式之一,通过论文,教师可以分享自己的研究成果、教学经验和教育理念,促进学术交流和知识传播,这有助于推动学科教学发展、提升教育质量,并促进教师个人成长和学术地位的提升。第二,教师发表论文是正高级职称评审和特级教师评审的必要条件之一,教师论文发表的数量和质量是评价其学术水平和科研能力的重要指标,对于教师专业发展至关重要。第三,发表高水平的论文有助于提高教师的学术声誉,通过发表具有创新性和影响力的研究成果,教师可以获得同行专家的认可和尊重,提升个人学术声誉。第四,论文发表可以将教师的教学经验和研究成果以数字化的形式永久保存和共享,为后续研究者提供宝贵的研究资料和启示,促进教育资源的共享和传承。第五,教师发表的论文可以反映学科教学的最新研究动态和趋势,为学科的建设和发展提供有益的参考。通过发表论文,教师可以为学科的发展做出贡献,推动学科的繁荣和发展。

正是基于以上原因,工作坊要求所有学员都要结合自身教育教学研究,积极撰写论文并在公开刊物上发表。学员们积极投入教育教学研究中,勤于笔耕,在国内公开刊物上发表了近百篇论文(见附件4:拔尖教师工作坊部分学员研修期间发表论文情况),分享了自己的研究成果和教学经验,为解决相关教育问题提供了思路和方法,同时论文的发表也确实提高了普陀教育工作者的影响力和话语权,让更多人听到了普陀教育人的声音,促进了教育的合作与发展。

三、出版的专著

出版专著是高端教师生涯发展的重要一步,对于提升个人学术水平和影响力具有重要意义。第一,专著是教师学术研究成果的集中展示,能够全面反映教师的学术水平和研究能力,出版专著有助于提升教师在教育领域的知名度和影响力。第二,在正高职称评定和特级教师评审中,专著的出版往往也是一个重要的加分项,出版专著能够为学员发展提供有力的支持。第三,专著的出版意味着学员的学术研究能力和水平得到了进一步的提升,这对于他们个人学术声誉的提升有着积极的推动作用,能够提高他们在本学科领域的地位和影响力。第四,学员出版专著也可以对其所在学科教学做出贡献,因为专著可以系统地整理和总结某一领域的学术成果,为后续研究者提供参考和借鉴,推动学科教学的进一步发展。第五,教师出版专著可以为学生和同行提供更丰富的教学资源和学习材料,专著的内容通常比论文更为系统和深入,更有学习和参考价值。第六,通过出版专著,教师可以将自己的研究成果和经验以书的形式传承下去,为后来的学者提供有益的参考和启示,这对于教师个人学术思想的传承和影响具有重要意义。正因如此,拔尖教师工作坊大力支持并协助学员出版了近 30 本专著,这些著作系统地呈现了学员的教学特色和优势,为区域教育的改革和发展提供了理论支撑和实践经验。(见附件 5:拔尖教师工作坊部分学员专著出版情况)

四、公开课教学

公开课教学在帮助学员提高教学质量、展示教学成果、促进专业发展、推广教学经验以及增强教师的责任感和荣誉感等方面都具有积极意义。第一,公开课教学可以帮助学员提高教学质量,通过与同行交流和分享,不断改进教学方法和手段,提高教学效果。第二,公开课教学是展示学员教学成果和个人教学风格的平台,通过开设公开课,学员展示自己的教学特色和创新成果,获得同行和社会认可。第三,公开课教学后的研讨和交流可以让学员不断学习和掌握新的教学方法和技巧,提高自己的教学水平和专业素养。第四,公开课教学也是一种推广教学经验的重要途径,学员通过公开课来分享自己的教学经验和教学方法,帮助其他教师提高教学水平。第五,高级别的公开课教学也增强了学员们的责任感和荣誉感,激发了他们的进取心和自信心。拔尖工作坊学员研修期间开展了40多节市区级公开课教学,有力地促进了他们的成长。(见附件6:拔尖教师工作坊部分学员公开课教学情况)

五、培训讲座与课程

工作坊还鼓励学员积极开设专题讲座,开发师训课程。第一,这些学员通常在各自的领域有着比较深厚的知识和经验积累,通过开设专题讲座,开发培训课程,他们可以与更多的教师分享这些知识和经验,帮助他人获得成长和提高。第二,开设专题讲座,开发培训课程可以让他们的思想和理念得到更广泛的传播,进而扩大他们的知名度和影响力。第三,开设专题讲座,开发培训课程也可以推进专业交流与合作,激发新的研究灵感和思路,为专业发展注入新的活力。第四,开设专题讲座、开发培训课程也会促使学员不断更新和完善自己的知识体系,发现自己的不足之处并加以改进,提高教学水平和效果。第五,开设专题讲座,开发培训课程可以让学员们在实践中不断锤炼自己的专业知识和技能,提升自己的综合素质,树立起自己的专业形象和品牌。第六,作为区域的高端教师,他们有责任为社会培养更多优秀的人才。开设专题讲座、开发培训课程可以为社会培养更多具备专业知识和技能的人才,推动教育的发展和进步。拔尖工作坊学员研修期间积极开设专题讲座,开发培训课程,在推动专业交流的同时也扩大了他们的专业影响力,树立了个人的专业品牌与特色。(见附件7:拔尖教师工作坊部分学员专题讲座情况;附件8:拔尖教师工作坊部分学员市区级培训课程情况)

六、课题研究成果

拔尖教师工作坊鼓励学员申报区级以上的课题,通过课题研究为解决教育教学领域的现实问题探索和提供新思路和新方法。工作坊要求学员通过课题研究深入了解学科领域的前沿动态和最新研究成果,掌握新的教育理念和方法,从而提高自己的教育教学水平;要求学员针对教育教学中的实际问题或难点进行深入研究,解决实际工作中遇到的问题,提高教学质量和效果,积累丰富的学术成果;要求学员通过课题研究培养科研能力,积累科研经验,提高学术水平;要求学员带领团队开展研究,提高整个团队的协作能力和工作效率。三期工作坊学员在研修期间主持市区级课题 30 余项,取得了较好的研究成果。(见附件 9:拔尖教师工作坊部分学员市区级课题立项情况)

七、获奖成果及社会兼职

拔尖工作坊鼓励学员参与各类成果评奖,通过参与成果评奖来得到同行和专家的认可,从而提升他们的知名度和影响力;通过参与成果评奖激励研究的开展,提升学术水平,积蓄专业前行的动力;通过参与成果评奖获得荣誉感和自豪感,增强专业自信,从而在专业发展道路上走得更远;通过参与成果评奖将他们的成果推广到更广泛的领域,为教育的发展做出更大贡献。(见附件 10:拔尖教师工作坊部分学员成果获奖情况)。

除了参与成果评奖,工作坊还鼓励学员参与社会兼职(比如兼职教授、评审专家等),更好地发挥自己的专业优势,为社会的发展做出更大的贡献。比如通过兼职接触到更广泛的社会需求和实际问题,从而拓宽自己的视野,增强自己的综合素质和教学能力;通过兼职将理论知识应用于实际工作中,提高自己的实践能力;通过兼职履行社会责任,为社会做出贡献,实现个人价值,同时提升自己的社会形象和影响力;通过兼职提升自己的管理能力、沟通能力、创新能力等,为个人发展打下坚实的基础。

附件 4　拔尖教师工作坊部分学员研修期间发表论文情况

学员	论文名称	发表刊物及时间
刘友霞	"变"与"不变":转型时代的高中课程建设	中国民族教育 2016.8
王萍	行走中的学习——区域研学旅行项目实践初探	现代教学 2017.4
付丽旻	与学生一起成长	班主任 2017.4
	你的心事只有我知道	班主任 2017.8
张豪	教学中思辨性阅读的策略选择——以《秋天的怀念》为例	语文教学通讯 2017.3
	从江南市镇的视角理解鲁迅小说	教育研究与评论(中学教育教学)2017.3
	备课过程中的接受、质疑与理性分析——以《春》为例	语文教学通讯 2017.10
易建平	融合数字技术与学习过程,重构学科教学模式——以上海市曹杨第二中学"高中数学 iMath"为例	上海课程教学研究 2017.1
	注重单元整理　突出核心素养——高一函数单元复习课的设计与教学心得	数学教学 2017.3
	在高中数学解题教学中培养函数思想	现代教学 2017.5
鲍丽倩	优化情境教学的实践与思考	中学历史教学参考 2016.7
	穿越"现实"与"现场"的历史理解	历史教学(上半月刊)2016.8
	今天如何给学生讲长征——学科德育视角下的长征教学:回到历史现场　增进政治认同	上海教育 2016.9
	历史教学:史料研读与历史叙事的有机融合	中学历史教学参考 2017.6
谢春君	"气体压强模拟演示数显装置"的设计与制作	物理教学 2016.10
	示教用磁动力机车设计与制作	物理教师 2019.7

（续表）

学员	论文名称	发表刊物及时间
董亚男	激活听说教学　促进深度学习	中小学英语教学与研究 2018.7
	重视诊断性测试促进教学反拨作用	中小学英语教学与研究 2016.10
李显军	"小神农识百草"校本课程的设计与实施	生物学教学 2018.9
	STEM理念下初中生命科学跨学科教学的案例分析	生物学教学 2019.11
谈俊	基于新课标视角下的思想政治学科社会实践的若干思考	思想政治课研究 2018.12
	思想政治学科社会实践中的劳动教育研究	教育参考 2019.8
周瑞山	例析高中生物"2234"教学模式的应用	教育 2019.10
	例析高中生物逆向教学单元设计之作业设计	文理导航(中旬)2020.7
	高中生物单元学习之"导解建构法"探析	读写算 2020.10
	指向核心素养的"2234"教学模式及其运用——以高中生物遗传物质探索史为例	教育 2020.2
	高中生物(沪教版)《DNA是遗传物质》教学设计	教育 2020.6
	基于"2234"教学模式实践中提升学习力的研究文献综述	教育 2020.9
	融入科学史与建模活动,提升学习力的"2234"教学实践——以高中生物《DNA双螺旋结构》为例	中国科技经济新闻数据库(教育)2021.10
	高中生物学教学中学习力的提升策略	生物学教学 2023.2
	试论可控学习力及其在高中生物学业质量评价中的运用	教育周刊 2022.47
	揭开病毒的面纱——人教版《生物学》八年级上册第五单元第五章《病毒》教学设计	教育 2021.2
	双新背景下提升高中学生学习力的策略研究文献研究综述	教育周刊 2023.12
	探究性教学中利用结构化策略提升学习力的教学实践	普陀教育 2023.7
	素养导向下的高中生物大单元教学设计及实践策略	数理报 2023.8.30

(续表)

学员	论文名称	发表刊物及时间
戴剑	环境教育教师的培养——区域环境与可持续发展教育工作室的实践	环境教育 2018.5
	特大型城市自然教育实践与探索:以上海市青少年自然教育为例	旅游规划与设计 2018.9
吴巧玲	尊重差异 丰富选择 提升素养——"网上走班"教学模式助推学生个性化学习的实践研究	教育传播与技术 2019.3
	新高考背景下利用"网上走班"进行化学假期辅导的实践探索	化学教学 2019.6
宗华	设计项目学习拓宽高中英语课堂视野	上海课程教学研究 2020.10
	单元主题语境下的高中英语词汇教学实践	中小学英语教学与研究 2020.12
	深度教研模式下中学英语教学诊断的实施方法研究——以词汇教学诊断为例	中小学英语教学与研究 2023.3
	主题语境下促进词汇产出的高中英语整合写作教学	中小学英语教学与研究 2023.10
吴钟铭	语文学科核心素养怎么考——以上海卷中考阅读题选文为例谈	语文教学通讯 2018.12
	跨媒介阅读技术背后是思维	新课程评论 2018.12
	传统课例研修活动的优化路径探寻——基于区域初中语文名师工作室的实践	新课程评论 2019.2
	阅读写作贯通 线上线下混合——"家族中的老人——传记写作"语文项目学习	语文学习 2020.2
	论诗天然新 析理见真淳——《学诗浅说》荐读	语文学习 2020.3
	混合式学习:指向深度学习的读写结合——以"基于协作文档的传记读写"语文项目学习为例	语文教学通讯 2022.11
李岩	加强学习共同体建设 促进班主任专业化发展	现代教学 2020.6
	向家庭暴力 SAY NO	班主任之友(中学版)2019.12
钭方健	以问题为导向探究实验 发展学生物理核心素养——以"楞次定律"教学为例	物理教学 2018.7
	高中物理学科核心素养视域下课堂情境教学	物理教学 2019.2

（续表）

学员	论文名称	发表刊物及时间
	创设信息化教学情境　凝练物理学科核心素养	实验教学与仪器 2019.3
	核心素养下物理拓展课的教学设计与实施——以"绿色风能"教学为例	物理教学 2019.9
	用图象法进阶学生分析推理能力——以"电路中的 U-I 图象"为例	物理教学 2020.6
	浅谈"共点力平衡"微课设计	物理教学探讨 2020.10
	融合信息技术开展居家线上物理课堂教学活动——以"电磁感应现象"教学为例	物理教学 2022.9
	应用"平抛运动规律"自主设计实验,提升探究能力——以"验证动量守恒定律"实验为例	物理教学 2023.5
俞文珺	园长提升教师课程实践反思能力的作为	学前教育 2019.1
	传统文化视角下幼儿"品性养成"课程的实践研究	教师教育论坛 2019.6
吴华清	不同类型中学班主任职业成就感的调查研究——以上海市 13 所学校为例	教育参考 2018.10
	区域教育科研培训课程系统开发的思考	上海教育 2018.12
	他们喜欢做班主任吗?——基于一项区域性班主任问卷调查的思考	大众心理学 2019.2
	基层学校科研室老师的角色定位	今日教育 2019.4
	中学教师工作生活质量的现状调查与对策研究——以上海市 PT 区为例	教育参考 2019.10
	中学教师的留职意向及其影响因素研究——以上海市某区为例	教育参考 2020.4
	教师专业进阶发展路径的探索	现代教学 2021.11
	开展科研分层指导　提升专业服务品质	现代教学 2021.12
	上海市中小学科研主任岗位胜任力现状调查研究	教育参考 2022.4
	系统复杂学习论视角下卓越教师的学习经历研究	教育参考 2023.6
杨云	全员导师制:价值立场与路径选择	创新人才教育 2023.2

（续表）

学员	论文名称	发表刊物及时间
	高中英语项目化学习的设计与实施——以上外版高中英语教材选择性必修第三册为例	现代教学 2022.7
黄燕	有效依托城市场馆资源,增强初中历史教学实效	上海教育 2021.10
	落实"四史"教育进校园的途径探析	上海教育 2022.04
	方寸邮票学党史,"长征精神"放光芒	中学历史教学参考 2022.09
	小邮票、大历史——跨学科主题学习教学实践探究	历史教学问题 2023.08
毛伟勇	基于"以劳动技术学科为核心,融合多学科"的跨领域课程设计与实施	中学科技（2021 年增刊）
陆莉莉	"1＋X",让跨学科主题学习更有意义	小学语文教学 2023.2
	小学生语文阅读主题作业的设计与思考	语文教学通讯 2023.9
高翔	基于 ADDIE 模型的校外艺术活动微课设计与实施	上海校外教育 2021.11
	红色教育融入校外陶艺活动课程的实践探索——以"陶土中的红色记忆"馆校结合课程为例	陶瓷科学与艺术 2022.12
周骏蔚	幼儿园劳动课程的构建与实施	现代教学 2021.9
	学前教育区域教研转型:现实挑战与应对策略	上海课程教学研究 2021.11
余晓东	体育学科思维成长课堂的实践与思考	体育视野 2022.3
	耦合、困境与出路:具身德育嵌入体育品德教育的思考	体育视野 2022.4

附件5:拔尖教师工作坊部分学员专著出版情况

姓名	著作名称	本人承担部分	出版社	出版时间
刘友霞	能力,在实践砥砺中提升——高中生问题解决能力发展的实证研究	全部	上海教育出版社	2017.3

（续表）

姓名	著作名称	本人承担部分	出版社	出版时间
孙时敏	零基础学做 App	全部	上海教育出版社	2019.12
付丽旻	破解成长密码:班主任巧用个性化成长档案的实践探索	全部	上海教育出版社	2018.3
张豪	从遇见到发现	全部	上海教育出版社	2018.1
易建平	高中数学 iMath 教学实践与研究	全部	华东师范大学出版社	2017.5
鲍丽倩	中学历史学科育人实践研究	全部	上海教育出版社	2017.4
谢春君	微实验设计制作 21 例	全部	上海教育出版社	2022.6
董亚男	高中英语听说教学理论与活动设计	全部	华东师范大学出版社	2020.4
谈俊	学做一体:核心素养视域下高中思想政治课教学研究	全部	上海教育出版社	2020.6
	普通高中思想政治必修 3 练习册(第七课、第八课、阶段练习)	部分	人民教育出版社	2020.2
	中学生模拟政协活动指南(第一章、第二章第一节、第三节、第四节)	部分	上海教育出版社	2019.4
俞文珺	品性随行,快乐成长	全部	上海教育出版社	2019.11
	助力起航——幼儿园见习教师规范培训的课程实践	全部	上海三联书店	2020.5
李显军	识本草,品文化	全部	上海教育出版社	2020.5
陆莉莉	阅读润泽生命:小学语文链群阅读指导的实践探索	全部	上海教育出版社	2023.6
	阅读让人生出彩——"GL 悦读"课程的实践研究	全部	上海科学普及出版社	2022.3
高翔	指向核心素养的陶艺教学	全部	中国民族文化出版社	2023.5
周骏蔚	从"教育蓝图"到"精准施策"——给教师的幼儿健康教育实施建议	全部	华东师范大学出版社	2024.11
吴钟铭	激活语文学习力的名篇悦读(5 册)	合著(50%)	现代教育出版社	2023.12

（续表）

姓名	著作名称	本人承担部分	出版社	出版时间
	中考作文 4＋1	全部	上海远东出版社	2024.6
	写作这门课	全部	上海科学普及出版社	2020.12
杨云	跨文化素养培育的甘泉实践	合著	上海教育出版社	2023.4
江练	"新""新"相映——高中语文单元写作任务	部分	上海交通大学出版社	2024.5
宗华	义务教育五四学制国家课程非统编教材初中英语（七年级上册与九年级上册）	部分	上海教育出版社	2024.7
吴华清	走向卓越:现代学校变革的路径与策略	部分	东北师范大学出版社	2019.9
	混合方法研究视角下的中学班主任职业生活状态	全部	上海教育出版社	2022.6

附件6:拔尖教师工作坊部分学员公开课教学情况

姓名	教学主题	教学时间	级别
谢春君	牛顿运动定律的理解与应用	2016.12	市
	双气球	2017.1	市
	气体性质单元实验活动	2019.6	区
董亚男	Sharing a project	2017.5	区
	上海市中小学在线教学"空中课堂"教学设计、讲课与视频录制 Magazines	2020.3	市
葛伟	Spiders: friend or enemy	2017.4	市
谈俊	新时代,共享未来	2019.11	区
	贯彻新发展理念	2019.12	市
俞文珺	我会细嚼慢咽	2019.10	市

（续表）

姓名	教学主题	教学时间	级别
吴巧玲	弱电解质的电离	2018.10	市
	开发海水中的卤素资源单元复习	2019.12	市
	元素周期律	2020.10	市
胡云燕	服务礼仪—职业着装	2023.1	区
毛伟勇	自行车模型①	2020.4	市
	自行车模型②	2020.5	市
	七年级木工、金属丝单元	2020.7—2020.10	市
陆莉莉	上海市中小学在线教学"空中课堂"教学设计、讲课与视频录制 Magazines	2022.5	市
高翔	"双减"背景下的陶艺教学活动设计	2021.12	市
	艺术点亮生活—杯中有乾坤	2022.8	市
周瑞山	揭开病毒的面纱	2021.12	国家
宗华	高一必修第一册第三单元 Choices	2021.10	市
陆高原	你认识草酸吗？——基于"证据推理"的高三化学实验复习	2022.5	区
吴钟铭	《义务教育语文课标解读》示范课:初中语文跨学科作文指导	2022.1	国家
	三千弱水取一瓢饮	2019.7	国家
	三位一体聚焦中考语文复习	2020.6	市
	跨媒介阅读:我们教孩子怎么读	2018.10	国家
	人教社数字出版公司人教 e 作文教学示范课例	2018.6	国家
	智能分析助力写作指导示范课	2022.4	市
	带上她的眼睛	2023.5	市
	我是谁	2022.10	区
	让别人看见——策划书撰写交流	2022.4	国家
夏志华	小型物流信息系统的优化	2023.5	区

附件7:拔尖教师工作坊部分学员专题讲座情况

姓名	讲座名称	讲座对象	讲座时间
谢春君	微实验设计与制作及在课堂教学中的应用	上海市各区教研员及部分高中物理教师	2016.12.8
葛伟	核心素养培育过程中教师的介入——以阅读教学为例	普陀区及其他区高中英语教师	2017.4.12
鲍丽倩	主题类叙述题的基本解题思路	普陀区高中历史教师	2016.5
	史料教学与历史叙事有机融合	普陀区高中历史教师	2016.12
	立足学科本体 践行核心素养	普陀区教师专业发展团队	2017.4
	问题导向 项目引领 合作共生——我的教研之路	上海市历史名师培养基地	2017.4
董亚男	"双新"高一年级学科教学答疑专题培训	上海市高一年级教师	2021.9
	双新理念的课堂文化培养	上海市高一年级教师	2021.6
	如何开展"语言聚焦"	上海市骨干教师	2020.11
	How to teach reading and interaction	金山区和嘉定区教师	2020.8
	高中英语"主题式"听说教学活动设计与实施	江苏响水教师	2023.4
	听说并进 融和读写 综合发展	长宁区骨干教师	2020.11
	在阅读中思考 在思辨中表达	浦东区骨干教师	2021.4
谈俊	立足学科社会实践 培育学科核心素养	普陀区高中政治教师	2018.8
	基于新课标的政治学科核心素养培育的实践	甘肃会宁高中政治骨干教师	2018.10
	聚焦公共参与素养的培育	上海市阿基米德名师E课	2018.12
	聊聊学科社会实践的那些事儿	上海市阿基米德名师E课	2019.2
	基于新课标 立足学科社会实践 聚焦学科核心素养培育	云南省昆明市寻甸县高中政治骨干教师	2019.8

（续表）

姓名	讲座名称	讲座对象	讲座时间
	新课标视域下聚焦思想政治学科核心素养的培育	华东师范大学马克思主义学院师生	2019.10
	构建以培育学科核心素养为主导的活动型学科课程——以"模拟政协"为例	普陀区高中政治教师	2019.10
	聊聊疫情中的真实性学习	上海市阿基米德名师E课	2020.4
	学做一体——培育学科核心素养的高中思想政治课教学研究	云南昆明教育体育局教师	2020.10
	核心素养视域下高中思想政治课教学	华东师范大学马克思主义学院师生	2020.11
俞文珺	明确目标　立足实践　按需指导	普陀区骨干教师	2018.5
	家园共育养品性，互融互建同成长	上海市学前教育教师	2018.10
	传统文化视角下的幼儿"品性养成"课程开发与建设	四川省成都市教师	2018.11
	传统文化视角下的幼儿品性养成课程开发与建设	全国学前教育教师	2018.11
	对用好幼儿园个别化学习区角活动设计参考的思考与实践	杨浦区中心组及骨干教师	2018.12
	培养好品性，拥有好人生	普陀区教师	2018.12
	3～6岁幼儿健康生活习惯养成	寻甸县骨干教师	2019.2
	铸园所文化，优治园之道	普陀区校、园长	2019.3
	聚焦问题　强化规范　追求优质	长沙市赴沪各市、县学前教育分管副局长、县（市）幼教科科长、专干、县（市）示范幼儿园园长	2019.4
	建构与理念目标一致的课程结构	嘉兴市园长	2019.4
	品性随行，快乐成长	普陀区教师	2019.4
	传统文化视角下的幼儿品性养成课程开发与建设	上海市学前教育教师	2019.10

（续表）

姓名	讲座名称	讲座对象	讲座时间
	品性随行，快乐成长——幼儿品性养成课程的创新和实践	上海市学前教育教师	2019.10
	传统文化视角下幼儿"品性养成"课程的实践研究	上海市学前教育教师	2019.10
	整理大作战——生活教育中的习惯养成	上海市学前教育教师	2019.11
	着力研修，激发教师成长内生力	全国学前教育教师	2019.11
	衔接，从整理开始——园校互动活动的初尝试	上海市学前教育教师	2019.11
	基于问题 立足实践 讲究实效	普陀区骨干教师	2019.12
	建构与理念目标相一致的课程结构	贵州遵义红花岗区园长	2019.12
	植根园本塑文化，三合三力提素养	普陀区学前教育教师	2019.12
	建构与理念目标相一致的课程结构	贵州遵义红花岗区骨干教师	2019.12
	点亮孩子的价值观之光	普陀区教师	2020.6
	在迭代课程资源中生成制度	上海市学前教育教师	2020.12
李显军	提升学生高阶思维的一种选择——对分课堂理念与方法	浦东新区全体生物教师	2019.10
吴巧玲	新高考背景下利用网上走班进行高中化学教学实践	全国高中化学教师、大学教授、化学学科教育专家	2018.10
	利用信息技术拓宽学生学习时空的探索	上海市高中化学教师	2019.5
	立足特色，注重研究，发展素养——教师专业素养提升	昆明寻甸骨干教师	2019.8
	信息技术与学科教学融合的课题研究	上海市青年骨干教师	2019.12
	课程开发视角下的高中化学教研组建设	吕梁市高中化学骨干教师	2018.10
	新高考背景下利用网上走班进行高中化学教学实践	上海市娄华攻关基地学员	2019.10
吴钟铭	教育部全国中小学图书馆推荐书目论证	教育部推荐书目论证专家组成员	2018.6
	新时代阅读——跨媒介阅读的背后	上海市教育学会	2018.4

(续表)

姓名	讲座名称	讲座对象	讲座时间
	基于统编教材的初中语文质量分析与保证	昆明市寻甸县全体初中语文教师	2019.2
	第四届语文教育论坛——学科核心素养怎么考	上海市中小学教师、高校学者	2018.12
	上海市第十四届语文教育评价研讨会——中考现代文的理解题	上海市中考研讨会参与者	2018.8
	家族传记写作	上海市写作学会年会	2019.12
	跨学科写作课程构建与设计	上海市写作学会会员	2023.11
	初高中作文教学的衔接	普陀区高中语文教师	2022.10
	教育部数字教材在国家智慧教育平台使用	全国数字教材使用教师	2022.6
	荐读、导读、品读——持续赋能阅读推广	中国教师发展基金会国家级筑基培训学员	2023.11
	课堂学习视角:课、课堂、课程的高质量实施	华东师范大学黑龙江名师工作坊学员	2023.11
	联接与转化:从中考语文测评情境的有效性看教学评一致性	上海市语文教育评价会	2023.8
	如何撰写教学案例	玉林市中学语文名师培养工程	2023.4
胡云燕	数智融合的酒店服务与管理专业实训教学模式浅探	云南对口支援职业教育教师	2023.1
黄燕	上海历史的变迁与发展	云南来沪教师	2023.9
毛伟勇	核心素养背景下单元教学的载体设计	虹口区教师进修学院	2021.10
	以劳动技术学科德育教学指导为导向的七年级线上教学单元教学设计	普陀区全体劳技教师	2022.5
陆莉莉	让阅读滋养孩子的心灵——儿童阅读潜能开掘的实践研究	上海市骨干教师	2021.4
	从0到1实践与探索——以"三个助手"平台试点推进学校数字化教育转型	上海市校长暑期培训	2022.6

（续表）

姓名	讲座名称	讲座对象	讲座时间
高翔	素养育人视域下的课程实践探索——例谈陶艺项目课程	上海市校外课外教师	2021.11
	基于指南的教学用书编写实践思考	上海市校外课外教师	2022.3
	陶艺项目课程资源包建设的思考	上海市校外课外教师	2022.11
	新课标背景下课外校外课程的开发实践——以陶艺教学用书为例	上海市校外课外教师	2023.4
江练	从高考评价看完中作文教学	普陀区高三语文教师	2021.9
	双新背景下高中文言文教学策略	普陀区高中语文教师	2022.11
宗华	利用多模态语篇开展高中英语视听说课的教学实践	松江区高中英语教师	2023.3
	高中英语阅读词汇教学研究	普陀区、松江区高中英语骨干教师	2023.4
	立足课堂,用教研助力青年教师成长	上海师范大学陕西校长班	2023.4
	以"课例研究"推进深度教研提升教师专业能力	松江区高中英语教师	2023.11
	读写结合的教学实践	浦东新区高一英语教师	2023.11
	"教—学—评"一体化的理念与实践	松江区高中英语教师	2023.12
陆高原	学习科学视角下化学课堂教学评价的实践研究	普陀区全体化学教师	2023.11
	应用信息技术发展学生学科核心素养	普陀区全体化学教师	2022.11
夏志华	必修2—第二章—第三节 信息系统中的计算机网络	普陀区全体高中信息技术教师	2022.4
	整体架构,有效互动,综合引领——信息技术单元复习课案例分享	普陀区全体高中信息技术教师	2022.5
	素养导向下的单元作业设计—以必修2第二单元分析信息系统为例	孙时敏特级教师工作室、夏志华学科带头人工作室全体人员	2022.6
	信息技术学业合格考主观题情况与教学建议	孙时敏特级教师工作室全体人员	2022.10

（续表）

姓名	讲座名称	讲座对象	讲座时间
	智慧校园建设经验分享	云南东川一中全体备课组长	2022.11
	找依据·重实践·强反思——我们这一年双新教学行动研究之路	普陀区信息技术全体教师	2022.11
	读教材·用教材·评教材——高中信息技术教材(华东师大版)研讨会	高中信息技术教材(华东师大版)编写组	2022.12
	为未来而教,为未来而学——信息技术双新教学实践探索与反思	张汶、沈红霞、夏志华学科带头人工作室全体成员、普陀区高中信息技术教师、东川一中信息技术教研组	2023.4
	信息科技核心素养水平的一体化梳理——义务教育课标学习交流	普陀区、虹口区全体高中信息技术教师	2023.4
	基于教学评一致性的高中信息技术教学设计案例	普陀区全体高中信息技术教师	2023.6
	2023年信息科技学科学业水平合格性考试评价意见	孙时敏特级教师工作室全体人员	2023.8
	必修一第二单元算法与程序实现的教学实践与思考——基于教学评一致性的教学设计	普陀区全体高中信息技术教师	2023.10
余晓东	曹杨中学线上体育教学	普陀区初中体育教师	2022.4
	高中体育与健康学科居家在线教学经验与问题	普陀区高中体育教师	2022.4
周骏蔚	变——今天我们如何开展网络教研	金山区幼儿园业务园长、教研组长	2021.1
	应对现实挑战探索教研转型	虹口区保教主任	2021.4
	透过评估指南,看游戏这些事儿	嘉定区暑期师训课程、嘉定区幼儿园教师	2021.8
	协商 共育 共长——幼小衔接中协商式家园互动模式的构建	上海市深入推进幼小科学衔接首批系列讲座,全市小幼教师、校园长	2022.3

（续表）

姓名	讲座名称	讲座对象	讲座时间
	高质量学前教育工作背景下的园本教研与教师发展	普陀区教育系统"十四五"学前教育工会主席培训班	2022.6
	改变始于对话——对话视域下普陀区幼儿园户外活动项目的研究思考	青浦区幼儿园业务园长、高研班学员	2023.5
吴华清	如何胜任学校科研主任岗位	上海市教科院组织的杭州市滨江区科研骨干高端研修班	2023.12
	从问题到课题——一线教师小课题选题与方案设计	云南省昆明市三县区义务教育学校教师代表团	2023.9
	教师怎样做调查研究——调查研究的设计、实施与报告的撰写	内蒙古自治区包头市昆都仑区专家型名师培养对象高级研修班	2020.10
	双新背景下学校科研管理的规范和创新	虹口区高中学校科研主任和科研骨干班	2022.10
	如何做学校队伍建设规划	上海市双名工程攻关基地、普陀区新上岗干部培训班	2021.5
	中小学教师如何进行课题选题	上海市阿基米德名师E课堂	2018.12
	教师如何做调查	普陀区十三五第二、三、四期中青年骨干教师培训班	2017.6 2018.6 2019.6

附件8:拔尖教师工作坊部分学员市区级培训课程情况

姓名	课程名称	课程类别	授课对象
鲍丽倩	文字材料在中学历史教学中的运用	上海市网络课程	中学历史教师

（续表）

姓名	课程名称	课程类别	授课对象
	文学艺术类材料在中学历史教学中的运用	上海市网络课程	中学历史教师
刘琪	关键教育事件与幼儿园教师的反思有效性	普陀区师训课程	幼儿园教师
	教学合作，让学习更快乐	普陀区师训课程	幼儿园教师
谈俊	基于学生自主学习的思想政治课有效教学环节的研究	普陀区"十三五"师训课程	全区思政课教师
俞文珺	孩子，你会倾听吗？——3～6岁幼儿良好倾听行为的培养	"十三五"市级共享课程	上海市教师
	基于问题的规范培训——见习教师培训	上海市见习教师规范化培训通识类课程	市区见习规范化教师
	为了新教师的教学生涯	上海市见习教师规范化培训通识类课程	市见习规范化教师
李显军	魅力本草园	普陀区教育学院师训课程	普陀区在职教师
吴钟铭	巧用协作文档提升学生写作	上海市师资培训中心市级培训课程	上海市初中教师
	传记阅读指导课	上海市教委教育技术装备中心市级培训	上海市初中数字化转型培训教师
	初中语文项目学习支架设计	上海市教研室市级培训交流	上海市双名基地学员培训
	赋能写作指向深度（视频培训案例）	上海市教委2020年中小学校园长暑期培训	上海市校园长
黄燕	上海历史的变迁与发展	学科素养	普陀区中小幼教师
毛伟勇	项目化学习在劳动技术学科的实践与探索	知识技能	普陀区全体劳技教师
高翔	换个角度学陶艺（网络）	知识技能	上海市中小幼教师
	指向核心素养的陶艺教学设计	师德素养	上海市课外校外教师
	陶艺赏析与制作	师德素养	上海市课外校外教师
	一起学陶艺	师德素养	上海市课外校外教师

（续表）

姓名	课程名称	课程类别	授课对象
	手作——生活陶艺	师德素养	普陀区中小幼教师
	走近玻璃艺术	师德素养	普陀区中小幼教师
	走进陶艺教学	师德素养	普陀区中小幼教师
吴华清	一线教师如何做课题	知识技能	普陀区中小学教师

附件9：拔尖教师工作坊部分学员市区级课题立项情况

姓名	课题名称	课题来源	课题级别
周瑞山	核心素养视角下的高中生命科学合格考逆向教学设计实践研究	2018年普陀区教育科研一般课题	区
董亚男	新高考背景下普通高中"主题式"英语听说教学实践研究	2018年普陀区教育科研一般课题	区
谈俊	集团化办学背景下初高中思政课教学一体化的实践研究	上海市学生德育发展中心等	市
	新高考改革背景下思想政治学科社会实践的行动研究	普陀区教育局	区
俞文珺	传统文化背景下幼儿园"品性养成"活动设计的实践研究	普陀区重大项目《以核心价值观为主导，区域推进中华民族传统美德"双创"实践研究》的子课题	区
	社会主义核心价值观视域下绘本融入幼儿价值观启蒙教育的实践研究	普陀区教育科研2019年度重点课题	区
	项目名称一：以品性月庆活动为载体渗透品性养成教育的实践研究；项目名称二：幼儿园品性养成教育俞文珺课程资源开发与利用的实践研究	上海市提升中小学(幼儿园)课程领导力行动研究(第三轮)项目学习	市

（续表）

姓名	课题名称	课题来源	课题级别
	幼儿园"分享"主题活动应用的实践研究	2020 年普陀区教育科研成果推广应用课题	区
李显军	促进学生高阶思维发展的对分课堂实践研究	上海市教育科研市级课题（立项编号为 C20062）	市
吴巧玲	新高考背景下基于分层教学的中学化学教学实践研究	区级一般课题	区
	中学化学基于信息技术实现个性化学习的实践研究	区级一般课题	区
吴钟铭	学习者视角下初中语文课例研究	上海市师资培训中心	市
	技术赋能语文项目学习课例研究	上海市教师教育学院	市
胡云燕	数智融合的中职旅游专业教学评价研究与实践	2022 年上海市中等职业教育课程与教学改革研究课题	市
黄燕	初中历史教学中以邮票为载体落实"四史"教育的探究与实践	2021 年度普陀区教育科研一般课题	区
秦瑞波	小学科学幼小衔接阶段科学素养培养研究与实践	2023 年普陀区教育科研一般课题	区
毛伟勇	初中劳动技术学科项目化学习的设计与实施研究	2021 年普陀区教育科研一般课题	区
陆莉莉	基于适合教育理念的学校大阅读教学模式创新的研究	2022 年普陀区教育科研一般课题	区
高翔	陶艺项目课程活动资源包建设的实践研究	2021 年上海市课外校外教研科研一般课题	市
周瑞山	基于"2234"教学模式实践中提升学生学习力的研究	2021 年普陀区教育科研一般课题	区
江练	双新背景下高中文言文教学策略推广应用研究	2021 年普陀区教科研成果推广课题	区
宗华	单元视角下的中学英语阅读　教学设计与实践研究	普陀区教育科研一般课题	区

（续表）

姓名	课题名称	课题来源	课题级别
	核心素养为向导下的小学英语延伸阅读教学实践研究	2021—2022年上海市中小学、幼儿园校（园）长、教师赴外籍子女学校伙伴研修	市
	指向核心素养培育的新教研	2022年上海市教育委员会教学研究室深度教研项目	市
陆高原	基于学习科学与信息技术的再造教学模式与流程的实践研究	2023年普陀区教育科研重点课题	区
夏志华	基于"空中课堂"资源的线上线下课程教学的融合研究	2022年普陀区教育科研一般课题	区
余晓东	践行"双新"下的篮球大单元教学设计与实施研究	2023年普陀区教育科研一般课题	区
周骏蔚	健康教育理念下区域学前幼儿健康教育活动的优化研究	2021年上海市教育科学研究项目	市
	对话视域下幼儿园户外活动环境创设与教师支持	2023年上海市全面建设高质量幼儿园成果孵化项目	市
吴华清	基于工作坊提升学校科研主任岗位胜任力的实践研究	上海市教育科研项目	市
	学校变革的路径与策略：基于甘泉外国语中学的案例研究	上海市教科院普教所合作项目	市

附件10：拔尖教师工作坊部分学员成果获奖情况

姓名	成果名称	奖项名称和等级	授奖单位
谢春君	变速器发电机电动机一体演示装置	上海市科技创新大赛一等奖、全国创新大赛二等奖	上海市科学技术协会、全国科学技术协会
	上海市中小学优秀作业设计	上海市作业设计案例试卷评选高中物理二等奖	上海市教委教研室

(续表)

姓名	成果名称	奖项名称和等级	授奖单位
葛伟	高中英语有效阅读教学的行动研究	第三轮普陀区教育系统专业发展指导团队考核总评优秀	上海市普陀区教育学院
		上海市特级教师	上海市人民政府
鲍丽倩	专著:中学历史学科育人实践研究	院学术成果评比综合奖金奖	普陀区教育学院
吴华清	中学教师工作生活质量的现状调查和对策研究	2018年上海市中小学幼儿园运用调查研究方法优秀成果评选一等奖	上海市教育科学研究院普通教育研究所
	基于核心素养培育的区域教师专业进阶研修体系开发与实施	2022年上海市优秀教学成果(基础教育类)二等奖	上海市教育委员会
	提升学校党政干部治理能力的实践研究	2021年上海市普教系统党建研究课题优秀成果二等奖	上海市普教系统,上海市党的建设研究会
	一线教师如何做课题	2021年普陀区教育系统十三五教师培训课程评优二等奖	上海市普陀区教育局
谈俊		上海市马克思主义理论教学研究"中青年拔尖人才"	上海市习近平新时代中国特色社会主义思想研究中心等
	高中政治学科带头人	第五轮普陀区教师专业发展团队高中政治学科带头人	普陀区教育局
	优秀作业评选	上海市中小学优秀作业、试卷案例评选三等奖	上海市教委教研室
俞文珺	传统文化视角下的幼儿"品性养成"课程开发与建设	中国学前教育研究会幼儿园课程与教学专业委员会"2018学术研讨会"论文征集活动中获得优秀论文一等奖	中国学前教育研究会、幼儿园课程与教学专业委员会
	品性随行,快乐成长	上海市教育科学研究院第六届学校教育科研成果二等奖	上海市教育科学研究院

姓名	成果名称	奖项名称和等级	授奖单位
	传承品德 蕴育品行	中华传统美德教育第28次研讨会科研论文一等奖	中华民族传统美德教育实验研究总课题组、中国伦理学会传统美德教育专业委员会
吴巧玲	尊重差异 丰富选择 提升素养——"网上走班"教学模式助推学生个性化学习的实践研究	第二届"上海市教育信息化论文大赛"一等奖	上海市电化教育馆
	核心素养导向下的化学等级考试题的编制与思考	上海市化学化工学会年会论文一等奖	上海市化学化工学会化学教育委员会
	单元作业设计案例	作为领衔人获"上海市中小学优秀作业、试卷案例征集评选"高中化学学科二等奖	上海市教委教研室
	信息技术拓宽学生学习时空实现个性化学习的探索	上海市教师案例、在线教育教学案例二等奖	上海市电化教育馆
吴钟铭	三千弱水取一瓢饮	全国中青年教师课堂大赛示范课特等奖	全国中学语文教学研究会
	家族传记写作	2019年上海市写作论文一等奖	上海市写作学会
	让别人看见——策划书撰写交流	全国新语文教学尖峰论坛二等奖	浙江师范大学
	优秀教育经验萃取课程化案例	优秀学员奖	上海市师资培训中心
	语文项目学习资源设计	第十三届全国新语文教学尖峰论坛论文评比一等奖	浙江师范大学
江练	照镜子	2021年上海市中小学"四有好教师""我和于漪老师的故事"主题征文二等奖	上海市师资培训中心
	核心素养视角下高中文言文教学实践研究	2024年普陀区第十四届教育科学研究成果二等奖	上海市普陀区教育局

（续表）

姓名	成果名称	奖项名称和等级	授奖单位
	在体验中感知媒介,在反思中提升素养	2021年黄浦杯"温暖的教学"征文比赛区二等奖	上海市普陀区教育局
宗华	基于中学生英语词汇学习问题诊断的研修实践	2023年"指向核心素养培育的新教研"案例评选优秀奖(第一名)	上海市教师教育学院
陆高原	普陀区园丁奖	2021年普陀区园丁奖	普陀区教育党工委、区教育局
	"苯的知识园"——基于局域网的交互式学习平台	2021年上海市中小学信息化教学应用交流展示活动(基础教育组)　课件二等奖	上海市电化教育馆
	一种特殊的碳氢化合物——苯(第一课时)	2021年上海市中小学信息化教学应用交流展示活动(基础教育组)　微课三等奖	上海市电化教育馆
	利用数字化教学资源设计组织学生活动	2021年上海市中小学信息化教学应用交流展示活动(基础教育组)　融合创新应用教学案例三等奖	上海市电化教育馆
	1 mol气体体积测定的再研究	2021年新媒体新技术教学应用研讨会暨第十四届全国中小学创新课堂教学实践观摩活动"典型课例"	中央电化教育馆
	化学教学中应用信息技术促进学生学习方式转变的实践研究	2022年主持的区级一般课题结题,鉴定结果:良好	普陀区教育局
		2023年被评为西藏自治区"全区优秀教师"	西藏自治区人民政府
	数据驱动的高效精准教学——以"气体摩尔体积测定的再研究"为例	2023年上海市中小学信息化教学应用交流展示活动(基础教育组)　数据支持的精准教学课例一等奖	上海市教师教育学院(市教委教研室)

(续表)

姓名	成果名称	奖项名称和等级	授奖单位
		2023 年西藏自治区"全区铸牢中华民族共同体意识模范个人"	西藏自治区教育厅、西藏自治区民族事务委员会
	利用数字化教学资源驱动个性化教学的实践研究	2023 年上海市中学化学教师论文评比一等奖	上海市化学化工学会化学教育专委会
	真情浇灌格桑花 同心共筑中国梦	2023 年上海市中小学(中等职业学校)开展铸牢中华民族共同体意识主题教育实践典型案例征集评比活动二等奖	上海市教育委员会德育处、上海市民族和宗教事务局民族二处
	数据驱动的高效精准教学——以"气体摩尔体积测定的再研究"为例	第 27 届全国教师信息素养提升活动中获融合创新应用教学案例创新作品奖	教育部教育技术与资源发展中心(中央电化教育馆)
余晓东	式微与重塑:探寻"双减"背景下学校体育德育渗透路径	2022 年长三角中小学学科"德育论坛"征文综合组二等奖	"2022 年长三角中小学学科德育论坛"征文活动组委会
周骏蔚	了然方寸 铸"优"教研	上海市基础教育教研员论文评选三等奖	上海市教育委员会
	"健康优先"理念的区域落地与推进研究	2022 年上海市优秀教学成果(基础教育类)一等奖	上海市教育委员会

下篇

绽放时刻：工作坊学员的成果与风采

第七章　从文化的多样性谈国际视野与爱国情怀

在世界的广阔舞台上，多样的文化犹如五彩斑斓的调色盘，为我们描绘出一幅幅绚丽多姿的画卷。2019年5月，拔尖教师工作坊学员们齐聚一堂，共同探讨文化多样性如何助力我们培养具有国际视野与爱国情怀的下一代。

文化，是民族的灵魂，是历史的积淀。它不仅是艺术的瑰宝，更是教育的源泉。在这个全球化的时代，文化多样性为我们提供了宝贵的教育资源，让我们在欣赏不同文化之美的同时，培养学生的国际视野与爱国情怀。

国际视野，意味着我们要有跨越国界的眼光，理解并尊重世界各地的文化与差异。这要求我们引导学生放眼全球，拓宽思维，从多角度看待问题，以包容的心态去拥抱世界的多元。

爱国情怀，则是对祖国的深厚感情和热爱。它让我们铭记自己的根与魂，坚定文化自信，为祖国的繁荣富强贡献自己的力量。在培养学生国际视野的同时,我们更要注重培养他们的爱国情怀,让他们成为既有国际眼光又有民族情怀的优秀人才。

拔尖工作坊以论坛为平台,组织学员围绕"文化的多样性与国际视野、爱国情怀教育"这一主题展开深入讨论,共同分享教育经验,碰撞思想火花,为培养具有国际视野与爱国情怀的下一代贡献智慧和力量。

以疑促思,辨中求真

金　薇

习近平总书记在北京大学师生座谈会上深情地指出:爱国,是人世间最深层、最持久的情感,是一个人立德之源、立功之本。要做到爱国,首先必须了解自己的国家,要有强烈的国家认同感,了解中华民族历史,秉承中华文化基因,要有民族自豪感和文化自信心。无论时代如何飞速发展,我们都必须坚守文化之根,民族之魂。

梁漱溟先生在《中国文化要义》中有言:"历史上与中国文化若后若先之古代文化,如埃及、巴比伦、印度、波斯、希腊,等等,或已夭折,或已转易,或失其独立自主之民族生命。唯中国能以其自创之文化绵永其独立之民族生命,至于今日岿然独存。"中华民族之所以能够在几千年的历史长河中顽强生存和不断发展,其中一个很重要的原因,也正是源于中华文化的源远流长,以及在文化中积淀下来的中华民族最深层的精神追求。它为中华民族的生生不息、发展壮大提供了精神滋养。绵永之力如何在漫长的时间里将偌大的民族文化保留发展? 传承应该是主要的方式。传,傳,遽也,以車馬給使者也。"传"就是记录、保护、保存、延长、延续。承,承,奉也,受也。"承"就是继承、发扬、延续,还包括转化和创新,需要选择和辨析。

今天,身为教育者的我们立足当下,思考"文化多样性背景下培养学生世界视野和爱国情怀"这个命题时,我们首先要有这样的意识:教育的重要任务是向受教育者传承本国的优秀文化和人类的精神文明。在文化传承中培养学生的爱国情怀,在对人类文明的欣赏与汲取中培养学生的世界视野。明确教师身上肩负的"传承"重任,我们更要有对如何更好传承的思考。

在越来越全球化的当下,面向学生的未来,民族的未来,我们应该培养学生理解、尊重、包容的心态,认识到文化的多样性和差异性,要培养他们的全球视野,理解我国与世界发展的关系。作为教师,要能够认识到人类文化的多样性以及关联性,更要思辨认识本民族的传统文化。只有当我们对民族文化发展历程及未来有充分的认识后,才有可能在文化多样的当下建立文化自觉,也才有可能形成坚定的文化自信与民族自豪感。

我们必须要有中华文化的主心骨,要有"中国心"的立场。"中国心"的立场,并不是墨守成规,生硬接受,而是要用传统文化的优秀基因滋养人,将"传统文化"变为"我"之现代人前行需要的养料,助推"我"在当代社会前行。通过秉承中华传统文化中的优秀基因来造就培养青年一代的爱国心,是可行的路径。

那么,在高中语文教学中,我们该如何在文化多样性背景下培养学生的世界视野与爱国情怀?

首先,引导学生认识到人类文化的多样性以及关联性,构建学生的"文化自觉":生活在一定文化历史圈子的人对其文化有自知之明,并对其发展历程和未来有充分的认识。如费孝通先生所说"只有在认识自己的文化,理解并接触到多种文化的基建上,才有条件在这个正在形成的多元文化的世界里确立自己的位置,然后经过自主适应,和其他文化一起,取长补短,共同建立一个有共同认可的基本秩序和一套多种文化都能和平共处、各显所长、联手发展的共处原则。"这样的文化自觉既是对本民族传统文化的传承,也是面向未来,面向世界的。

其次,尊重学生认识过程中产生的困惑和怀疑,教师带领学生经历"以疑促思、辨中求真"的学习过程,在思辨中理解,在理解中认同,最终,引导学生建构对传统文化的自信——对自身文化价值的肯定,对民族传统文化的认同。这种肯定及认同,对于高中学生而言,不能靠教师的"灌输",因为今天的学生面临着铺天盖地的信息,面临着多元文化、各种价值观的冲击,同时高中生正处于"怀疑与重构"的时期,他们不会轻易接受教师的告知,更希望通过审视分析,最终形成自己的价值判断。

"以疑促思 辨中求真"的审辨式思维的培养符合世界文明对"人"的要求,也面向学生未来。思辨认识中华传统文化,有助于学生全面了解与理解他所处的民族文化,在这个基础上建立起来的文化自信是深刻的,爱国情怀是坚实的。接下来,用一个教学关键事件来阐释我的上述思考。

《廉颇蔺相如列传》是经典文言篇目,曾出现在教材"传统美德"单元,导语中写道"忘记自己历史的民族,难以自立于世;丢弃传统美德的人,绝不是真正意义上的现代人。"

整理学生的阅读反馈,不少学生提出了类似的问题:蔺相如的做法是否太偏激? 是不是太冒险了? 是不是有点投机? 我们发现,学生对蔺相如的"智和勇"是持保留意见的,对秦王的表现与他们接受"秦国强大"的观念是不能理解的,对于"先国家之急而后私仇"基本没有深刻体会。

从学生阅读困惑起步,思考困惑,从文字间寻找证据,在历史坐标中还原,深入理解,基于分析之上形成自我判断,加深对文章所蕴含的民族传统美德的认识。流程如下:

一、反馈预习作业中提问,并做归纳。

二、从解惑起步,结合文章,审视辨析。

惑:是个冒险主义者?

辨:真是个冒险主义者?

三、历史坐标中,深入辨析,明其价值。

析:战国背景下看"国家意识"的可贵;

　　"士文化"坐标中看"先国家之急而后私仇"的可贵。

四、结合文章,辨析中建构"我的认识"。

思:谁成就了他的精彩?

得:历史的偶然与必然……

把节选的课文放入整篇去看。虽然题目是《廉颇蔺相如列传》,但是一改以写个人生平为主线的模式,转而写赵国军民保卫赵国的模式,以集体合传的形式表现爱国精神。

把篇章放在历代评价中去看。肯定派从司马迁开始；批评派以司马光、王世贞为代表，当代也有追随者，他们大多认为蔺相如是冒险主义者，为了功名置赵国于危险中。这些都构成了认知矛盾，解决矛盾从文字细读开始，从"看见—发现"中重新认识"智和勇"。审时度势的大智，是在忠义基础之上的大智，而其勇也非逞一时之能，也是基于其"智"之上。

把"先国家之急而后私仇"放在战国时期"士"的坐标中看，彼时的"士"把功名看得比生命重要，他们普遍的心态，大抵是顾私利而忘公义。那个时期普遍没有"国"的观念，故而，在那样一个追逐利益的时代，蔺相如能够有"先国家之急而后私仇"的意识是难能可贵的，这或许也是让高傲的廉颇心悦诚服之处。因为论智论勇，蔺相如或许都不是他心中的英雄，但是"先国家之急而后私仇"的精神让廉颇看到了自己的"小"。同时，我们会发现"先国家之急而后私仇"又何止他一人，廉颇、缪贤等人也是国为先。该列传的独特就在于以集体合传的形式写赵国军民保卫赵国，这种爱国的精神成就了赵国，也成就了这段历史中的人物。

带着疑问，从文字读懂文章，在还原历史语境中了解文化，爱国精神对于学生来说就不会只是一个标签，而是一段可歌可泣的历史，一群有血有肉的历史人物、一段直指灵魂深处的叩问——在和平的当下，我们将如何面对"先国家之急而后私仇"。只有当学生对传统文化有了自知之明，对其发展历程有了充分的认识，才会产生一种自发的民族自豪感，以及自然生发出的爱国情怀。以疑促思和辨中求真的方式带领着学生走进传统文化，如此既建立了文化自信，也建立了学生与世界接轨的思维方式。

立足于面向民族未来的教育，面向世界未来的教育，立足于培养有中国心的现代文明人，面对"如何在文化多样性的背景下培养学生的国际视野和爱国情怀"这个问题，我们可以做出如下回答。

一是守正。守民族传统文化中的优秀基因，守学生面向未来的能力。

二是笃实。用语文的方式，从文字到文章到文化，从阅读困惑起步到重新发现到形成判断,在历史还原中,从看见到发现,以疑促思,辨中求真。这种审辩式思维也是目前世界各国重点关注的思维,它直接指向学生的未来,指向世界的未来。

三是久久为功。"情理互见共生"——明大理、明正理、有大情、正情,在审辩中深度认同民族文化,形成文化自信,培养爱国情怀。当我们培养的学生有中国情怀、中国心,对中国优秀传统文化有归属感、认同感和自豪感时,他们也将能够带着文化自信走向世界舞台。

传统文化密林中的"引路人"

吴钟铭

文化是民族的血脉,是人民的精神家园。文化自信是一个国家、一个民族发展中最基本、最深沉、最持久的力量。在对语文课如何传承文化、传承怎样的文化的深入思考中,我逐渐意识到,语文课,首先是一门蕴含优秀传统文化的课。同时,它也是一门蕴含着作为语文教师的理想、信念、情感和态度的课。

一、以文化自信,植根文化沃土

对于语文学科作为传承文化的课程价值认知,随着语文教学岁月的磨洗,于我渐渐地变得清晰起来,也慢慢地形成了一些引领学生进入语文大门,品悟语言文字背后的深刻意蕴的文化之道。

对初中生而言,由于他们对文化优劣的甄别能力较弱,很容易在文化选择中迷失自我,从而导致文化自信的丧失,最终影响价值观念的形成。文化自信的培育对于学生自身文化底蕴的形成以及终身发展都具有重要意义。学校作为文化传承的重要基地,语文课程以其独特的文化属性和文化使命,承担着培养学生文化自信的责任。

　　每接一次新的班级,第一堂语文课上,我总是以自豪的语气做一次语文学习的导语。有时是讲述一个汉字的来历,有时是揭示源远流长的汉文化与我们现实生活的关系,有时也会讲语言之美,又或者文字背后的趣味文化内涵,直到听讲的学生眼睛明亮起来,这节课才算完成。我十分注意以自己的"情动而辞发"去激发学生读文章时"思接千载,神驰千里"地走进祖国传统文化的丰富情感世界。例如,讲辛弃疾词作品时,我常常动情神往辛弃疾以五十骑冲进金军大营活捉叛徒的故事,这时我发现教师的激情对于推动学生热爱语文和传统文化是非常重要的。所以,语文学科的文化价值是丰富且又深藏于语言背后的,需要语文教师带领学生沉潜、玩味语言;读懂、读透文本,方能发现、感受语文的文化魅力。

二、以文化之美,培养文化自信心

　　在中国传统文化国学精品中,《史记》是取之不尽的思想源泉,是培养爱国主义和民族自信心的珍贵文化遗产,有着重要的民族凝聚作用。《史记》的作者司马迁,也是岁月这条大河中的一颗璀璨的宝珠。司马迁秉承崇高的理想和坚定的信念,忍辱负重,历经十四载,穷尽毕生精力,以求知、求真、求实的态度,最终著成"其文直,其事核,不虚美,不隐恶"的不朽经典,完成了光耀后世的《史记》。

　　《周亚夫军细柳》一文,节选自《史记·绛侯周勃世家》。司马迁记述历史人物,不仅忠于史实,而且能积极运用史料以突出人物的性格特征。本文以天子汉文帝劳军的行程作为主线,详细记叙了汉文帝在细柳营的劳军过程。对于天子在霸上、棘门军营的劳军,作者仅仅是一笔带过,却与下文天子在细柳营劳军遇到的情形形成鲜明的对比。

以往许多设计多数是从周亚夫军纪如何严明入手？但是《史记》的文言之美，往往是通过别致的笔法呈现出不一样的文化观。作者正面写周亚夫的只有一句话，对汉文帝的描绘却着墨较多，并以汉文帝的视角详写了周亚夫的治军结果。从军中士兵的反映、天子的反映的差别中，可以推测出天子对周亚夫渐生出的钦佩之情，周亚夫治军严明、忠于职守、刚正不阿、不卑不亢的"真将军"形象也跃然纸上。对于八年级学生来说，通过预习能够初步感受到周亚夫治理下的细柳营军纪严明。因此，引导学生通过梳理天子劳军过程中态度的变化，分析对比、烘托对塑造人物特点的作用，推测作者的态度是教学的重难点。

设计中我让三个学生读文帝的话。一个学生读"嗟乎，此真将军矣！"——赞叹。然后接下来一个读"曩者霸上、棘门军，若儿戏耳"——叹息、贬斥。然后接下来"至于亚夫，可得而犯邪"虽然是感叹号，但是语气要上去，要稍微深一点。然后分析文帝对周亚夫由赞叹到了什么其他态度？周亚夫这种人是凛然不可犯的。所以联系皇帝前面的行为才是怎么样？使节持节，想要进去劳军，然后按辔徐行，请以军礼见。"按辔徐行、请以军礼"，都是在战备情况下，都是大人边的情况，是战争情况下，可见，细柳营军纪跟前面两军完全不一样。汉文帝这里之所以"为动"，不是被他的这种军礼见感动，而是被周亚夫这种军纪严明所感动，是心里面从松弛状态到紧张的状态的变化。

我认为，古代散文教学首先要体会作者主观情感流淌的过程，并探究其中的"自我"人生感悟与文化内涵，将感性与智性融为一体。另外，作者是怎样把感情渗透在字里行间的？我们从中可以感受到怎样的灵魂？在与作者进行心灵对话的过程中，我们获得了什么启迪？这些才是古代散文教学的重点。我们要使古代散文教学散发出浓浓的"人"的味道，这也是古文教学的核心价值。领悟作者对人生坎坷、命运沉浮的反思以及意厚神凝、情聚思沉、蕴藉含婉、深沉通脱的文学语言。由此，这个文本的深度的核心文化价值便被挖掘出来了。

三、以思维的"演进",探求文化价值的取向

思维,是语文学习的重要内容,让课堂更加充实,让学生的发展空间得以飞舞灵性。一个精妙的问题,如一粒石子投入湖心,激起思维的涟漪向宽阔的空间弥散;一个独具匠心的教学设计,能为学生提供丰富的想象空间与意义领域,让学生的思维多向发展,在自由思考的灵性空间生发智慧,锐意创新。语文学习质量高低往往表现在学习者的思维品质的高低上。

在上述《周亚夫军细柳》课例中,我是这样设计的:

生:齐读汉文帝的三句话,体会语气。

小结:汉文帝在细柳劳军,面对"不得入""不得驱驰"、将军"持兵揖""不拜,以军礼见"的情形时,他的态度反倒越来越谦和,直至敬重、钦佩、赞赏。这一态度变化的根本原因,在于他被周亚夫治军严明的才干和不卑不亢的高尚品德所折服。天子将霸上、棘门军与细柳军进行了比较,并从从军士吏的表现推断周亚夫的治军才能,将群臣的表现看在眼中,使对亚夫的认识不断加深。写天子的表现,实则是为了进一步烘托周亚夫的形象。通过上述分析讨论,周亚夫的人物形象一步步鲜明起来。

【板书:衬托】

推测作者的态度,明确章法布局。

师:现在应该可以回答,为什么文章第一段交代军事防御部署时,原文三个分句用了两个"以"? 这样的表述背后是不是也暗含了作者的情感倾向?

【PPT 显示】

原文:乃以宗正刘礼为将军,军霸上;祝兹侯徐厉为将军,军棘门;以河内守亚夫为将军,军细柳;以备胡。

改文1:乃以宗正刘礼为将军,军霸上;以祝兹侯徐厉为将军,军棘门;以河内守亚夫为将军,军细柳;以备胡。

改文2：乃以宗正刘礼为将军，军霸上；祝兹侯徐厉为将军，军棘门；河内守亚夫为将军，军细柳；以备胡。

明确：原文的表述暗示了人物分类：宗正刘礼、祝兹侯徐厉是一类，河内守亚夫是一类。结合职务身份，宗正、祝兹侯这样的官员，在治军方面还是有所欠缺的。还暗示了作者的写作重点，并与文末的评价相呼应。

小结：作者详写了汉文帝在细柳营的劳军过程，略写了在霸上和棘门的情形；详写了汉文帝对三处军营表现的评价，略写了群臣的反映，运用对比、烘托，塑造了周亚夫治军严明、不卑不亢的"真将军"形象，对亚夫是赞赏的。

这样的设计是在激发学生在阅读中思考，引导学生推敲语言文字背后的意蕴；关注文本叙事特点和语言形式背后的思维逻辑；进而抵近文本所蕴含的文化价值。

在五千多年文明发展中孕育的中华优秀传统文化，积淀着中华民族最深沉的精神追求，是中华民族独特的精神标识，是中华民族生生不息、发展壮大的丰厚滋养，是中国特色社会主义植根的文化沃土，是当代中国发展的突出优势，对延续和发展中华文明、促进人类文明进步发挥着重要作用。因为我深刻体会到一堂好的语文课能给人带来思维与语言品质的长进，也能带来审美与文化的提升。

我，乐于做一名传统文化密林中的"引路者"。

邂逅"木兰"，找准语言教学的支点

董亚男

在全球化的背景下，不同国籍、不同地区、不同种族和文化背景的人们越来越频繁地进行着直接和间接的接触和对话,文化交流打破了空间限制,拥有敏锐的跨文化意识和较强的跨文化交际能力是这种交流能否成功的决定性因素。对于外语学习者来说,学习一门语言也意味着学习一种文化,英语教学要想实现有目的、有计划的跨文化教学,就必须要尊重不同的文化,理解和学习不同的文化。同样地,外语学习还可以从跨文化视角加深对中华文化的理解,认知与传播中华文化也是我国学生学习英语的积极动机。

一、"木兰"插曲,肩负使命与担当

2015 年我校师生赴德国参加"中德友好学校"结为姐妹校十周年的庆典活动。主办方德国把中国著名的历史故事"花木兰"以音乐剧形式搬上舞台,并邀请我校师生共同演绎木兰从军过程中的几段故事。三场公演非常成功,吸引了教育部官员以及周边地区几千名观众前来观看,当地媒体也争相采访和报道此次演出盛况。然而,让我触动更深的却是德国学校对迪士尼版花木兰的演绎。与中国所崇尚的"修身、齐家、治国、平天下""天下兴亡,匹夫有责""先天下之忧而忧,后天下之乐而乐"文化不同,德国版的木兰推崇个人主义,追求自我与个人价值的实现,具有强烈的个人主义色彩。

当时我的心情很复杂,一方面自豪于中国传统文化被关注、被推广;另一方面又有点忧心忡忡:外国人真的了解我们的传统文化与文化精髓么? 再联想到自己的教学,在引导和培养学生理解、欣赏中国传统文化的独特性与魅力方面,我做了多少? 一想到这里,我内心有一种强烈的愿望:英语学习者的一项光荣且重要的任务就是要让外国人了解中国的传统文化、向世界传播中国独特的文化。这种责任感与使命感让我意识到英语教学中要有意识地渗透和融入中国传统文化的学习,以增强中国文化自我认同意识。

《普通高中英语课程标准(2017 版)》明确把"文化意识"定义为对中外文化的理解和对优秀文化的认同,是学生在全球化背景下表现出的跨文化认知、态度和行为取向。其目标在于培养学生"获得文化知识,理解文化内涵,比较文化异同,汲取文化精华,形成正确的价值观,坚定文化自信,形成自尊、自信、自强的良好品格,具备一定的跨文化沟通和传播中华文化的能力"。

根据一份高校对"中国文化融入中学教学现状"调查报告的显示,值得欣慰的是,学生虽然身处中西文化激烈碰撞的现实社会中,但对于中西文化的优劣以及个人文化身份与定位仍保持了较为清醒的认识。数据反映了学生对于中西文化差异的态度:中国文化博大精深、历史源远流长,中西文化各有千秋,应取其精华、弃其糟粕。从教师的教学来看,有76%的中学老师会在课堂引入环节提及目的语文化(英美文化),而仅34%的老师表示会在课堂引入环节提及中国文化;78%的老师表示由于自身对中西方文化知识认识的缺乏,而不能有效地对中西方文化进行对比。如何对待中西文化差异? 语言教学的支点在哪里?

二、理解本土文化,在相融中共生

要做一名合格的英语教师,我认为首先要对本土文化具有敏感性,要正确认识本土文化的价值和意义,正确认识它对于促进学生全面发展的重要作用。在此基础上,根据学习内容,寻找可以融入传统文化的切入点和可能性,以及学生"最近发展区",然后设计融入传统文化的教学过程与活动,最后评估中华文化融入成效。这样做不仅能够提高学生的英语学习能力,而且有利于中国文化的弘扬。举一个例子,学习节日(Festivals)单元时,以往我可能只关注文本告诉我们端午节吃什么、做什么……而现在我的设计里就会融入端午节的由来,屈原关注民众疾苦的态度,还有全世界各种龙舟活动及其态度的相同与不同。随后在教学结束后布置课后作业,让学生在自主、合作、探究中动手设计 Project(项目),通过查找资料,创设真实的情境,共同展现英语版的中国传统节日风俗,如pay a New Year call(拜年)、make dumplings(包饺子)、go to the temple fair(逛庙会)等。事实上,在我们教材中可融入中国文化的地方还有很多。以新世纪教材为例,如图7-1所示。

教材	课文主题	中国元素	切入口
B1U2	Global·Drinks（全球饮料）	Tea·cultures·in·China	茶文化
B1U4	Festivals·（节日）	China's·Festivals（中国节日）	非物质文化遗产保护
	Thanksgiving·Day（感恩节）	the·Mid-Autumn·Festival（中秋节）	
	Valentine's·Day（情人节）	·Chinese·Valentine's·Day（七夕节）	
B2U1	Places·of·interest（旅游名胜）	Shanghai·Grand·Theatre（上海大剧院）	中国建筑之美
B2U2	Sydney·Harbor·Bridge（悉尼大桥）	The·Bund（外滩）	海派文化的独特性
B2U5	Toscanini（托斯卡尼尼）	Lang·Lang（郎朗）	中国著名音乐家
B3U3	The·Olympic·Games（奥运会）	The·Olympic·history·of·China（中国成就）	奥运历史与运动员
B3U4	Science·and·Technology（科学与技术）	Tu·Youyou·/·Yuan·Longping（屠呦呦/袁隆平）	中国科技发展

图7-1 英语教材中可以融入的中国元素

作为一线教师,要熟悉教材编写体系,充分挖掘教材中的中华优秀传统文化素材,充分利用教材的各个板块内容,将中华优秀传统文化内容渗透进课堂教学的各个环节中。

国际化与本土化不是一对不可调和的矛盾。事实上,只有国际化与本土化的有机结合才能使得英语成为跨国、跨文化交际的有效媒介。"和而不同,和而共生"是我们在文化交流中对待中西文化差异的态度。通过设计多种语言学习活动,让中西文化在教学中相融与共生,这便是我所理解的教学支点。

三、尊重文化差异,在碰撞中共情

随着教育国际化发展,学校国际交流日益增多,我们总会面临一些来自不同文化认知和理解上的冲突。作为教师,始终要坚持并提醒学生尽可能地保持客观中立的态度,明白文化差异的重点是"异"而非"差"。

著名学者董霄云曾指出:"教师不仅要向学生传授西方文化,而且要引导他们深入了解中国文化。两种文化相遇，只有区别没有优劣；尽量去理解、容忍、接纳对方，而不是排斥、敌视、污蔑对方。"要让学生们相信这个道理：任何文化都是可以被理解掌握的，同时任何文化都有其存在的理由。

英语的文化背景不同于中国的文化背景，因此，在英语教学中，教师要注意在语义和词汇上的表达方式与表达效果。在高中英语教学中进行中国文化渗透，要建立在了解自己的母语文化的基础上，再去了解西方文化。

在语言学习过程中应理解与尊重不同语言间的文化差异，求同存异。除了上面所说的中西文明的一些共性之外，应对中西文明中的核心思想进行深度理解、分析、总结、归纳、比较和评析，透视其中的根本异同，这样的文化分析与对比能够更好地帮助学生在日益多元的文化环境中认清自我与了解他人，所培养的合作和问题解决能力都是日后学生在解决所面临的诸多难题过程中的关键能力。举一个例子，墨西哥的"the Day of the Dead（亡灵节）"，它让我们看到中西文化中人们对于"death"的不同理解。《Coco》电影里关于节日的每个细节都透露着浓浓的墨西哥文化，热烈而又深情，欢快而又悲伤，让人在欢笑哭泣之余感受到背后朴实的温情。

这个真实的经历给我们带来的启示是：在语言学习过程中要能够辨析文化差异，以共情的方式来理解他国文化。因为只有通过对中西方文化的比较、选择、借鉴和交流，学生才能掌握文化之间的共性，正确理解文化之间的不同，最终达到跨文化教育这一目的。

最后，我想以著名学者王守仁先生的一段话来结束本文："21 世纪迎来中国文化的复兴，将进一步增强中国传统文化的强势地位。中国文化本身是开放和发展的，需要吸纳外来优秀文化的养分，在与外国文化的接触、交流和碰撞中显示其勃勃生机。在外语教育中，我们坚持中国文化立场，具有文化自觉，通过比较中外文化，善于引导，可以进一步增强青少年的民族认同。"

经典养心，文化润德

李岩

　　文化是一个国家、一个民族的灵魂。中国传统优秀文化博大精深，在学生中加强中华传统文化教育，对于帮助他们了解基本国情、实现文化积淀、传承民族精神、培养家国情怀、增强文化自信，自觉践行社会主义核心价值观具有重要的意义。

　　教育部在关于《完善中华优秀传统文化教育指导纲要》中也明确提出对青少年要开展以天下兴亡、匹夫有责为重点的家国情怀教育。那么，如何将这个要求落实到我们日常教书育人的过程中，让青少年从中国传统文化的学习中生发出家国情怀呢？

　　作为班主任，我认为我们可以在班级文化建设的过程中渗透传统文化教育，通过整体设计的系列化的文化活动，把传统文化教育的总目标分层细化，按螺旋式上升体系分年级逐层推进落实，实现经典养心、文化润德的教育目标，激发学生对国家的民族自豪感和情感归属。

　　首先，通过经典品鉴活动，让学生感受中华文化之美，培养他们的国家亲切感和自豪感。在这个过程中要以培育学生对中华优秀传统文化的亲切感和自豪感为重点，以培养学生热爱中华优秀传统文化的感情为目标。比如在低年级汉字的认知过程中，我们可以用写汉字、看字释义、你说我做等活动形式，让学生体会汉字的形体之美；可以在书法比赛中，让学生体会汉字的结构之美；可以在初中阶段开展诗词诵读活动，带领学生与先辈对话，感受仁人志士为国为民的精神之美；可以在高中阶段开展古典名著精彩片段赏析，带领学生体会中国古典文学的意境之美。

　　然而，这些年随着中高考压力的加大，反复的抄背和过度精准的点字释义磨光了古诗词的魅力和灵气,学生几乎要谈诗文色变了。可喜的是近两年盛行的古风着实让古文经典又回归到学生群体。古风作品把古典音乐和流行音乐完美地融合起来,用现代人喜闻乐见的方式解读诗词,悠扬中有轻快,古典中有时尚,融音乐、舞蹈、古诗词等艺术描绘出一幅幅生动优美的画面。在完美地呈现经典的同时,激发了青年人对传统文化的兴趣和爱好。

此外,中央电视台的中国诗词大会也是学生喜闻乐见的传统文化品鉴活动。节目以"赏中华诗词、寻文化基因、品生活之美"为基本宗旨,力求通过对诗词知识的比拼及赏析,带动全民重温那些曾经学过的古诗词,分享诗词之美,感受诗词之趣,从古人的智慧和情怀中汲取营养,涵养心灵。由于节目集趣味性与知识性于一体,内涵与形式兼顾,传承与创新兼得,深受全国人民的喜爱。更重要的是,这一节目也改变了在校学生对古诗词的看法,古诗词从只是考试背默的知识点、学生学习语文的痛点,变成了学生用来秀实力、展风采的软实力。突然间,如果有哪位同学不会飞花令就"弱爆"了,没看过中国诗词大会就落伍了。学校为了丰富校园文化生活,陶冶学生情操,提高学生的素养,也积极组织各级各类的古诗文大赛。于是,传统的诗词经过呈现形式的创新或内容的再创作等方式呈现出勃勃的生机,不仅被广泛地接纳,更是成为一种时尚而流行。

所以说,不是学生不会欣赏传统文化之美,而是需要用21世纪的学生喜闻乐见的形式去解读经典,在创新中传承经典,赋予经典新时代的生命力。

其次,通过主题教育活动,让学生感悟中华民族之魂,培养他们的国家归属感和认同感。中国传统节日形式多样,内容丰富,是中华民族优秀文化的一个重要组成部分。因此,我们可以组织主题教育活动,让学生走进传统节日,了解传统节日的来历与内涵,感悟不同节日所蕴含的独特的民族情感和精神内核。如在清明时节,我们可以组织学生参加清明节扫墓活动,让学生向已逝的先烈庄重地送上思念与敬意,让他们懂得今天的幸福生活是无数革命先辈用自己的生命和鲜血换来的,要珍惜今天的幸福生活,安心地学习。如在端午节,我们可以组织学生参加端午节庆祝活动,在端午粽子飘香和龙舟竞渡中,纪念心忧家国、情牵百姓的屈原。学习他勇于探索、清正高洁的人格魅力和为国为民的爱国情怀。

但是,在利用传统节日进行主题教育的过程中,我们一定要遵循认知规律,要关注到学生的年龄特征和发展现状。如果没有认真的前期准备、很好的过程管理及多维度的评价总结,活动不仅不能实现育人目标,可能还会造成学生的认知困惑。比如一位初中六年级英语老师在分享了屈原的故事之后,让学生以课本剧的形式表演课内所学。由于六年级学生单词量及语法基础有限,教材中主要教龙舟节及吃粽子的表达,只是用寥寥几笔介绍了龙舟节及吃粽子的来历,对于屈原之死表达为楚王不听他的建议,他就跳江而亡。面对着有限的课文内容,面临着历史知识的严重缺乏与英语能力的不足,学生把一个爱国主义教育的素材演绎成穿越剧、戏说剧,继而引发屈原该不该跳江的讨论,有些同学甚至评价屈原跳江是傻瓜的行为。

这个案例中的英语老师本意并没有错,她希望通过课本剧的形式实现学科德育的育人目标。然而,在活动设计之初教师没有充分分析学情,没有考虑到她的学生的知识、能力、认知水平都不足以完成活动任务。且在活动准备阶段缺少了必要的知识铺垫和教师的指导,缺乏对当时的历史背景和古代文人的爱国情怀的了解,屈原的跳江行为自然无法得到学生的认同,无法引发他们的共情。

由此可见,虽然我国传统文化教育资源很丰富,但是教育活动的设计一定要科学,有适切性和可操作性。中国传统文化是中国数千年沉淀下来的精华,通过主题教育活动,不仅要增加学生对历史的了解、对文化的了解,丰富自己的知识面,更要培养他们的民族自豪感和国家认同感。以史鉴今,在提高学生思想的深度和广度的同时,引导他们客观地认识当代中国,看待外部世界,认识国家前途命运与个人价值实现的统一关系,自觉维护国家的尊严、安全和利益。

最后,通过历史探究活动,让学生探寻中华复兴之路,培养他们的国家使命感和责任感。"我们是中华儿女,要了解中华民族历史,秉承中华文化基因,要有民族自豪感和文化自信心。回顾历史,支撑我们这个古老民族走到今天的,支撑五千多年中华文明延绵至今的,是植根于中华民族血脉深处的文化基因。"因此,我们可以组织以《知历史·明事理·爱家乡》为主题的探究活动,让学生通过探究中国版图的变化、探究中华民族的兴衰历程、探究改革开放 40 年的伟大成就、探究中国航天之梦等系列活动,去深入了解中国国情和发展之路,感悟中华文明在世界历史中的重要地位和做出的贡献。引导学生回顾历史,展望未来,激励学生树立历史责任感和使命感。

在开展历史探究活动的过程中,如果能贴近学生的生活设计活动内容,就更能引发他们的共鸣,激发他们参与的热情。比如在开展锦绣河湾探究活动中,由于同济二附中位于苏州河畔,我们就把活动主题确定为"知苏河历史·传中华文化·立民族之志",整个活动设计了"忆往昔·知历史""亲河湾·传文化""明责任·立大志"三个环节。在第一环节,学生通过查阅《上海志》《苏州河志》等文献资料了解苏州河的历史;通过探访生活在苏州河畔的记忆者,了解更多来自父辈、友人的真实故事。这些生动的故事更容易引发学生的共情,激发他们对苏州河深层次的情感。在第二环节,学生通过参观"梦清园",全面了解苏州河的地理位置以及上海的水利系统;通过参观"元代水闸博物馆",了解古代水利建造的工程技术流程。随着探究活动的不断深入,学生对苏州河的重要性及它对城市文明和文化传承的价值有了进一步的认识。在第三环节,学生通过探究性学习,了解古代和近代苏州河的污染及它对人类的危害。并结合各自的兴趣和研究方向,开展有关苏州河治理和环境保护相关的课题研究。在这个环节,学生努力将河长制落实在行动中,在实践活动中践行小河长的职责。

在整个活动的推进过程中,学生与苏州河的关系越来越亲近,他们自发地走进苏州河的过去、了解苏州河的现在、畅想苏州河的未来,也更加关心自己的普陀家园,激发起对于生态普陀、同心家园建设的责任感和自豪感。

梁启超在《少年中国说》中说道:"故今日之责任,不在他人,而全在我少年。少年智则国智,少年富则国富,少年强则国强。"作为一名班主任,肩负着培养祖国未来接班人的重任,我们要用好传统文化,要充分挖掘传统文化的育人价值,通过班级文化建设活动,在潜移默化中、在文化浸润中,让每个孩子深刻认识到中国梦是我们每一个人的梦,民族复兴是我们每一个人的责任,我们要为之而不懈努力,奋斗一生!

"启"文化之美,"绕"方言之趣

俞文珺

文化凝聚着民族的灵魂和血脉,是民族最基本的象征,而语言则是文化的重要载体。2月21日是联合国设置的"国际母语日",提倡通过语言多样性教育走向可持续未来。在全球化的今天,学习汉语已成为一个重要的国际文化趋势。汉语的奇妙之处不仅体现在词汇和语法的变幻莫测上,还在于丰富多彩的方言,不同的方言各自别有情趣,包含着不可忽视的地方文化价值。学前教育在文化传承和保存的过程中起到了奠基的作用,作为"联合国教科文组织可持续发展教育(ESD)示范学校",我们的可持续发展教育不仅仅是教可持续的生态理念,更要围绕语言文化多样性去思考。在鼓励幼儿讲好普通话的基础上我们也要让方言文化回归幼儿的生活。只有让孩子从小感受母语的多元魅力,延续文化传承,才能在未来适应国际文化碰撞融合的新趋势。

《幼儿园教育指导纲要(试行)》中明确指出,要"引导幼儿接触优秀的儿童文学作品,使之感受语言的丰富和优美,并通过多种活动帮助幼儿加深对作品的体验和理解"。在众多儿童文学作品之中,绕口令是一种有趣的语言游戏,其朗朗上口,易于记忆与表达情感,承载着多元的民俗文化与南北地域文化精髓。我园以绕口令为载体,让幼儿通过爱上"乡音",为家乡而自豪,为我是中国人而骄傲。

一、强化语言能力，点燃文化自信之魂

对幼儿而言，文化自信首先就是语言自信。在《3—6岁儿童学习与发展指南》中语言领域就有"愿意讲话并能清楚地表达"这一发展目标。3～6岁是幼儿的语言敏感期，正是幼儿语音可塑性最强的时期。绕口令有极强的节奏感与韵律感，能有效帮助幼儿在口语练习中提升语言表达能力、感受妙趣横生的方言韵味。但翻阅二期课改的学习教参书，三个年龄段共1128个素材点中仅有1个素材点为绕口令，教师忽视绕口令对幼儿语言发展的价值，在语言活动中很少让幼儿接触，即使让幼儿学习也未能挖掘绕口令的意趣，无法实现语言与文化对幼儿的双重滋养。

中华优秀传统文化积淀着民族最深沉的精神追求，也是幼儿德育教育的重要承载。我园多年来致力于"传统文化视角下的幼儿'品性养成'课程"研究，期望通过优秀传统文化的熏陶，帮助幼儿感受与欣赏中华传统文化之美，进而陶冶幼儿良好的美德与伦理品性，培养符合时代特征和社会趋势的"现代中国人"。因此，我园希望将"趣味绕口令"活动作为一种文化体验纳入课程，在鼓励幼儿说好汉语的基础上将多彩迥异的方言融入其中，让多元的母语文化重新焕发独特的魅力。

为了强化幼儿的语言能力，在活动中教师让幼儿找找绕口令"绕"在哪里，引起幼儿对相似字音的关注。如区别《漆匠和锡匠》中的 j、q、x，让幼儿感受嘴唇、牙齿、舌头的协调以及这些发音部位的变化，帮助幼儿在趣味情境中区别易混淆的音，进而提高幼儿的语言表达力。此外教师还播放了外国人挑战念绕口令和相声演员花式念绕口令的视频，让幼儿发现原来我们的语言有许多国家的人都想学，汉语居然还可以念得这么趣味横生、韵律十足，念出这么多花样来。在增强听读兴趣的同时提升了语言的自豪感，传承了文化，潜移默化中树立了文化自信。

二、挖掘题材意趣，怀揣文化育人之心

绕口令短小精悍、节奏感强、形象丰富，具有独特的语言艺术效果，有"绕、拗、咬、急"的特征。"绕"就是绕着弯子说话，将几句简单的话颠来倒去半天才绕完；"拗"就是拗口，有意将若干双声叠韵词汇或发音易于混淆的词汇集中在一起，组成简单有趣的语言、拗口的歌谣；"咬"在民间叫咬嘴话，紧紧咬住关键字词不放，一贯到底；"急"就是念得快。例如，《兰兰不怕难》：

蓝是蓝，

难是难，

兰兰不怕难，

把难说难不说蓝。

这则绕口令充分体现了其拗口、咬嘴、节奏感强的特征，念起来极富趣味性和挑战性。很多教师在设计绕口令活动时更多关注的是如何让幼儿单纯地模仿背诵，学会绕口令，但这样是无法完全体现绕口令作为传统语言游戏的独特魅力的，无形中错失了其宝贵的文化价值。

文化若没有教育的作用，就不可能实现其代代传承、发展更新的历程。幼儿教师不仅要传递知识、更要播种文化，承担传承文化育人的使命。幼儿出生、成长在多元文化氛围中，如何使传统文化为幼儿所接纳、认同、喜爱，需要幼儿教师从小为幼儿植入中华传统优秀文化的基因，让快乐体验和趣味性融入育人环节，增强幼儿对民族文化的认同感。

因此在设计"趣味绕口令"活动环节时，豪园教师以"情"激"趣"，挖掘题材意趣，以闯关游戏的形式激发幼儿的兴趣。我们先采用"视""听""记"3 种不同的形式引发幼儿进行自主学习："视"——观察图谱完整念。通过图谱展示让幼儿充分

观察并理解绕口令的内容,基本完整地念出绕口令;"听"——听节拍有节奏地念。节拍器的加入让幼儿在边听边念中充分感受绕口令的节奏韵律;"记"——呈现部分缺失的图谱,帮助幼儿边记忆边有韵律地念绕口令。活动形式的不断递进,加深了幼儿对绕口令内容的理解,再通过接龙游戏让每个幼儿都有充分表达的机会,引导幼儿一句接一句连贯地念绕口令。在游戏过程中,幼儿需要专注倾听,并根据上一句的内容接着说出下一句,帮助幼儿连贯地念绕口令,从而更专注地倾听和连贯地表达。最后在"快嘴大挑战"中通过"计时"和"竞赛"的手段来激发幼儿挑战自我、挑战他人的品质。教师在轻松欢乐的气氛中引导幼儿自然而然地学会了绕口令,同时领略了传统经典的魅力,激发了幼儿对中国语言的学习兴趣。

三、感受节奏韵律,浸润母语文化之美

节奏,是语言艺术的一个重要特征。富有节奏感的绕口令起源于先秦时代,与民间歌谣相携而行,与诗词曲赋有着千丝万缕的联系。李重华在《贞一斋诗话》中说"叠韵如两玉相叩,取其铿锵;双声如贯珠相联,取其婉转"。绕口令大量运用双声、叠韵、叠音或音近词汇,既有音节节律的协调,又有合辙押韵、平仄互错的变化,形成了语音节奏的回环美。例如:

鼓上画只虎,
破了拿布补。
不知布补鼓,
还是布补虎。

上文频繁运用双声、叠韵,形成了音韵和谐、旋律优美的节奏模式。

桃子李子梨子栗子橘子柿子榛子栽满院子村子和寨子。

单双音节的运用充分体现出绕口令音节节奏均衡,富有音感的特点。

狡兔出窟,
兔鹊来扑。
兔躲兔鹊,
兔入土窟。

这则绕口令是一句四句令,符合合辙押韵的特点,押"u"韵,且句句入韵。

老李不吃李,老黎不吃梨,老李吃梨不吃李,老黎吃李不吃梨。

仄仄仄平仄,仄平仄平平,仄仄平平仄平仄,仄平平仄仄平平。

平仄互错、声调起伏使得绕口令声调有高低变化、有起有落,呈现出和谐悦耳的声乐效果。

语言是离不开节奏的,语音只有经过节奏的装点,才会优美动听。语言若是有了节奏的点缀,就会更加吸引幼儿。为了让幼儿直观感知绕口令的音乐美,教师可用富有节奏感的语速与韵味念绕口令。教师运用节拍器、图谱等方式帮助幼儿比较发现原来绕口令要念得又准又快才更有趣,在边听边念中充分感受绕口令音韵和谐、旋律优美的节奏韵律,以及听觉上的流动感、愉悦感和美感,以文化之美滋养心灵,以文化之趣陶冶品性。

四、融合地方特色,碰撞方言文化之趣

汉语方言丰富多彩,方言之间呈现出多种不同的差异。南北方言差异更为显著。北方文化重现实,刚健豪放、多阳刚之气。南方文化主浪漫,格调清新,具阴

柔之美。比如文学中,《诗经》语言质朴明快,风格淳朴厚重,《楚辞》语言清新俊美,风格绚烂飘逸。这样的文化融入各地方言之后,其语音语调变化则更多。例如,上海人多称呼孩子为"宝宝",而重庆人则会喊"么儿"。"桂圆、杯子"在贵阳方言中就是"圆圆、杯杯","妈妈、伯伯、哥哥、嫂嫂"到了广州人口中就成了"阿妈、阿伯、阿哥、阿嫂"。"玉米"在山东阳谷方言中念的是"棒子",洛阳方言中说的是"包谷",到了广州方言则成了"粟米"。

多元文化差异在绕口令中也十分凸显。例如,在《打醋买布》中,有这样几句话:

> 买了布,打了醋,
> 回头看见鹰抓兔。
> 放下布,搁下醋,
> 上前去追鹰和兔。

其中"打醋"和"搁下"是北方用语,我们担心幼儿难以理解掌握,所以原本考虑将"打了醋"改成"买了醋",将"搁下醋"改成"放下醋"。然而这几个词恰恰反映了南北文化用语的差异,可以让幼儿体会汉语的丰富性和多样性,所以我们最后决定保留原文。

在主题活动"我是中国人"的经验背景下,在班级约有 20％的幼儿为外省的情况下,想要让幼儿为我是中国人而骄傲,就要让幼儿从热爱家乡开始,为自己的家乡而自豪。教师深挖题材意趣,怀揣文化育人之心,播放了一则上海话绕口令的视频,引导幼儿尝试用上海话来念一念:红鲤鱼与绿鲤鱼与驴。也让外省的幼儿回家用各自家乡话改编绕口令,再请他们说给上海的小朋友听一听。例如,在上海话中,这则绕口令念为红(ong)鲤鱼(en)与(te)绿(luo)鲤鱼(en)与(te)驴,而在长沙话中,则会被念为红(heng)鲤鱼与绿(lou)鲤鱼与驴。在趣味改编的欢乐气氛中,让幼儿感受各地语言文化的差异,感受原来中国很大,语言很丰富也很有趣,激发幼儿对语言文化的兴趣,播下一颗热爱中国文化的种子。

"倦鸟恋旧林,池鱼思故渊"。方言也称为"乡音",正是方言的代代流传,让我们对家乡更加眷恋。所以我们应当以母语文化为根,在"本土化、多元化、特色化"的教育土壤中让母语文化枝繁叶茂、生生不息。当我们的孩子长大成人,走向世界的时候,根植在幼儿心中的对母语文化的热爱,将让他们不忘根本,保有作为中国人的文化自信。

第八章　从"知道到发现"有多远：论理性思维 与创新精神培养

在知识的海洋中，我们时常沉浸在"知道"的舒适区，然而，真正的智慧并非止步于表面的了解，而是源于对未知世界的深入"发现"。2019 年5 月，拔尖教师工作坊组织开展了以"从'知道到发现'有多远——论理性思维与创新精神培养"为主题的交流论坛，旨在引领我们共同探索从知识积累到创新发现的距离，以及在这一过程中理性思维与创新精神如何相互激荡、相互促进。

知识是智慧的基石，但仅仅停留在"知道"的层面，我们的视野将被局限在已有的框架内，难以触及更为广阔的天地。真正的成长，在于我们如何运用理性思维去审视问题，如何以创新精神去挑战传统，去发掘那些未曾被发现的宝藏。

拔尖工作坊的学员不仅拥有丰富的教育实践经验，更有着对教育的深刻理解和独到见解。在这里，他们分享各自的教学心得，探讨如何在教学中培养学生的理性思维和创新精神，让每一个孩子都能在知识的海洋中自由遨游,从"知道"走向"发现"。

他们通过思想的碰撞与交流,探寻了教育的真谛,激发了更多创新的教育理念和教学方法,为培养新时代的创新型人才贡献智慧与力量。

数学教学中理性思维能力的培养

陆斌

理性思维是一种有明确的思维方向，有充分的思维依据，是能对事物或问题进行观察、比较、分析、综合、抽象与概括的一种思维。简单地说，理性思维就是一种建立在证据和逻辑推理基础上的思维方式。理性思维是人类思维的高级形式，是人们把握客观事物本质和规律的能力活动。

数学是理性思维和想象的结合，是研究数量关系和空间形式（结构、变化以及空间模型等概念）的一门学科。通过数学抽象和逻辑推理，在计数、计算、度量和对物体形状及运动的观察中产生。因此，培养理性思维是数学的基本任务之一。

数学教学是数学活动的教学，是师生之间、学生之间交往互动与共同发展的过程。数学教学是教师和学生的共同活动。数学教学中理性思维能力的培养，要以"观察、比较、分析、综合、抽象与概括"等思维能力为抓手，重点培养抽象思维、逻辑思维、批判思维。

一、抽象思维

抽象思维是人们在认识活动中运用概念、判断、推理等思维形式，对客观现实进行间接的、概括的反映过程。抽象思维概括事物的普遍的、共同的、本质的属性和规律。数学教学中抽象思维的培养主要包括从数量与数量关系、图形与图形关系中抽象出数学概念及概念间的关系，从事物的具体背景中抽象出一般规律和结构，并用数学语言予以表征。培养抽象思维需要思考，需要动脑想。牛顿从苹果落地想到了万有引力，从而揭开了宇宙的秘密。瓦特由于对蒸汽顶壶盖的好奇而想到了蒸汽动力,从而改良了蒸汽机,拉开了工业革命的序幕。门捷列夫从玩扑克牌中想到了化学元素的排列顺序,进而发明了元素周期律,探究出了微观物质世界的一大秘密。爱迪生从小就异想天开,试图人工孵出小鸡,后来通过努力,作出了一千多项发明,成为名副其实的发明大王,为人类作出了巨大的贡献。同样地,我们从"滴水中的荷叶"背景中,可以抽象出一般的几何结构:荷叶上的水滴都是几何体,小水滴几乎是球体,大水滴是扁状的台体,而且形状不一。

培养抽象思维不仅需要动脑想,而且还需要问。人们把"是什么?""为什么?""怎么办?"称作是人类获取知识、探求真理,进而创造发明的三把"金钥匙"。法国大作家巴尔扎克深有体会地说:"打开一切科学的钥匙,都是毫无异议的问号,我们大部分的伟大发现,都应归功于如何? 而生活的智慧大概就在于问个'为什么?'"。因此,会问(提问)是培养理性思维的突破口。近四十年的数学教学实践,我体会到教会学生学会"四问"是培养抽象思维的很好途径,即"(问题)是什么?""什么是(问题解答)?""为什么是(这个解答)?""(解答、问题)还可以是(什么)?"。经过对学生的"四问"培养,教师教得扎实,学生学得轻松,教学成绩一直名列前茅。

二、逻辑思维

逻辑思维是人们在认识事物的过程中借助于概念、判断、推理等思维形式能动地反映客观现实的理性认识过程。在逻辑思维中,要用到概念、判断、推理等思维形式和比较、分析、综合、抽象、概括等方法。逻辑思维是分析事物的因果关系。

培养逻辑思维同样需要思考,同样需要问,而且要会问。例如,从"滴水中的荷叶"背景中,我们尝试着提出如下一些问题。为什么小水滴几乎都是球体? 而大水滴不是球体? ……究其原因,原来要用到物理学的知识:水的内聚力作用在水表面形成表面张力，从而使液体尽可能地缩小它的表面面积，因为"体积一定的几何体中，球的表面积最小"。所以，在表面张力的作用下，液滴总是力图保持球形，这就是我们常见的荷叶上的水滴接近球形的原因。而体积较大且质量较大的水会因为重力、尘埃、油污等的作用，它不一定是球体而成各类扁状的台体状，虽然它们的大小形状不一，但其表面一定都收缩成上小下大且有光滑的边缘的台体。在这里，从数学的角度来讲，"体积一定的几何体中，球的表面积最小"是需要证明的，这就需要动手做。

培养逻辑思维也需要动手做。这是因为任何猜想、发明、创造、解题（设计、构思、发现、选择）方案等都要通过动手（实践）才能变为现实。同时，也只有通过实践，才能检验思想、方法、方案的正确性，即"实践出真知""实践是检验真理的唯一标准"。世界上的绝大部分发明创造都是经过无数次的科学实验才最后获得成功的。例如，居里夫人对放射性元素镭的发现，就经历多达几千次实验。即使是一些"偶然"的发现也都是通过实验最后获得成功的。例如，伦琴发现 X 射线，也是从偶然的实验中得到，再经过反复实验才最后确认的。又比如费来明对青霉素的发现，也是通过一次"实验失误"而得到启发，最后又通过反复实验才得到证实的。事实上，我们可以用数学方法证明"球体是一定体积下具有最小表面积的几何体"是一个真命题。数学教学为什么一定要做题，这是培养逻辑思维的需要，学生要做，教师更要做，且要先做。任何的判断、推理都要通过做才能检验它的正确性。

三、批判思维

批判性思维是一种基于充分的理性和客观事实而进行理论评估与客观评价的能力与意愿，它不为感性和无事实根据的传闻所左右。批判性思维并非仅仅是一种否定性思维，它还具有创造性和建设性的能力——能够对一件事情给出更多可选择的解释，思考研究结果的意义。批判性思维是所有科学的基础。批判性思维的培养需要表达、交流。与人交流能发现思维结果的错误或漏洞,能修正和完善思维方向。有时还会获得意外的信息或"灵感",并将其作为新的思维依据。假如我们对"滴水中的荷叶"引发的数学思考进行一系列的交流、讨论,我们也许会进一步发现一些值得思考的、有价值的问题。如"小草上的水滴"有没有类似的情况? 如果有,荷叶与小草有无共性的物质存在? ……对于上述问题的进一步思考,生物学的知识告诉我们:结论是肯定的。这是由小草和荷叶的生物学特征决定的。物体是由分子组成的。同一种物质的分子之间的相互作用力,叫作内聚力;而不同物质的分子之间的相互作用力,叫作附着力。在内聚力小于附着力的情况下,就会产生"浸润现象";反之,则会出现"不浸润现象"。荷叶不透水,是由于荷叶的叶面上有许多密密麻麻的纤细茸毛,它们每根都很细而又含有蜡质,就像你洗桃子时总是很难把桃子弄湿一样,除非你把桃子上的绒毛搓去。蜡的分子是中性的,它既不带正电,也不带负电,水滴落到含蜡的荷叶面上时,此时水的内聚力大于水对荷叶的附着力,水分子之间的凝聚力要比在不带电荷的蜡面上的附着力强。也就是说荷叶叶面都具有极强的疏水性,所以,水落到蜡面上不是滚掉,就是要聚集起来,而不会湿润整个蜡面。小草上的水滴效应同荷叶上的水滴效应的生物学原理是一样的。因此,学会交流、善于交流,才能迸发灵感、有所创新。

　　综上所述,在数学教学中,培养理性思维角度多、维度广,培养的路径和方法可以百花齐放。我在数学教学实践中,一直在倡导和践行"三动",即动脑想、动手做、动嘴说,通过"三动"来扎扎实实地培养学生的思维能力,在问题解决中,教会学生对问题进行"四问",让学生对问题解决做到"想得明白、说得清楚、写得干净"。正是由于多年来的坚持,我指导的学生思维(理性思维、逻辑思维、创新思维等)能力普遍较强,在国内外数学竞赛中屡创佳绩,在高考中勇夺高分,"重思优教"是我的教学特色,我将不断地去探索、研究、总结。"数学教学中理性思维的培养"的探究永远在路上,只要"坚持",必有收获。

问题为载体,思维为基础,素养为根本

高福如

《普通高中数学课程标准(2017 年版)》指出,高中数学课程的学习,就是要让学生能获得进一步学习以及未来发展所必需的数学基础知识、基本技能、基本思想、基本活动经验(简称"四基");提高从数学角度发现和提出问题的能力、分析和解决问题的能力(简称"四能"),进而培育数学抽象、逻辑推理、数学运算、直观想象、数学建模、数据分析的核心数学素养。

理解了核心素养只是第一步,重要的是,要本着落地思维,找到在数学课堂中培育理性思维与创新精神,最终达到核心素养培育教学转化的路径与方法。

一、关于理性思维的学习与思考

今天我们探讨理性思维的培育,那么什么是理性思维?

理性思维是"一种有明确的思维方向,有充分的思维依据,能对事物或问题进行观察、比较、分析、综合、抽象与概括的思维"。说得简单些,理性思维就是一种建立在证据和逻辑推理基础上的思维方式。

理性思维并不等同于冷静思维,虽然冷静思维是理性思维的前提。有的人发表言论时是很冷静的,也尽其所能地进行了各方面的思考,然后就认为自己的言论是理性的,这是对理性思维的误解。

关于理性思维有以下几点常识我们必须知道。

(一)理性思维包括三种形式——概念、判断、推理

理性思维是一种具有很强的怀疑和批判能力的思维,是一种应用概念特别明

确的思维,是一种严格遵守形式逻辑规律的思维。它包括三种形式——概念、判断、推理。

概念:人们在实践中对客观事物的感性认识的大量积累的基础上,抓住事物的本质属性,即抽出事物的本质、全体和内部联系,用一定的物质外壳语词把它标志起来,这就产生了概念(以归纳性、总结性为手段)。

判断:判断是展开了的概念,是对某一事物内部联系作出肯定与否定的论断的思维形式。(以性质判断为手段)。

推理:推理是从已知判断推出新的判断的思维形式。它能反映出事物发展的必然趋势。(以内在联系推导发展趋势为手段)。

(二) 理性思维的总原则——休谟公理:相信度与离奇度成反比

理性思维是有一些原则的,在不掌握这些原则的情况下的冷静思维,其实很可能就是不理性的。理性思维的原则有不少,其中最重要的就是"休谟公理"。

英国哲学家、经济学家、历史学家休谟(David Hume)提出了理性思维的总原则——休谟公理,即"没有任何证言足以确定一个神迹,除非该证言属于这样的情形,其虚假比它力图确立的事实更为神奇"。简单地说就是"非同寻常的声明,需要非常确凿的证据"。通俗地说,就是"相信度与离奇度成反比"。

举个例子,某一天,我上班迟到了,我给领导的解释是"路上堵车",因为堵车是一个非常寻常的事件,我不需要给出太多的证据,领导选择相信这个理由也是合理的。但若我给出的理由是"路上被火星人劫去做了人身实验",那这种理由非同寻常,除非我拿出足够的证据来证明的确发生了这件离奇的事,否则领导不应该相信。

(三) 理性思维能力的养成——并非与生俱来的,而是需要后天刻苦的学习和训练

理性思维能力不是与生俱来的,需要后天刻苦的学习和训练,其中自然科学(特别是数理学科)的学习对理性思维能力的养成意义重大,但这只是必要条件而

不是充分条件。有的人学了一些科学理论,知道了一些科学知识,但对科学方法和科学精神并没有深刻的领会,也未能养成理性思维的习惯。

那么,我们所说的(数学)逻辑思维与理性思维是什么关系呢?

(数学)逻辑思维包含在理性思维里,属于较高级的理性思维。它是借助于抽象的概念、判断、推理等思维形式能动地反映客观现实的理性认识过程。

翻开历史的长河,数学知识本身就散发着理性之美,也可以说:"数学——是理性文明的火车头!"

二、理性思维与创新精神培育视角下数学课堂重构的探索

理性思维与创新精神的培育,迫切需要通过"课堂革命"完成。这就需要我们以理性思维与创新精神培育的视角重构我们的课堂,让我们的数学课堂呈现出理性色彩!

我认为,基于"问题解决"的数学课堂的构建为我们提供了一个很好的思路,是一个不错的选择!

基于"问题解决"的课堂教学旨在以实际问题为背景,营造问题解决的环境,模拟问题解决的基本流程(发现提出问题——问题研究解决——理性归纳总结——拓展迁移应用),以达到传授知识、训练思维、提升能力、培育素养的教育教学目标。

基于"问题解决"的课堂教学基本流程如下图8-1所示。

这里有三个主要工作要做。

第一,设计具有挑战性的问题,培育问题解决能力。

问题解决中的问题可以是现实的、真实的问题,可以是教师根据教学需要虚拟的问题,也可以是学生在数学学习中发现或遇到的问题。具体操作时,一是要注重教学内容回归到学生的生活中;二是要注重将学生已有的知识、体验和生活看成重要的教学资源;三是要鼓励学生对书本世界进行自我理解、自我解读,让他

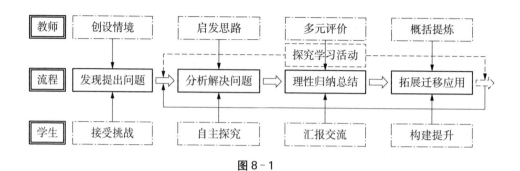

图 8 - 1

们体会到学习过程是一个富有个性化的过程。

　　问题的设计或选择应遵循几个基本原则：(1)应具有较强的探究性；(2)应具有一定的启发性和可发展空间；(3)应具有一定的开放性；(4)应具有一定的情境性；(5)应具有一定的障碍性；(6)应是可接受的；等等。

　　问题的设计方法通常包括以"问题链"为策略进行"问题设计"；以"变式"为策略进行"问题设计"；以"改造"为策略进行"问题设计"。

　　第二，构建民主的教学氛围，在民主的教学环境中培育理性思维。

　　理性思维与创新精神培育的主要途径，在于日常的课堂学习，即在民主的教学环境中逐步形成。这就需要我们树立正确的教学观，把课堂看成——(与学生)生命相遇、心灵相约的地方，把课堂当作——(自己)生命活动、专业成长和自我实现的过程，并以此为基点，重塑我们的教学行为。

　　这里有三个工作要做。

　　一是构建科学的教学运行程序，有效推进学习进程。倡导发现式的教与学的方式，鼓励探究性学习、研究性学习，培养学生的创新精神和实践能力。

　　二是构建和谐的师生关系，促进理性思维的教学相长。师生共同生疑、释疑、解疑，鼓励学生对书本的质疑和对教师的超越，赞赏学生独特性和富有个性的理解和表达，培养学生的批判意识和怀疑意识以及理性思维。

　　三是构建充满活力的学习方式，促进学生能动发展。积极引导学生从事实验和实践活动，切实提高学生的动手实践能力和问题解决能力。

民主教学氛围的构建关键在于实现课堂的"三放"，即放给学生展现个性的权利；放给学生展现能力的权利；放给学生展示学习成果的权利。

这样，我们的课堂才能变成学生自由、自主学习的地方；师生进行情感交流的地方；师生共同生疑、释疑、解疑的地方；学生体验成功、获得自信、个性得到舒展与张扬、获得快乐的地方；学生感悟做人道理的地方……

第三，设计开放的学习活动，在（问题解决）体验、分享、交流中，丰富个性化的学习经验。

《普通高中数学课程标准（2017 年版 2020 年修订）》指出，发展和培养学生理性思维的目标体现在三个方面：一是会用数学的眼光观察现实世界；二是会用数学的思维思考现实世界；三是会用数学的语言表达现实世界。基于此，数学课堂教学的一个重要工作就是设计开放的"问题解决"的探究学习活动，在（问题解决）体验、分享、交流中，丰富个性化的学习经验。这是因为，开放性的学习活动，是调动、激发和促进学生创新意识形成的核心。学生的创新意识和能力只有在开放的问题解决的学习活动中才能得以彰显。

开放的问题解决的学习（学生）体验活动的设计，就是以"理性思维训练"为核心，以"问题解决"模拟情境设计为抓手，以"问题解决"的活动体验为基本路径，以"个性化的学习任务单"为载体，让学生在问题解决的进程中，体验成功、获得自信的同时，个性得到舒展与张扬，这样才有利于创新精神的培育。

一切有效的学习都源于"自学"。在进行学习体验的活动设计时，要坚持"四还"，即把学习的时间还给学生；把学习的空间还给学生；把学习中出现的思考空间还给学生；把学习的体验还给学生。只有这样，才能让学习真正成为学生自己的事。

三、理性思维与创新精神培育视角下数学课堂重构的一点思考与体会

随着新课标的实施，可以预见一场课堂教学改革的大潮必将到来。可以预

见,在这个改革的浪潮中:

教师角色——正从"教"的执行者转变为"学"的指导者;

教学方式——正从教师主动教、学生被动学转变为教师引导教,学生自主能动地学;

学科课程——正从单一学科课程体系转变为学科课程和社会实践课程的综合课程体系;

教学评价——正从单一纬度的终结性评价转变为多元的发展性评价;

技术运用——正从单一的技术使用转变为技术引发的教育流程再造。

在这个新的浪潮中,必然呼唤着新的教学观念和新的教学行为的形成,而新观念的更新与新行为的改变的关键还在于教师自身的不断学习、知识更新和方法创新。

第一,树立正确的育人观。教师应改变关注点,应该更多关注学生15年后乃至更多年后的发展,而不是过多的关注现在某一学科的成绩。即,既要关注"脚下、眼前、每一天",更要关注"明天、未来、无穷远",既要关注学生的"成功",更要关注学生的"成长"。

第二,角色的重新定位。教师既要传承传统的"传道、授业、解惑",更要以学生的发展为本,担负起学生学习的"组织者、促进者"的教育角色。因为,教师如果不尽快调整自己的角色和功能,也可能会像公交售票员一样被淘汰。

第三,方法的创新。教师应明白,过程导向的努力比结果导向的努力会带来更多意想不到的收获。新的时代,要求教师不断更新教育教学手段和方法,从给学生装满"一桶水",转变为给学生"点燃一把火",即,找到每个学生胸中的那个小火星,给他们"氧气和空间",让他们熊熊燃起能动学习、自主探究、创造创新之火。

只有这样,我们的课堂才能真正担负起培育学生理性思维与创新精神的重任!

观念变了,课堂就会变;课堂变了,学生才会变;学生变了,理性思维与创新精神的培育才会落地、生根、开花、结果。

培养学生创新素养的物理实验教学

钭方健

　　《普通高中物理课程标准(2017年版)》指出,在高中物理课程中,应注重科学探究,尤其应注重物理实验,这在培养学生的探究能力和科学态度等方面具有重要地位。教师要创设各类实验情境,让学生去观察和思考,体验科学探究过程,了解科学研究方法,培养学生的创新精神和实践能力,养成勇于创新和实事求是的科学态度和科学精神。

一、通过演示实验激发学生的创新精神

　　演示实验具有操作简单、时间短、现象明显、实验内容与学生生活紧密联系等特点,让学生感到亲切自然,并可以主动参与到实验中来。在师生的共同探索过程中,学生感受到物理实验的神奇魅力,体验到物理实验的趣味性,因而能更深入地理解实验的本质。当形象生动的物理现象和规律在课堂中呈现出来时,学生会感到惊奇、有趣,从而极大地激发探究动力,激励自己带着问题去探究和思考,并进一步对实验现象和提出的问题进行猜想和假设,从而激发创新精神。

(一) 提高演示实验的趣味性

　　由于演示实验现象直观、明显,学生往往被鲜明、生动的实验现象所吸引,并获得了感性认识,从而产生探究实验原理和本质的兴趣。同时,演示实验操作简

单,实验设备可以从周围的生活中得到,学生自己也可以组装,更加贴近实际生活,使物理与生活联系起来,把课本中枯燥的物理知识,通过演示实验呈现出来,体现了物理学的价值。此外,结合课本中的 STS 栏目,了解物理与科学、技术、社会的关系,激发学生的探究兴趣和积极性。另外,通过演示实验,可以让课堂气氛更加生动活泼,利用声音、图像、奇妙的现象等吸引学生,当出现认知冲突并且内心觉得神奇的时候,才会有探究的兴趣,进一步思考现象产生的原因,对物理概念和规律的理解才会更加深刻。此外,要注意学生的心理特点,如果整节课都是文字、符号和推导,学生会感到厌烦,逐渐对物理失去兴趣;对于复杂的物理过程,用有趣的演示实验分步展示,学生既体验了科学的严谨,又在有趣的演示实验中掌握了物理定律。

(二)增加演示实验学生参与度

在课堂教学中,教师要创造机会让学生更多地参与演示实验,激发学生的创新思维,理解定理的本质和在生活中的应用。有了求知的欲望,即做到了我国古代教育家孔子所说的"不愤不启,不悱不发"。通过实验体验活动,学生会发现用原有的知识解决不了的问题,有了想解决问题的欲望,就会积极主动地进入新课的学习中。

比如在探讨力的平衡条件在生活中的应用时,组织学生测量一根长度为 L 的细线能承受的最大拉力。在细线的中央挂上一个质量为 m 的物体,左右手拿住细线的两端,然后沿着直尺的中央,分别缓慢地向两边分开,直到细线断裂,通过刻度尺上的数据,读出此时两手之间的间距。接着学生在纸上建立模型,作出重物的受力图,根据对称性,两边细线的拉力相等,以及共点力平衡的条件,用力的合成作图,根据几何性质,通过理论推导和对数据的分析计算,得出细线的最大拉力。这个演示实验虽然用到的器材和操作的步骤都非常简单,但是学生却经历了设计实验、建立模型、记录数据、分析数据、得出结论等过程,最后通过小组合作参与,完成实验任务。教师在实验教学中,创造机会让学生参与到实验中来,可以极大地激发学生的团队合作意识和动手能力。

（三）通过演示实验创设问题情境

教师可以利用丰富的教学资源和多种教学方式，通过演示实验创设学生感兴趣的问题情境，让学生观察实验现象，并在自主体验实验活动后发现和提炼问题，然后去思考实验现象产生的原因，引导学生把问题中的实际情境转换成解决问题的物理情境，激发学生的探究欲望。在置疑、释疑的过程中，这样做既丰富了学生的物理知识，又培养了学生在解决问题的实验探究活动中建构物理概念、发展科学思维、提高科学探究的能力，并形成了尊重实验事实的科学态度和科学精神。

可以设计一些和学生的常规思维相冲突的演示实验，促进学生形成问题意识。比如演示锥体爬坡实验：两块三角形的木板 B、C 竖直放在桌面上，它们的顶点连接在 A 处，底边向两边分开；一个锥体置于 A 处，放手之后奇特的现象发生了，锥体竟然自动地沿木板滚上了 B、C 板的高处。锥体真的能自动由低向高滚动吗？学生觉得这个实验完全违背了生活常识，带着无法理解的疑问，全身心地投入到机械能守恒定律的学习中。

二、利用分组实验启迪学生的创新思维

物理课堂教学尤其要注重实验探究，因为物理学中的定理和规律几乎都源自实验。实验探究是人们探索和了解自然、获取科学知识的重要方法，一般包括提出问题、形成猜想和假设、设计实验、分析数据、归纳结论，以及对探究的结果和过程进行交流和展示等。而分组实验是在教师的指导下，在固定的时间去实验室完成，因此这是培养学生实验兴趣和良好探究习惯的最佳途径。通过分组实验，学生可以感悟实验的探究过程和研究方法，学会用科学家研究物理的方法进行实验活动；教师指导学生大胆地设计多种实验方案，通过完成同样的任务，体现学生的个性品质，并实现实验数据的共享，增强合作意识，感受合作的乐趣；教师鼓励学

生对探究过程进行质疑反思,研究完善实验方案,提高实验的精确度,培养学生严谨的科学态度和探究精神。

(一) 感悟基础实验的探究方法

在基础实验教学中,教师引导学生注重定理的发现和推导过程,培养学生对物理实验的兴趣,养成良好的物理实验操作习惯,大胆猜想、发现问题,逐步培养学生的科学思维能力,感悟物理实验的探索过程和研究方法。

物理基础实验的探究方法很多,除了控制变量法、计算机直接描绘图像法外,还有验证波义耳定律应用的图像拟合法;反映分子无规则运动的布朗运动模拟实验法;DIS 测电源电动势和内阻,利用图像的截距和斜率的图像法;DIS 描绘电场的等势线,利用恒定电流场模拟静电场的方法等。学生通过基础实验的探究过程,感悟物理实验的方法和思想,尝试应用科学家研究物理的方法来探究自然现象并解决实际问题。

(二) 变验证性实验为设计性实验

高中生的创造力主要表现为思维和想象的灵活性和独特性,而物理实验的观察与设计最能体现学生的创造力和个性品质。学生通过基础实验体验科学家对物理定理和规律的研究过程,应用图形、表格等多种方法收集数据,通过分析、归纳、讨论等多种形式,洞察科学研究对象的本质属性和相互联系,变验证性实验为设计性实验,设计多种实验方案,对实验仪器、设备等进行改进,实现相同的实验教学目的,发挥学生的创新潜能。

(三) 鼓励学生开展研究性实验

在物理实验教学中,鼓励学生将顺向思维与逆向思维相结合,不要满足于教材中的实验方法和结论,要敢于提出新方案,善于质疑,尊重实验结果。对于在实验中出现的信息,进行深入研究,特别是对在实验过程中,观察和收集到的与预期设想不同的数据和结果进行交流研讨,产生思维冲突,大胆改进实验方案,提出自己的见解,自主设计实验方案,应用信息技术解决实验中的问题,实现真正的研究,在解决问题中进一步提高实验探究能力。

三、探索性实验增强合作意识与创新实践能力

探索性实验是指学生为了探寻自然现象或社会问题内在的物理性质或规律,利用课外时间开展的实践活动,是高中物理实验教学的重要组成部分,是课堂实验教学的延伸和补充。通过开展探索性实验活动,能够使学生通过设计和观察实验,从物理学的视角解释自然现象,从而建立物理观念;通过对实验数据的分析和推理,综合运用所学物理知识解决实际问题,培养学生的科学思维;充分发挥"学习包"的探究作用,引导学生自主设计实验方案、收集处理数据、发现内在规律、得出合理结论、展示交流,培养学生的科学探究能力;通过关注社会热点进行课题研究,解决实际生活中的问题,加强团队合作交流,增加学生的合作意识,形成实事求是、严肃认真对待实验的态度,体验科学知识在生活和科技中的广泛应用,以及对现代社会的影响,理解科学、技术、社会、环境的关系,培养学生的创新实践能力。

以实验设计制作为载体,培养学生的理性思维

谢春君

科学理论,是人类理性思维活动最璀璨的结晶。人们对电和磁现象的认识有

着很长的历史。

早在 1862 年,英国物理学家麦克斯韦(James Clerk Maxwell)就从理论上科学地预言了电磁波的存在,但是他本人没有能够用实验证实。第一个证明电磁波存在的是德国物理学家赫兹(Heinrich Rudolf Hertz)。1886 年,赫兹用自己设计的仪器完成了轰动科技界的实验。有一天,他发现当把一个两端弯成长方形的铜线接到感应线圈上作放电实验时,在间隙部位出现了一个来回迅速跳跃的小火花,他立即意识到,这个跳动的小火花正是可以产生变化的电场和磁场。那么又怎样接收电磁波呢? 他百思不得其解之后又回到麦克思韦的电磁理论,突然顿悟:电磁波既然向四面八方传播,那么在它传播空间的导线中不是应当产生电流吗? 于是,他便制作出相应的装置,成功地发射了电磁波,又成功地接收到了电磁波。

赫兹从麦克斯韦电磁场理论中发现问题、设计实验、制作装置,再到证实电磁波的存在,整个过程就是一个完整的理性思维的过程。

世界在发展,人类在进步,期待着青年一代去学习、继承和发展。那么,高中物理教学中如何培养学生的理性思维能力呢? 接下来,我谈一谈如何借助创新实验室的实验设计与制作,培养学生的理性思维能力。

一、"老谢创客"物理创新实验室简介

近几年,我带领我的团队一直开展题为《微实验设计制作及其在课堂教学中的应用》的项目研究,先后完成近 80 个微实验的装置。学校也提供了大力支持与帮助,在占地面积近 $800\,m^2$ "飞行创想实验室"里开辟了近 $200\,m^2$ 的"老谢创客"物理创新实验区。目前,已经设计并完成了磁阻尼等 19 个传统实验、力的动态变化数显装置等 10 个 DIS 实验、变速器电动机发电机一体化演示器等 7 个创新实验。

这些实验,一部分是由我本人设计并制作的,一部分是我在指导学生参加各类竞赛时制作的。学校利用实验室开设通识课、拓展研究课及课题研究指导课。

其中,通过"看一看""试一试""想一想""创一创"等环节,让学生体验创客创新的过程,进而开展与之相关的课题研究。

二、以实验设计制作为载体,培养学生的理性思维

(一)培养学生收集数据、分析数据的能力

实验数据的收集与分析,需要经过去粗取精、去伪存真的过程才能深入到事物的本质、规律,及探索其相关性上,通过这一过程,学生的理性思维在数据的分析与处理过程中得到发展。实验装置设计制作完成后,就要开始试验,检验装置能否达到预期的目标。实验过程中采用不同的数据显示方法,收到的实验效果往往有很大差别。例如,模拟气体压强产生的豆子实验,用台秤完成过程中压力显示是瞬时完成的,不便于学生观察;改进实验用 DIS 力传感器接计算机来完成,豆子下落过程中的冲击力通过屏幕显示出来,不仅方便学生观察,还可以多次实验进行对比。

(二)培养学生分析现象、建立模型的能力

物理研究需要从复杂的现象中去除次要因素,建立简单模型,进行研究得出结论。例如,2015 年的学术竞赛试题"液体膜发动机"的解决,学生就是先设计制作装置,再现实验现象,分析现象,抽象出外加电场作用下通电液膜产生电流的模型,继而成功地解释了液膜发动机形成的原因。实验设计制作过程中,不同的实验原理,可以建立不同的模型,选用的方法手段及仪器材料也不尽相同。例如,学生项目《四棱锥点阵夹芯层减震性能的研究》的开发过程中,关于夹层材料的内部结构设计用到了三种建模,分别是底角为 300、450、600 正四棱锥点阵夹芯层,随之带来的问题是结构受力分析要改变,模型的制作也要改变,最后的检测实验所需实验条件也要随之调整。

（三）培养学生总结归纳、逻辑分析的能力

实验设计制作过程中既要学会"同中求异"的思考习惯：将相同事物进行比较，找出其中在某个方面的不同之处，将相同的事物区别开来；也要学会"异中求同"的思考习惯：对不同的事物进行比较，找出其中在某个方面的相同之处，将不同的事物归纳起来。例如，引导学生开展加速度计设计制作活动中，在方案设计讨论阶段，有的小组把每个学生独立设计的装置放在一起，分析比较，选出最有创意的设计作品；而另一个小组则把每个学生独立设计的装置放在一起，找出具有共同特点的几个设计归到一类。

（四）培养学生发现问题、提出问题的能力

实验设计制作的首要任务就是选题，这也是学生开展项目研究最难的一步，教师鼓励学生多观察自己的生活以及学习的实际情况，从中发现问题并提出问题。其次，实验设计制作过程中还会衍生出很多问题，教师指导学生要注意分析每一个细节，产生疑问及时解决。例如，《显示光路的光学实验箱的设计》这一项目主题就来自学生的日常学习。该学生发现，透镜成像过程中看不到光线的传递，能不能让光线显示出来呢？"物理创新实验"拓展课上她就选择了这个课题，最后通过查阅资料自主学习，结合化学课上学习的丁达尔现象的知识，终于找到了实现显示光路的方法。学生制作好装置后发现，电风扇扬起的粉尘不是很均匀，经过多次反复调整风扇叶片的角度最终达到了实验目的。再例如，《绿色环保节能水流除尘窗的探究》这一项目主题就来自学生对生活现象的观察与思考。学生通过身处野外瀑布、广场喷泉附近时，感觉空气非常清爽的经验，联想到流水也可以净化空气。项目研制过程中学生要突破水流表面的张力、水流对空气灰尘的静电吸附性及水循环系统设计制作等多重障碍，最终才实现水流除尘窗过滤空气，改善空气质量的功能。

教师应培养学生的理性思维，鼓励他们对问题进行仔细观察、分析和概括，让他们学会遵循原则去思考问题，希望他们将来成为具有较高科学素养的国家科学

发展的后备力量。

关注问题设计,培育创新素养

吴巧玲

　　创新是人类综合运用逻辑思维与非逻辑思维、形象思维与抽象思维等多种思维方式,通过主动性、跨越性、求异性、顿悟性等高级思维运动,实现创造性目标的思维活动。诺贝尔物理学奖获得者李政道先生说:"要开创新路子,最关键的是你会不会自己提出问题,能正确提出问题就是迈开了创新的第一步。"我国著名教育家陶行知先生说:"发现千千万,起点是一问。智者问得巧,愚者问得笨。"两者都指出了"问题"对于创新素养培育具有十分重要的意义。

　　课堂教学如果能够围绕"问题"来组织教学内容,以问题为中心,可以创设良好的学习氛围,使学生在思考中提问,在提问中思考,在发现问题与解决问题中发生思维的碰撞,从而真正地促进学生思维的发展。然而,如果提出的问题不经过精心设计,肤浅、随意,则虽然课堂充斥着问题,但是并不能起到启发思维的目的,还很容易偏离教学目标,所以,很有必要关注课堂问题设计,特别是要关注能够发展学生素养的课堂问题设计。

　　教师如何在教学中精心设计问题,如何有效地启发引导,促使学生思维活动得到持续发展,最终培养学生的创新素养和终身学习的能力,是我们迫切需要探究与解决的问题。

一、精心创设问题情境,培养学生问题意识

在我国古代,人们很早就注意到质疑对学习和学术研究的重要意义。古人云:前辈谓学贵知疑,小疑则小进,大疑则大进。孔子鼓励学生"每事问"。学者黄宗羲指出:大疑则大悟,小疑则小悟,不疑则不悟。提出问题本身就蕴含着创造思维的火花,只有善于发现问题和提出问题,才能在此基础上思考和寻求解决问题的方法。教学应当引起学生产生问题,成功地使学生产生问题的教学才能调动学生的学习。那么,怎样才能使学生"产生"出问题来呢? 问题将产生于具体的情境中,一些来自日常生活的不同寻常的现象,或者化学实验中与经验相违背的现象,或者化学史上有趣的实例,或者科技上与化学所学内容相关的重大的新发现,都能够因为引起思维的矛盾而激发学生提出问题的积极性,从而使学生在自己提出的问题开始,走进化学探究学习的世界。比如:

在 $Al(OH)_3$ 性质的教学中,教师创设了如下实验情境:利用所给试剂: $0.5\ mol/L\ AlCl_3$ 溶液、$2\ mol/L\ NaOH$ 溶液、$2\ mol/L$ 氨水、$2\ mol/L$ 盐酸制备氢氧化铝,比较制备效果。同学们利用中午的一刻钟时间,走进实验室进行自主实验,并把实验现象和所存的疑问写在学习报告单上。学生在自己动手实验的过程中产生了诸多疑问:为什么 $Al(OH)_3$ 能溶于 $NaOH$ 却不溶于氨水? 为什么 $NaOH$ 溶液中加入 $AlCl_3$ 溶液得不到沉淀? 为什么 $NaOH$ 溶液中加入 $AlCl_3$ 溶液一开始不能产生沉淀,后来却又产生了沉淀? 还有没有其他制备 $Al(OH)_3$ 的方法? 制备实验中盐酸有什么用途? ……教师从学生提出的诸多问题中选择与本节课教学目标紧密相关的问题作为课堂中一起讨论解决的问题,真正实现:教师确定的问题应该使学生感到就是他们本人的问题,能够激发学生的学习内驱力,课堂成为师生共同解决问题的场所。

若要培养学生的问题意识，教师就要耐心等待。同时，只有在学生不断地被要求提问和锻炼提问能力的情况下，他们才能养成问题意识，并将提问能力达到较高水平。为此，要积极鼓励学生养成遇事多问几个为什么、大胆质疑、不唯书不唯上的品质，在这样的过程中，不仅可以获得知识，也提高了创新意识。同时，教师在创设教学情境时应注意：所呈现的情境应尽可能与学生已有的知识经验相联系；呈现形式应具有新异性和变化性；情境应尽可能引起学生思维上的矛盾冲突，这种冲突可以是新情境与已有知识经验的冲突，也可以是新情境与原有思维方式的冲突，还可以是新情境与学生认知需要的冲突。

二、关注问题设计的开放性，培养发散性思维

在对问题的认识上，提倡多向的思维，鼓励学生独立思考、大胆猜想，开放思维，激发灵感，切实提高学生分析问题、解决问题的能力。如何做到让思维"开放"呢？通常的做法是在课堂教学中设计一些开放性问题。开放探索性问题的特征是所给的条件不充分或没有确定的思路、结论，所以其解决策略往往也是多样的。它为不同层次水平的学生提供了更多的交流与合作的机会，培养学生真诚的品格，能够独立思考，不人云亦云，不会无原则地趋同别人，为充分发挥学生的主体作用创造条件。使用开放式问题可以打开学生的思维，给学生留下更多的可能性与思考的空间。比如：

在 1 mol 气体体积测定的授课中，运用学生自己设计的测定气体体积的装置为问题的载体，组织"评价同学设计的气体体积装置有哪些优缺点？如何优化实验装置？"的开放性问题的研讨，让学生在问题讨论和改进设计装置的过程中更直观地感受定量实验——"没有最准、只有更准"，鼓励学生不断地对实验装置大胆想象、设计创新。

又比如:

在复习"弱电解质的电离平衡"时,教师提出以下问题训练学生的发散思维:可以用哪些方法证明醋酸是弱电解质? 问题提出后学生的思维异常活跃,踊跃发言,提出了许多方案。此时教师再引导学生进行策略分析,将方案的思维模型归纳为三种:①证明醋酸在水溶液中部分电离出氢离子(酸性比同浓度的一元酸弱);②证明醋酸存在电离平衡的移动;③证明醋酸根离子在水中存在水解平衡。在此基础上再进行发散,让学生寻找更多的方案。

这种引导学生多角度、多层次、多途径思考的开放式问题的设计,可以克服集中思维造成的思维定势,通过有意识、有目的地寻找多种方法和途径去探讨同一问题,培养学生的发散思维和创新能力。培养学生的发散性思维,老师可通过设计这样的一些问题来达到:"还有没有其他的想法?""你还知道哪些用途? 与之对应的性质又是什么?""你想选择的是哪一种方法,你的选择依据是什么呢?""请评价某种观点",等等。

三、注意问题设计的层递性,提高问题解决有效性

根据布鲁姆(Benjamin Bloom)的理论,学生的认知领域发展是分层次且不断递升发展的。如果我们能够根据学生的认知发展水平,巧妙地将一些难度较大的"问题"分解成若干紧密联系、不断小步递进的阶梯式"问题链",由易到难、由简到繁、由浅到深、由具体到抽象,让每个问题阶梯都处在学生"最近发展区"内。比如:

在"海带提碘"新授课中,I^-氧化成I_2的氧化剂的选择是教学的重点与难点之一。围绕着核心问题:怎么将I^-氧化成I_2呢? 教师设计了如下的问题链:(1)你

熟悉的氧化剂有哪些?(2)氧化剂的选择应该遵循哪些必要的原则?(3)根据这些原则,大家看看我们熟悉的氧化剂中哪些是合适的?为什么?(4)实际工业生产中,为什么常用的氧化剂是氯气?在教师的引导下,经过同学的讨论,将选择氧化剂时可能考虑的因素概括为:氧化剂的成本、氧化剂的稳定性、对环境的影响、反应速率、产物是否易于分离等。而实际工业生产的选择,通过提供氧化剂的价格的信息,让同学自己判断得出结论:工业生产选择时主要考虑了成本的因素。由于问题设计得具有递进性,就像一个个小台阶,引导学生拾级而上,从而使问题得到圆满解决。在解决问题的过程中,同学们也建立了氧化剂选择的思维角度,培养了学生的思维能力。

问题设计时要注意从学生的最近发展区引入,才容易引起学生的共鸣,这样学生将一直处于付出劳动就能获得成就感的境地,积极性就能得到很好的调动,引导学生走向问题的成功解决,同时,提高学生学习的信心,养成良好的解决问题的习惯。

我们将持续关注问题设计,以此调动学生主动性,改善课堂教学环境,让学生在课堂中养成乐学善思的优秀品质,充分发挥学科独特的育人价值,提升课堂教学有效性。

创新精神的校本表达

李显军

创新精神是指要具有能够综合运用已有的知识、信息、技能和方法,提出新方法、新观点的思维能力和进行发明创造、改革、革新的意志、信心、勇气和智慧。创新精神是一个国家和民族发展的不竭动力,也是一个现代人应该具备的素质。教育肩负着培养民族创新精神和培养创新型人才的特殊使命。要想让创新型人才辈出,就要用创新教育培养学生的创新精神。因此,如何创造有利于创新型人才成长的环境,找出创新教育突破口,培养学生的创新精神? 成为摆在我们每一个教育工作者面前的一个迫切任务。

关于创新精神我想先说说乔布斯,大学时的乔布斯境遇坎坷,由于学费问题休学,却也因此有机会学习里德学院的书写课程。10 年后,乔布斯设计苹果 Mac 计算机时想起并运用了当时所学的书写课程内容,从而实现了计算机中等比例间距字体的颠覆性创新。一门偶然课程埋下的种子,成就了一个改变世界的乔布斯,这便是课程的强大生命力所在——改变明日世界的创新型人才的金钥匙。

一、创新精神培育的载体——本草园课程

本草园生物创新实践课程(以下简称本草园课程)是一门具备完善顶层构架,以中医特色传统文化为载体、以课程整合学科跨界为方式、以学习变革素养提升为目标的创新实践特色课程。该课程是以北京师范大学中国教育创新研究院提出的"核心素养 5C 模型"为价值追求的特色校本课程,其中文化理解与传承是其核心,创新则是"创新、合作、审辩思维、沟通"四个维度中最重要的部分。本草园课程以"人与文化"为核心理念,以"人与自然""人与科技""人与人"的维度为抓手,将以创新为主体的核心素养落实到课程教学中去。具体来说,以"中医药传统文化与生命教育"为愿景,以模拟都市生态农业体验的中医药创新实验室为平台,以跨学科整合课程为载体,以关注"学生的主体性、整体性与生活性"为实施策略,全方位、立体化培养学生的创新精神。

下面,结合三位诺贝尔生理学或医学奖的得主,谈一谈本草园课程是如何培养学生的创新精神的。

二、以传统文化让创新精神扎根

众所周知,屠呦呦是我国首位自然科学诺贝尔奖得主。试想:是什么力量使她成为第一位获得诺贝尔奖的中国本土科学家呢? 这一点在她演讲的标题中已经有了答案:"青蒿素——中医药给世界的一份礼物"。正是因为她对中医药文化的热爱及对科研的专注精神,才能在中医典籍中找到治疗疟疾的利器,为人类健康做出巨大贡献。推动人类前进的力量有一种是源于心灵的热爱,这种力量可以激发人无限的动力与潜力,其中便包含了人类智慧的结晶——创新精神。在本草园里有一副对联写着"思邈耀铜川,铜川人传承岐黄薪火;鹿鸣兴本草,本草园鼎新黉学六艺",这其中的含义一方面是说要向屠呦呦学习,另一方面药王孙思邈出生在陕西省铜川市,与铜川学校同名。于是在本草园课程体系中便有了一门独特的文化体验课程——"文化寻根:陕西省铜川市中医药研学课程"。文化是有层次的,声嘶力竭呐喊的文化,那只是浅层次的文化,深层次的文化要靠内心去体验与感悟。中医药研学课程让学生在药王故里领略历史风采、沐浴自然风光、体验山野风情、浸润人情风土,以自信和从容的态度细细品味中医药文化的魅力,实现理智、经验与体验的美妙和谐,以理性与人性的有效结合为创新精神的培养打下稳固根基。

三、以跨界整合让创新精神成长

第二位要介绍的是发现抗体多样性遗传学原理的日本生物学家利根川进。他最早是化学家,起初从事分子生物学,如今又从事神经科学。为什么不在一个领域继续研究,而在多个领域进行切换? 他个人觉得只有记者才问这种傻问题,他的学生从不会问这样的问题。他说:"作为科学家,我只关心有兴趣的科学问题,不会考虑这种问题属于哪个领域。"我们的世界是连通的、流动的。没有一种知识可以孤立地存在,"知识孤岛"的出现必会导致知识的迅速遗忘,更妄谈创新精神的培养。本草园课程的建设初衷是以跨学科整合方式,让学生运用多学科知识,在真实情境中解决自己没有见过的问题,以此培养创新精神。以其中的本草特色课程为例,该课程以中医药的知识为线,分为先人之慧、伦理之道、医人之术、传承之法四个模块,串联起科学、技术、工程、数学、人文等相关知识。以"天人合一"这个知识点为例,该知识点由《黄帝内经》中的中医养生观引入,探讨从大的生态环境,即天地(大宇宙)的本质与现象,到从生命(小宇宙)的本质与现象中所蕴含的生命观,再引申到习总书记提到过的中国和平发展基因的"四观"——天人合一的宇宙观、协和万邦的国际观、和而不同的社会观、人心和善的道德观。最后,再结合学生的自身从"小小企业家""小小社会者""小小思考者"三个方面,让学生用"天人合一"的观点解决真实情境中的问题,从中发现中国文化所蕴含的智慧宝库。这种跨界整合的课程构架模式旨在打破学科界限,采用多样化途径,让学生运用各类知识及策略,解决真实情境中的科学问题,让创新精神在思维综合的过程中成长。

四、以兴趣驱动让创新精神内化

第三位要介绍的是细菌遗传学之父——乔舒亚·莱德伯格(Joshua Lederberg),他在 SARS 爆发前七年便预测到肺炎类疾病再出现且变异的可能。莱德伯格在很小的时候,其创造思维能力就让人吃惊,甚至迫使高中老师和他达成一项秘密协议——只要不问太多"千奇百怪"的问题,他就可以坐在教室后面自习。关于莱德伯格的才智与成功,他本人给出的答案是:对科学永不消失的兴趣。本草园课程的兴趣激发策略是:在传统文化的引领下,在真实情境的实践中,探寻自身的兴趣着力点。前两者是基础,没有文化引领的兴趣如飘散落叶般容易跑偏,没有真实情境的兴趣如空中楼阁般无法落地,在这两者都满足的前提下,本草园课程从孩子的实际情况和经历、经验出发,注重对孩子的发展性学力与创造性学力的培养,让每一个孩子在自己喜欢的课程中发现和培养自己的兴趣爱好。本草园课程种类繁多,涵盖了认知、体验、实践、探究等方方面面,让孩子有充分的选择余地。

其次是充分尊重孩子的个性差异与主观能动性,如有的孩子喜欢绘画又善于观察,便可以在"本草写生"课程中以观察绘制本草植物的形式培养兴趣并进行深入探究。我们相信,任何一种兴趣都包含着天性中有倾向性的呼声,只要能让孩子在课程的海洋中找到自己的兴趣增长点,就会产生持久的、炽热的动力源泉,促使创新精神不断地内化。

创新精神是一个民族进步的基因,而课程则是这个基因表达的良好载体。让我们为学生搭建更多的载体,实现基因表达的多样性,成就学生的个性发展,为民族复兴做出自己的努力!

第九章　以实证调查照亮实践之路：学员视角下的教育洞察

　　在普陀教育的广袤天地中，我们拔尖教师工作坊学员们肩负着探索与创新的使命，工作坊鼓励他们勇敢地踏上实证调查之路，用实际数据和深入的思考，为我们揭示教育的真实面貌。接下来所选取的这些调查报告就是他们辛勤努力的结晶。

　　这些报告不仅仅是一纸数据堆砌的文档，更是学员们对教育现象深入剖析、对教育问题敏锐洞察的见证。他们走进课堂，与学生面对面交流；他们访问学校，与管理者共同探讨；他们分析数据，寻找教育规律。每一次调查，都是与教育实践的一次亲密接触，每一次洞察，都是对教育真谛的一次深刻领悟。

　　从这些报告中，我们可以看到学员们如何以实证调查为武器，穿透教育的迷雾，发现那些隐藏在现象背后的深层次问题。他们提出的解决方案，不仅具有针对性和可操作性，更充满了对普陀教育的热爱和对学生的真挚关怀。

让我们一起往下阅读,跟随学员们的脚步,走进教育的真实世界,感受他们的洞察力和创新精神。让实证调查照亮我们前行的道路,共同为普陀教育高质量发展贡献智慧和力量。

高中语文统编教材文言文教学现状调查分析报告

江练

一、研究背景

自 2019 年以来，统编语文教材在高中已经实施使用了 4 年时间，各所学校大部分语文教师已经完成了一轮新教材教学。双新背景下，教师的教学方式、教学方法、教学评价等该如何与时俱进，是一个值得深入探究的问题。在此背景下，开展区级课题《双新背景下高中文言文教学策略推广应用》研究，为更好了解高中语文教师使用部编版教材开展文言文教学的现状，为开展课题成果推广应用研究以及指导教学实践提供理论依据。我们根据课题研究目标，以《普通高中语文课程标准(2017 年版 2020 年修订)》为依据，结合统编高中语文教材文言文单元的编排特点，参考借鉴了《高中语文"中华传统文化经典研习"教学现状及对策研究——以黑龙江省巴彦县巴彦镇高中为例》《高中文言文人文性教学现状及对策分析——以自贡市旭川中学为例》等文献资料，制作了教师问卷，开展教师问卷调查。

二、问卷具体维度划分及调查内容

本问卷的具体维度划分为六个方面，分别是教师的教学理念、备课行为、教学行为、教学评价方式、教学困难，以及希望得到的专业支持等。围绕这六个方面设计了 7 道题目。

第 1、2 题调查教师个人信息，包括教学工作年限与所在学校类型；第 3、4 题调查教师对新课标理念的熟悉程度;第 5 题调查教师在实际教学中最为重视的文言文教学目标;第 6 题调查教师在教学文言文单元时的备课行为;第 7 题调查教师在实施统编教材文言文单元时的教学行为;第 8 题调查教师在实施统编教材文言文单元时的教学评价方式;第 9 题调查教师在实施统编教材文言文单元教学时的困难;第 10 题调查教师希望得到的专业支持。

三、调查工具

主要以《普通高中语文课程标准(2017 年版 2020 年修订)》为调查依据,采用"问卷星"开展问卷调查。

四、调查对象

为了使调查结论更符合实际,我们对全区 10 所高中(4 所市重点,3 所区重点,2 所完中,1 所民办高中)的语文教师进行了问卷调查,共回收 125 份有效问卷。调查对象具体情况如下。

(一)教龄分布

参与调查的教师里,教龄在 15 年以上共 60 人,占 48%;教龄不到 5 年有 33 人,占 26.4%;教龄在 5 到 15 年的共 32 人,占 25.6%。从年龄分布来看,调查对象覆盖了老中青不同年龄段,大部分为教龄在 15 年以上有一定教学经验的中青年教师,完整经历二期课改的教师占比最大,接近半数。教龄在 5 年以下的职初教师共 33 名,占 26.4%,这部分教师基本上没有经历二期课改,入职就遇到双新改革,几乎没有旧教材的教学经历。

1.我从事语文教学工作年限（ ）。[单选题]

选项⇕	小计⇕	比例
A.不到 5 年	33	26.4%
B.5 到 10 年	21	16.8%
C.10 —15 年	11	8.8%
D.15 年以上	60	48%
本题有效填写人次	125	

图 9 - 1

（二）学校类型分布

2.我所在学校的类型（ ）。[单选题]

选项⇕	小计⇕	比例
A.普通完中	41	32.8%
B.区级重点中学	36	28.8%
C.市级重点中学	45	36%
D其他	3	2.4%
本题有效填写人次	125	

图 9 - 2

从调查对象所在学校类型来看，占比最大的是市级重点中学，共 45 位教师，占样本总数的 36%；其次是普通完中，共 41 位教师，占 32.8%；来自区级重点中学的教师共 36 人，占 28.8%。另外还有 3 名调查对象来自本区其他类型高中，如民办高中等。从调查对象的学校类型分布来看，覆盖了全区所有类型的学校，且不同类型学校参与调查的人数差异不大,总体均衡,能够比较全面地反映实际情况。

五、调查数据分析

(一)教师对新课标理念的自我认知情况

这部分设计了两道题,希望了解目前各校教师对新课标的研读和新课标核心理念认知的自我评价。调查结果如下:

图9-3

第3题"我认真研读过《新课标(2017版)》的具体内容",56.8%的教师认为符合;29.6%的老师认为非常符合。没有老师选择"不符合"和"非常不符合"。

调查表明,经过近几年市区以及学校等各个层面的新课标学习培训,以及教师在新教材实施过程中的自主研读,大多一线教师都认真研读过新课标,较熟悉新课标的具体内容。但也有13.6%的教师选择了一般符合,这部分教师多为新入职的职初教师,他们对新课标的研读还在进行中,尚未系统深入。

第4题"我很了解语文学科核心素养的具体内容",52%的教师认为符合,

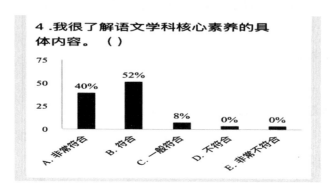

图 9 - 4

40％的教师认为非常符合。8％的教师认为一般符合。

此项调查结果与第 3 题课标研读情况呈正相关,绝大部分教师对语文学科核心素养的四个维度非常了解。8％的选择了一般符合的,同样多为教龄少于 5 年内的职初教师,正处在学习理解新课标的过程中。

(二) 教师对文言文教学目标的认识

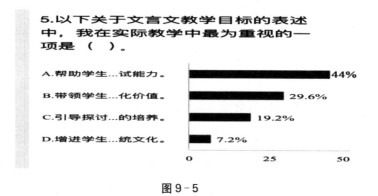

图 9 - 5

第 5 题关于教师对文言文教学目标的认识,选 A 项的教师人数最多,占 44％,大部分教师在实际教学中最看重的是帮助学生积累文言文学习经验,提高文言文阅读能力和应试能力。29.6%的教师选择 B 项,注重引导学生体会文言文的精神内涵、审美追求和文化价值。还有 7.2% 的教师选择 D 项"增进学生对中华优秀传统文化的理解,继承和弘扬中华优秀传统文化"。

(三) 教师文言文单元的备课行为

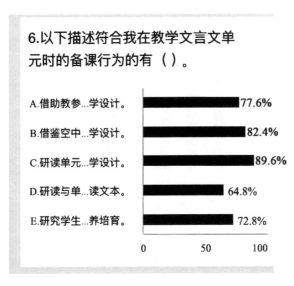

6.以下描述符合我在教学文言文单元时的备课行为的有（　）。

A.借助教参...学设计。　77.6%
B.借鉴空中...学设计。　82.4%
C.研读单元...学设计。　89.6%
D.研读与单...读文本。　64.8%
E.研究学生...养培育。　72.8%

图 9-6

本题为多项选择题,旨在调查教师教学文言文时的备课行为,了解教师备课习惯和方法路径。

选择 A 项"借助教参和同行分享的 PPT 等资料,完成文本解读和教学设计"的教师占 77.6%;选择 B 项"借鉴空中课堂教学资源,以及其他专家学者的教学建议,完成文本解读和教学设计"的教师占 82.4%;选择 C 项"研读单元任务群目标、单元导语、学习提示和单元学习任务,参考并整合各种教学资源,形成教学设计"的教师最多,占 89.6%;选择 D 项"研读与单元主题相关的中华元典以及学者研究资料,深度研读教材,解读文本"的教师最少,占比 64.8%;选择 E 项"研究学生需求,努力设计出符合学情的语文学习活动,落实核心素养培育"的教师比例为72.8%。

(四) 教师文言文单元的教学行为

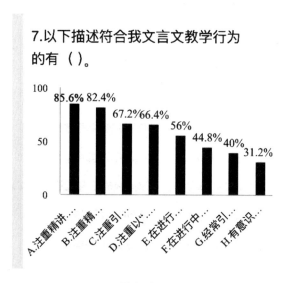

图9-7

调查结果显示,教师在文言文教学中最注重的是"精讲字、词、句等文言基础知识,落实背诵默写任务"和"分析作品内容,精神内涵和艺术价值",选择这两项的教师占比都超过了80%。其次注重的是"引导学生借助注释和工具书独立研读文本,自主梳理词法句法现象和文学常识"和"以学习任务来整合单元教学"。

"在进行中华传统文化经典研习任务群教学时,注重组织相关主题进行教学"的教师占56%,"在进行中华传统文化专题研讨任务群教学时,注重设计多种专题研讨与交流活动"的占44.8%。而注重"引导学生采用自主、合作、探究的方式学习,并采用跨媒介教学方式"的仅占40%;能够在教学中"有意识地体现必修和选择性必修的文言文教学的层次性和差异性"的更是只占了

31.2%。

(五) 教师文言文单元教学评价方式

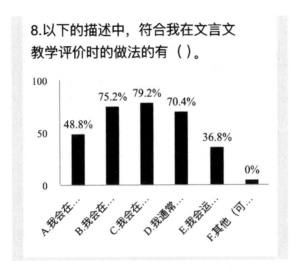

图9-8

调查显示,终结性评价是一线教师在文言文教学时最常采用的评价方式,有79.2%的教师选择了C项。75.2%的教师选择了B项,会在教学中采用过程性评价。70.4%的教师表示会采用纸笔测试、现场观察、对话交流、小组分享、自我反思等多种评价方式。相对使用得较少的评价方式是诊断性评价和表现性评价,分别占48.8%和36.8%。

(六) 教师在文言文教学时遇到的困难

调查显示,有68%的教师选择了E项,认为文言文教学时的最大困难来源于学生被动、接受式的学习方式,且认为这种学习方式导致难以引导学生深度参与学习。64.8%的教师选择了B项,认为单元整体设计既耗时又费力,难度太大,难以驾驭。46.4%的教师选择了A项,认为新课改观念太复杂,很难吃透并落实在

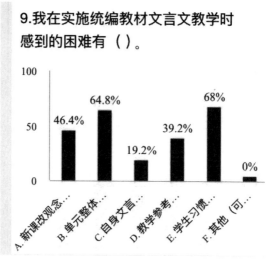

图 9-9

教学中。39.2%的教师选择了 D 项,认为教学参考资源太过丰富(教参、空中课堂、专家教学建义,以及网络个人分享),整合取舍时感到困难。此外,还有 19.2%的教师选择了 C 项,觉得自己在实施统编教材文言文教学时,自身传统文化素养薄弱,而选文又过于艰深,难以把握,因此感到有困难。

(七) 教师希望得到的专业支持

教师希望得到的专业支持,排在第一位的是"详细的文本解读、单元教学设计等资源",占 76%;"课堂教学 PPT 和课后作业设计资源"和"一线教师课堂教学实践案例与反思资源"这两项占比接近,分别为 66.4%和 68.8%。此外不少教师希望得到专家给予单元教学设计、任务群解读等教学技术、理论的讲座指导,这部分占比为 64.8%。还有 59.2%的教师希望得到学者对教材中的文言文篇目选文及其蕴含的传统文化精髓的讲座指导。

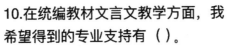

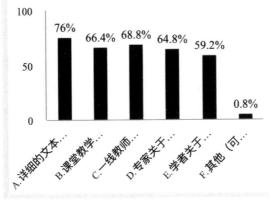

图 9-10

六、结论与建议

(一)调查结论

总体来说,目前一线教师对新课标的精神、学科核心素养内涵的熟悉程度较高,尤其是有一定教龄的教师。但是在实际教学中并没有很好地落实课标精神,不少教师还是用旧经验走老路。具体体现在以下方面。

1. 教师教学方式还是以引导学生接受式学习为主

很多教师认为学生的被动学习方式是导致文言文教学困境的重要原因,但在实际教学中,教师却似乎并不很重视引导学生转变学习方式,仍然采用较为传统的精讲精练的教学方式,将知识传授给学生,满足于提升学生的应试能力。这与新课标强调转变学生学习方式,引导学生采用自主、合作、探究的方式来学习的理念相违背。其背后原因可能有多种,如教师虽然熟悉课标理念,但未必真正认同并实践课标理念,但更大可能是教师认同课标理念,但是缺乏有效的实施路径,难以真正落实,只好穿旧鞋走老路。

2. 教师对文言文单元的教学目标认识较狭隘

新课标关于文言文单元的学习目标的表述包含了语文核心素养的四个维度，即语言的积累与建构、思维的发展与提升、文化传承与理解、审美鉴赏与创造。对于中华传统文化经典研习单元的教学，既要了解文体样式，也要了解语言表达，既要理解其思想内涵和文化观念，也要探究其现实意义，既要欣赏其艺术价值，也要认识其当代价值，从而增进学生对中华优秀传统文化的理解与认同，继承和弘扬中华优秀传统文化。但从调查结果来看，绝大部分教师最为看重的仍然是应试的目标，其他方面目标重视程度相对较低，不利于学生语文核心素养的整体提升。

3. 教师备课比较依赖现成资源，缺乏自主研究文本的意识

统编教材实施后，各种资源非常丰富。在面对文言文教学的实际困难时，教师多求助同行或教参提供的现成文本解读、教学设计等资源。教师认为最需要的专业支持也多是来自一线同行的可供复制的教学资源。从教师专业发展来看，缺少独立研读教材，研读传统文化经典、学者研究专著的意识，过多依赖现成的教育教学资源，限制了教师传统文化素养的提升，不利于教师自身文本解读与教学设计能力的发展。

4. 教师对不同年段文言文教学要求的层次性缺乏充分认识

统编教材中，文言文篇目呈现方式有两种。一是与现代文混编在某个任务群单元中，主要在必修上、下册教材中。另一种是专门的文言文单元，分属中华传统文化经典研习任务群或中华传统文化专题研讨任务群，出现在选择性必修的三册教材内。课标关于不同学段文言文单元学习目标的表述不尽相同，教学要求也应该有所不同。但较少有教师能够在教学中体现必修和选择性必修文言文教学的层次性和差异性。例如，必修阶段文言文教学要求为单元"学习"，选择性必修阶段则是单元"研习"，甚至还有专题"研讨"，其间区别到底在哪里，教学中如何体现这种差异和层次？教师在这个部分考虑得还不够充分。

5. 教师教学评价方式仍较传统、单一

新课标对教学评价提出了明确要求，反对以纸笔测试分数来评价学生语文学

习成效,强调要遵循课标要求,多角度、多方式评价学生语文学习。要综合发挥检查、诊断、反馈、激励、甄别、选拔等多种功能。从调查结果来看,一线教师最为重视的是检查、反馈、甄别、选拔的功能,因此在教学中,多采用终结性评价与过程性评价。相比之下,诊断性评价和表现性评价采用较少。而后两种评价更强调的是要凸显学生主体,关注学生个体需求,激励学生展示自我发展的过程。因此可知,一线教师对教学评价的诊断、激励的功能发掘不够,评价方式较为传统单一。背后涉及多方面原因,比如教师缺乏对教学评价的育人功能的充分认识;教师始终以高考成绩高低作为自身教学成效的评价依据等。

(二)相关建议

1. 进一步开展课标研读,在教学实践中转变教学行为,落实课标理念

新课标推出以来,各类培训层出不穷,一线教师无论愿不愿意,新课标的诸多理念都已经耳熟能详。但是从理念到行为还有很长的距离,如何将课标精神理念转化为教学行为,需要教师更深刻领会课改精神、课标内涵,更重要的是要有勇于克服变革带来的不适,在持续不断的教学实践中,转变教学行为,落实课标理念。

2. 开展原课题成果中文本解读策略的推广应用

原课题成果形成了"基于课标,立足语言,依托元典,深耕文本"的文本解读模式,提出教师阅读文言文首先要立足语言,发现文本本义,进而依托元典,探寻文本深义,并在此基础上还原经典文本的本来面貌。同时在新课程背景下,以核心素养的四个维度为视角,发掘出符合课标精神的文本的核心教学价值。这一成果的推广应用,可以为教师提供独立研读文本的路径,有利于解决一线教师文本解读依赖性强的现状,助力教师学科本体素养的提升。

3. 开展原课题成果中教学设计策略的推广应用

原课题成果形成了"设计导学案,以促学定教""以情境化学习任务统整听说读写""利用信息技术,丰富评价手段"等教学设计策略。课题组可以以此为基础,

进一步探索转变学生学习方式、丰富教学评价的手段。后续的课题研究中,需要重点关注转变学生学习方式的教学引导策略,探索如何通过情境任务设计、教学活动设计等方法,引导学生采用自主、合作、探究的方式进行学习。也要进一步探索评价方式变革,研究如何更好地开展诊断性评价和表现性评价。

4. 积累较为系统的文言文教学实录、案例、反思等资源

新课改实施不到四年,累计的教学资源不可谓少,然而多为单篇或某个单元的教学资料。系统的文言文专题教学实践与反思记录并不丰富。问卷调查显示,教师最希望得到的专业支持就是来自一线教师的这类教学资源。课题组可利用今后两年实践,整体规划,逐步推进,完成必修和选择性必修教材中的文言文单元的课堂教学探索,积累相关资源,为一线教师提供教学参考。

基于 Nvivo 软件的教师职业发展目标分析研究

杨云

一、研究内容

本研究以样本学校全体一线教师的三年个人职业发展目标文本为研究内容,手动剔除距离退休三年以内的样本,重点研究教师在个人发展规划过程中的目标拟定特征与指向,将庞杂的质性数据通过编码转变为层级分明的编码节点系统,构建具有校本特征的教师发展规划目标导向模型,并力图借助软件的统计功能发现文本材料中的内隐信息。

二、研究方法和工具

Nvivo 软件是一款由澳大利亚 QSR international 公司研发的质性分析工具，旨在帮助研究者查找、组织和分析非结构化的资料，如访谈、网页、文章和开放式调查等。此软件具有强大的编码能力，使用者可以按照自己的研究方向将资料原本的脉络打散，利用 Nvivo 找到暗含的深层线索，再把所有资料用新线索进行整合形成节点。本研究根据扎根理论，采用自下而上的编码方式，采用三级编码方式对文本材料进行编码并将构建的子节点纳入树状节点中，通过案例分析，旨在得出研究发现。

三、研究过程

（一）创建项目

2022 年 8 月，样本学校以教师暑期作业的形式组织教师（离退休三年以上）撰写三年个人发展规划。2022 年 9 月收取教师个人三年发展规划文本共计 179 份，并在 Nvivo 软件中创建项目、导入素材。

（二）编码阶段

遵循施特劳斯（Anselm Strauss）的开放式编码、轴心式编码和选择式编码的三轮编码对文本进行编码，形成若干子节点后进而整合。利用 Nvivo 软件对 179 份文本进行编码，共汇编了 501 个原始参考点，通过提炼得出 11 个二级节点，再将二级节点进行聚类，形成了直接回报型与间接回报型两大类一级编码。三级编码结构如下：

1. 2 个一级编码：分为直接回报类目标、间接回报类目标。
2. 11 个二级编码：

直接回报类目标：专业证书或资质研修、专业比赛、职务晋升、职称晋升、学历晋升。

间接回报类目标：德育能力提升、教学能力提升、科研能力提升、课程开发能力提升、信息素养提升、指导辐射能力提升（包含了针对教师群体的专业带教和学生群体的特长指导）。

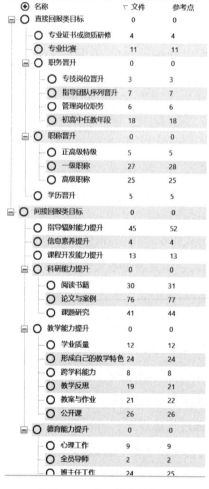

图9-11 编码节点结构图

3. 19个三级编码：（具体见图9-11）需要说明的是，由于样本学校是一所完中，因此，教师的初高中任教年段提升也被纳入到了"职务晋升"的三级编码中，与专技岗位晋升、管理岗位职务（例如教研组长、年级组长、行政岗位等）、指导团队序列晋升四者并列其中。德育能力则根据文本编码提炼出班主任工作能力、全员导师能力、心理工作能力三个方面。

（三）分析阶段

1. 直接回报类目标

在"直接回报类目标"代码下，共汇编有112个参考点。通过提炼得出5个二级节点，再将二级节点进行聚类可以分析出具备直接回报性质的个人发展目标主要集中在：职称晋升（58个参考点）、职务晋升（34个参考点）、专业比赛（11个参考点）。其中，在职称晋升方面，分别有28个参考点指向一级职称、25个参考点指向高级职称。结合样本学校的中级职称与高级职称的人数占比(高级教师 71 人,占比 34%;一级教师 82 人,占比 39%)来看,一级教师、高级教师的职称晋升意向人数较为均衡。在"职务晋升"这一代码下,有明确的专技岗位晋升目标的参考点仅有 3 个,说明专技岗位晋升在教师个人发展规划中的重视程度不足,但有 18 个参考点涉及了初高中任教年段提升,说明有相当比例教师将自己的任教年级高低视为专业提升的重要指标,尤其是初中教师(持高中教师资格证)对学校能否安排其在高中年段承担教学任务尤为在意,认为这是学校认可其专业能力的重要标志。

2. 间接回报类目标

研究发现,在间接回报类目标的 6 个二级代码中,最为频繁出现的三个目标描述分别是:科研能力提升(152 个参考点)、教学能力提升(113 个参考点)、指导辐射能力提升(52 个参考点),参考点最少的是"德育能力提升",仅有 36 个参考点。具体分析如下。

首先,教师个人发展规划目标中,科研能力提升成了参考频数最高指标(152 个参考点),其中"课题研究"与"论文与案例"两项的参考点比重分别高达近 29% 与 50.7%。说明教师的科研成果意识不断增强,需求较为旺盛。当然,这与直接回报类的职称晋升等有密切联系。

其次,教师在教学能力提升方面的诉求分布比较广泛。在编码过程中共采集到了以下三级编码(按参考点由多到少排列):公开课(校级以上)、形成自己的教学特色(按照双新要求编制完善)、教案与作业、教学反思、学业质量、跨学科能力。

另外,虽然德育工作越来越受到教育主管部门及学校的重视,但依然在教师的个人发展规划中缺乏应有的反馈和体现。针对这一现象,在后续访谈中,教师(非德育类职称意向的教师)往往提到最多的是"感觉把班主任工作做好了,对自己的个人发展并没有直接而实质性的帮助和提升""做导师或班主任是一项行政安排的工作,主观上没那么想做,但学校安排了,我也会尽力做好""教学能力提升需要耗费大量精力,相比之下,育德能力提升就无法兼顾"。在 179 份材料中,"班主任工作"的二级编码仅获得了 25 个参考点,可见作为间接回报,教师的育德成效未能对教师专业成长产生直接驱动力,导致教师提升相应能力的自主意识缺失。

3. 案例描述:成熟型青年教师的自我意象

该研究将成熟型青年教师按性别分为男、女两类,筛选条件为已经评上一级教师 3 年以上,年龄为 45 岁以下,并有望在 3～5 年内完成高级职称评定的教师群体,从中选取 7 名男教师、5 名女教师的材料,借助 Nvivo 案例工具进行分析,并进行了访谈。研究发现,这一群体教师的个人发展目标主要呈现以下三种风格类型。

图 9-12　刘老师案例编码编写密度

面面俱到型:以 30 岁男性刘老师(云南支教返沪)为例,材料文本共采集到了 8 个三级编码,分别在学历、职务、班主任工作、职称等方面均有着较高发展需求和动力。通过访谈,再次对该位教师做好个人情况分析,对这八个目标进行优先等级排序,梳理推进子目标以达成规划,丰富第二轮个人成长档案。

聚焦专攻型:针对此类属下的四名男教师的文本分析和访谈发现,成熟型青年教师的发展目标中对"辐射带教"的凸显程度较高,且聚焦学科(数学、科创、日语等)特长生指导方面。这一以往很少关注的领域主要体现了教师基于学科特质,对自我进行差异化发展设想的一个窗口。随着"双新"推进,成熟型教师在专业能力得到充分发展的同时,更期待在学生的特长素养培育方面体现价值。

混沌不清型:一是把职业发展等同于专业发展。这直接导致教师的发展目标中要素缺乏,着重教学能力提升、科研能力提升上,也导致了对规划目标的表述准确度不够。二是对个人发展目标制定重视度不够。三是女性教师存在的职业发展阻滞因素主要集中在身心健康状况、家庭结构和关系支持,以及对在各类组织中(备课组、教研组、学校)获取资源的信心不足。

名称	文件	参考点
⊕ 成熟型青年男教师	0	0
混沌不清型	1	1
聚焦专攻型	4	4
面面俱到型	2	2
成熟型青年女教师	0	0
混沌不清型	0	0
家庭因素阻滞	1	1
生理因素阻滞	1	1
资源因素阻滞	1	1
聚焦专攻型	2	2
面面俱到型	0	0
冲击正高级职称的短板分析	0	0
区域影响力	4	4
学术成果	3	3
自我效能激发	3	3

图 9-13　案例编码图

四、研究结论

(一)教师对自我职业发展的显性目标关注程度虽然很高但不够具体明确

从文本分析来看,相当大比例的教师群体不善于或不习惯于直接表达"可视化"的显性目标。通过访谈也发现,教师对"个人发展目标"的内涵理解不够准确,往往将工作重点等同于职业发展目标,因此在表述上常常存在模糊不清、缺乏明确性、可视性、可量化衡量的现象。在179份材料中,有58份材料由于类似原因进行了二次修改,印证了该现象的存在较为普遍。

(二)发展动力与自我意象匹配适切有利于提升教师发展目标的清晰度

通过访谈发现,教师对自我认知不足,导致了自我意象较低,甚至还有少数教师存在"患得患失"和"躺平"心理。面对学校对其高职业期待反应惊讶,会说出:"我可以吗? 我怎么可能做得到? 太遥远了。"个人发展规划制定的必要性虽然已经得到大多数教师的认同,但在制定与思考过程中还存在以下问题。

1. 自我认同方面:自我分析缺乏全面性、客观性,善于表述间接性目标,回避直接性可视化目标。

2. 发展导向方面:偏重教学能力,轻视德育能力;外部推力主导,主观能动不足。

3. 资源配置方面:基于主观经验估计自我,分析缺乏客观实践和外部资源的支撑等问题。

如何更加客观精准地分析教师发展目标成为学校科学设计与实施教师专业发展培养方案的前提和基础。

五、实践启示

综上,以 179 份教师个人三年发展目标分析文本为透镜,本研究从总体上透视了样本学校的教师群体发展目标的指向与分布情况,并结合校情,提出如下实践建议。

(一)基于教师个体职业发展目标导向开展校本培训顶层设计:解决好"学校与老师一条心"的问题。结合教师的不同发展目标提供面向学习共同体的"菜单式"培训和基于个体的"订单式"培训。在教师发展需求前期调研的基础上,体现"自选"特色,具有灵活性、针对性和实效性的特点,使培训内容更加符合教师的需求,有利于教师的自主成长与发展,体现主体性、参与性、实践性和体验性,实现教师培训的供给侧服务与教师职业发展需要之间的无缝对接。

(二)建立完中特有的初高中一体化任教激励机制:解决好"上下一盘棋"的问题。实行初高中教师资源共享,培养更多专任教师具备初高中教学经验,胜任各学段教学工作,部分学科教师开展中外学生教学,部分教师实行初高中教学大循环;深入开展名师引领、师徒结对、青年教师教学基本功展示等活动,推进初高中教师一体化深入交流。

（三）重视教师个体或群体的微型科研成果孵化推广：解决好"最后一公里"的问题。对教师微课题成果的可视化工作给予相应的制度保障和专业支持。通过开展专家"定向支持"和"行政定点推广"的方式，促进成果转化和推广，并将此纳入教师年度考核、职称评定、评优评先中，并作为骨干教师、学科带头人考核和选拔的重要依据。

（四）将特长学生指导与教师带教纳入教师职业发展的重要板块：解决好"教学相长"的问题，重视培养教师的教育教学指导辐射能力。对于学生特长指导，应建立健全指导奖励机制，促进教师专业化发展；对于教师指导带教，应创设各类平台开展多层次经验分享与成果展示，并将之作为专家型教师群体的重要发展目标。

关于中学生词汇学习情况的调查报告

宗华

在日常学习中，词汇学习是中学生英语学习中的难点和痛点。不少学生看到单词后总会遇到读不出、看不懂、用不来等困难。针对以上表层现象，本调研旨在深入了解中学生英语词汇学习中的困惑及有效做法，为今后的中学英语词汇教学提供借鉴和指导。本调研的意义在于，基于学生真实反馈，从实际经验中归纳总结，从而能够在后续有针对性地开展词汇教学研究，帮助教师教学、促进学生学习。因此，特面向上海中学生，借助问卷星平台收集数据，进行中学生词汇学习情况的问卷调研。

一、调查过程

为使问卷中的问题设计具有明确的指向性,聚焦真问题,研修团队首先开展初步研究(pilot study),希望通过小规模的预期研究暴露词汇教学中存在的问题,从而进行问卷二次设计,以便降低问卷的不合理性,提高问题的指向性、问题之间的逻辑关联性和研究的实效性。课题组成员设计问题,在初高中 98 位学生中初步排摸了词汇学习的情况,梳理、分类汇总了学生集中反馈的内容,包括词汇学习的问题、学习途径、学习方法、记忆方法、评价方式以及对词汇教学的建议等。并针对初步研究反馈内容,运用 80/20 原则,主要围绕前期收集的学生词汇学习困难(拼写难、易混淆、用不好)推进调查研究。调查依照"描述表症—阐释原因"路径,辅以研读初高中英语课程标准和教学基本要求,聆听了华东师范大学外国语学院邹为诚教授《词汇教学的理念和实践方法》的专题报告,阅读 Penny Ur 的《*Vocabulary Activities*》(词汇活动)一书,通过分享阅读体会等方式,加深对词汇教学的深入理解。其间,研修团队也对教师进行了访谈,借助深度教研"活动研讨记录单"开展教学研讨,剖析问题后再进行问卷的二次设计。

最终,问卷调查于 2022 年 5 月 16 日发放,2022 年 5 月 23 日截止。

问卷内容主要从调查对象对英语词汇学习的理解入手,涉及词汇学习途径、词汇学习方法、词汇学习中存在的困难与问题、运用词汇情况、教师教学方法、学生兴趣话题等方面。问卷以多选题为主,兼有单选题、矩阵打分题和简答题,要求学生以无记名的方式填写问卷。

二、结果与分析

本次调研分为基本信息和关于词汇学习情况的调查问题两个部分,共回收3546 份学生问卷。问卷量与问卷参与者的结构一定程度上保证了问卷结果的可信度与真实性,使得基于问卷结果的研讨更具有价值,研究更能聚焦"真"问题。

(一) 基本信息部分

该部分要求学生填写自己的性别、年段、学校性质,结果分析如下。

按性别划分,男生1828人(51.55%),女生1707人(48.14%),未填11人(0.31%)。男女生比例接近,男生略多于女生。

按学校性质划分,初中公办学生1830人(69.58%),初中民办学生780人(29.66%),未填20人(0.76%);高中公办实验性示范性高中学生516人(56.77%),公办特色高中学生207人(22.77%),公办其他高中学生160人(17.6%),民办高中学生8人(0.88%),未填18人(1.98%)。学生覆盖了各类学校。

按年段划分,初中生2630人(74.17%),高中生909人(24.94),未填7人(0.19%),学生涵盖了中学各个年段。其中初二1134人(31.98%),初三1175人(33.14%),高一538人(15.17%),将作为重点研究对象。

(二) 问卷部分

该部分共设置了12个大问题,包括单选题、多选题、矩阵打分题和简答题,部分问题涉及子问题,为多选题。经过数据统计和分析,结果如下。

1. 课标中对阅读技能要求的了解

《普通高中英语课程标准(2017年版2020年修订)》规定必修阶段课外阅读量平均每周不少于1500词(必修课程阶段不少于4.5万词),选择性必修课外阅读量平均每周不少于2500词(选择性必修课程阶段不少于10万词)。《义务教育英语课程标准(2022年版)》规定二级和二级+的课外阅读量累计达到4000~5000词,三级课外阅读量累计达到4万词以上。从调查结果来看,选择"是"的学生占64.1%,选择"否"的学生占35.9%。由此可见,受访的三分之二学生知道自己所处阶段的课外阅读量要求,对于未知的学生需要教师帮助其明确阶段学习目标和任务。

2. 关于学生词汇学习途径的问题

从调查结果来看,学生学习词汇的途径有"通过大量阅读学习词汇"(61.48%)、"通过视听学习记忆词汇"(43.56%)、"通过背诵词汇手册学习"(76.54%)和"利用应用软件学习词汇"(37.17%)。从四项占比来看,"通过背诵词汇手册学习"和"通过大量阅读学习词汇"是学生目前词汇学习的主要途径。其中,以背诵词汇手册为主要词汇学习途径的学生会首选中高考考纲词汇手册(占比95%以上),部分学有余力的同学会选择四六级词汇手册或雅思、托福词汇手册等更高阶的词汇手册。此外,学生阅读材料覆盖面广,延伸语篇、原版小说和英语报纸是"通过大量阅读学习词汇"的学生的首选,部分学生还会主动寻找原汁原味的外刊作为阅读材料来进行词汇学习。音视频作为多模态语篇也备受学生喜爱,英语歌曲和英剧、美剧等是"通过视听学习记忆词汇"的学生的首选,部分学生还会主动收听英语新闻、体育比赛直播等材料进行词汇学习。现代信息技术为学生提供了丰富的学习资源、学习平台和学习机会。选择"利用应用软件学习词汇"的学生中,选择"百词斩"的有79.06%,选择"拓词"的有16.69%,选择"其他"的有23.67%,具体包括扇贝单词、有道词典、轻松说霸、纳米盒、墨墨背单词、金山词霸、欧路词典、英语流利说等。

从这四种词汇学习途径的有效性来看,综合得分最高的为"通过背诵词汇手册学习"(3.62分),其次分别为"通过大量阅读学习词汇"(3.61分),"通过视听学习记忆词汇"(3.42分)和"利用应用软件学习词汇"(3.30分)。由此可见,四种词汇学习途径的有效性差异不大,通过阅读与背诵词汇手册的方法略居靠前。

3. 关于学生词汇学习方法的问题

从调查结果来看,排名前三的为通过"构词法"学习词汇(59.42%),通过各种"联想方法"学习词汇(45.01%),用"拼读"的方式学习词汇(40.33%)。排名后三的学习方法为通过"分类汇总某一主题词汇"学习词汇(20.14%),"通过造句或翻译"学习词汇(18.56%)，通过"语义图示法"学习词汇(7.05%)，也有少部分同学通过死记硬背的方式学习词汇。由此可见，构词法、联想法与拼读法是学生常用且有效的词汇学习方法，但是这些方法关注的是单词本身的音与形，对词汇在不同语境中的意义理解与运用关联不大，学生在词汇学习中学了不会用的情况可能就根源于此。因此我们需要结合多种词汇学习方式，相互补充，部分学生需要一定的词汇学习策略的指导以提高其学习词汇的效率。

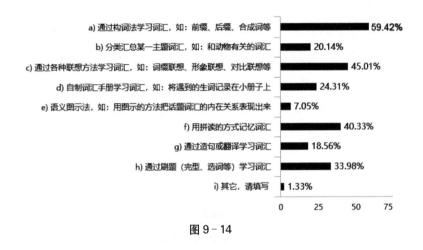

图 9 - 14

4. 关于学生词汇学习困难的问题

从调查结果来看，选择比例最高的三种困难分别是"记忆单词常遗忘，巩固复习时间无保障"(53.38%)，"专有名词或专业术语不认识、成语谚语积累少"(49.35%)，"易混淆"(47.49%)，主要体现在对形近词、近义词和动词、形容词的搭配掌握得不好。

由此可见，学生词汇学习的时间不够、积累不足、方法不当可能导致词汇学习的高遗忘率。很有意思的发现是学生认为自己"不会用"的比例为 25.04%，这一比例远低于前三项学习困难原因的比例。虽然单词常遗忘、易混淆，甚至不认识，但这些却没有影响到他们用单词，这看似矛盾的背后根源有待进一步研究。

在进一步的了解中,我们发现选择"不会用"的学生"很难在语境中辨识词汇的意义"(46.51%),"没有主动使用新授词汇的意识"(47.67%),"活动中不能选用恰当词汇表达"(62.05%),"翻译写作中常有中式英语表达"(58.9%),"固定搭配掌握得不牢固"(0.68%)。由此可见,学生在词汇运用中存在着很大的问题。超过半数的学生无法在学习活动中选用恰当的词汇表达自己的想法,或在翻译写作中使用地道的表达。

选择"拼读难"的学生中普遍反映出"搞不清单词重音,不会正确发音"(60.55%),"部分单词发音不符合拼读规律,不会正确发音"(48.1%),"部分单词较长而拼写困难"(62.03%),"名词单复数、动词过去式或分词形式特殊规则,容易拼错"(36.29%),也有极少数学生(0.63%)认为学习其他语种,影响了英语的拼读。由此可见,词长、重读、不规则发音等给学生的词汇拼读带来了困难。

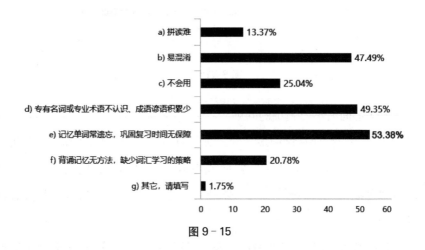

图 9-15

5. 关于学生词汇学习存在的问题

问卷中列举的问题学生都有存在,可喜地看到学生通过"刷题来巩固词汇学习"的方法较之以往有很大降幅(25.18%)。但"不会或很少使用字典查阅学习单词"(32.15%)、"很少进行课外阅读"(32.80%)和"在开展学习活动时,不会使用学过的新词汇"(30.01%)仍占一定比例,约占三分之一。学生普遍认为自己词汇学习中存在的三个主要问题是:记背单词的中文意义,很少关注英文释义(43.51%);脱离语篇,孤立地学习词汇(40.64%);背诵单词时没有关注单词的发音(35.31%)。由此可见,学生在学习词汇时的习惯和遇到的困难紧密相关。只关注中文意思而不关注英语释义导致学生无法区分一些近义词的差异,导致使用时的错误选择;脱离语篇的学习习惯导致学生在使用时无法正确地进行搭配;不关注发音也让学生在朗读单词时困难重重。良好的学习习惯对最终的学习效果有着积极的意义,比如,合理利用电子词典等工具开展学习,利用新媒体语篇开展主题阅读,扩大阅读量等。

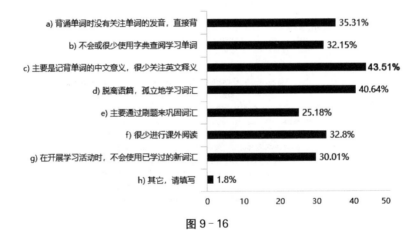

图 9-16

6. 关于学生运用词汇的问题

在词汇运用方面,从调查结果来看,学生在完成单元学习活动中不能活学活用的主要原因为"单元所学词汇比较零散,不清楚主要学过哪些词汇"(42.72%);其次是"缺少足够的话题词汇影响活动的完成"(37.31%)以及"学习活动与单元话题关联不大,缺少使用的语境与情景"(34.97%)。由此可见,活动与主题的相关度很大程度上会影响学生是否使用目标词汇,而及时地梳理汇总分类,形成话题词汇语义网也有利于学生使用目标词汇。

7. 关于教师词汇教学的问题

从调查结果来看,在词汇教学中,例句展示法(教师通过例句解释词义、展示其用法)、翻译法(通过中译英或英译中讲解)、语境词汇教学法(在语境中帮助学生理解、记忆、运用词汇,比如上下文语境猜测词汇)以及单词表教学法(将单词表中的单词按序讲解)是教师较为常用的方法,占比分别为 68.87％、56.29％、53.05％和 45.57％。由此可见,教师在教授目标词汇的时候能够在一定的语境下解释、示范,并以翻译的方式巩固操练,但词汇学习活动多样性不足,综合性不够,活动设计缺乏关联性、递进性和循环性。比如,"单元主题词汇教学"占比仅为28.51％,"整合教学法"占比 24.48％。横向联系,学生常用的"构词法""联想词汇教学法"在这里的占比仅为 20.39％和 9.35％,这说明学生青睐的的词汇学习方法并没有得到教师的系统指导。

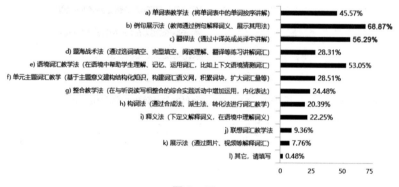

图 9-17

8. 关于词汇评价的问题

"默写"仍是几乎所有老师都会选择的方法,占 89.48％,"阅读""翻译"和"写作"也是老师常用的方法,分别占 50.59％、48.22％和 29.78％。对这三个选项的子问题追问了阅读、翻译和写作活动中的具体形式,绝大多数学生都选择了与单元词汇相关的选项。由此可见,教师在评价中仍然沿袭传统的以中英互译、短语和句子翻译为主的默写,这虽然利于巩固基础知识点,但缺乏在不同语境中理解与运用词汇的机会。不难看出，阅读、翻译和写作仍然是巩固操练词汇的主要方式，并且练习的设计和语篇的选择与单元话题相关的比例有所提高，但仍然有近50％语篇和翻译与单元话题无关，设计"综合活动运用话题词汇开展交际"的比例仅为 9.95％。词汇活动与话题语境的相关度有待提高，综合活动有待增加。

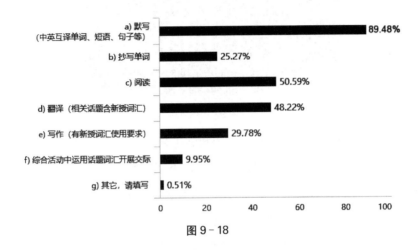

图 9-18

9. 关于学生感兴趣的话题

初中生对生活类的话题更感兴趣，而高中生对文学艺术方面的话题更感兴趣，其中与生命主题相关的话题是初高中生共同感兴趣的话题。但是，不论是初中生还是高中生所选的占比前三的选项恰好是选项中的前三项，因此本题数据的可靠性还有待进一步证明。

10. 关于学生在词汇学习中希望获得的帮助

根据学生的主观答题情况进行分类，学生在词汇学习中希望获得的帮助主要集中表现为增加词汇量、改进学习策略、进行交际运用和加强巩固复现等方面。

三、结论

本问卷面向初高中学生发放，内容涉及词汇学习途径、方法，词汇学习中存在

图 9-19

的困难以及词汇运用情况、教师教学方法和学生兴趣话题等方面。调查结果从教与学两方面清晰呈现了目前词汇教学存在"记不牢""积累少""易混淆""不会用"的困难。学生习惯将"背诵词汇手册"作为词汇学习的主要途径,教师沿袭传统的"默写"形式作为词汇学习的评价方式。在学生的学习方法与教师的教学策略中,结果呈现出某些共性问题,即词汇学习的情境不够丰富,词汇学习活动与话题相关度不高,多样性不足,综合性不够,活动内在缺乏关联性、递进性和循环性。

结合问卷结果,建议今后的教学或研究以话题为单元,充分利用教学资源,设计关联性强、递进性好、循环率高的学习活动,优化词汇作业,从而提升词汇量,改进学习策略,提高词汇运用的能力。问卷结果提供的教学和后续研究启示具体如下。

(一) 延伸主题阅读,在"读"中复现词汇

从调查情况看,背诵词汇手册(76.54%)是学生目前学习词汇的主要途径,95%的学生首选中高考考纲词汇手册,有明显的应试倾向;通过大量阅读学习词汇(61.48%)位居第二,阅读材料覆盖面广,多为原版小说期刊等。阅读与词汇密不可分,语篇是词汇的载体,词汇是阅读的基础,阅读是学习词汇的有效途径。延伸阅读语篇选材原则,利用多模态语篇和现代信息技术丰富学习资源、提供学习

机会需要后续再做深入探讨。

(二) 创设真实情境,在"用"中习得词汇

构词法(59.42%)、联想法(45.01%)与拼读法(40.33%)是学生常用且有效的词汇学习方法,但是这些方法更多关注了词汇的音与形,对于帮助学生准确掌握词义缺乏必要的语境,这可能是学生学了不会用的原因之一。此外,针对"记不牢"(53.38%)"积累少"(49.35%)"易混淆"(47.49%)的词汇学习困难,究其根源是学生学习词汇时没有在发音与词形之间建立联系(35.31%);很少关注英文释义(43.51%);脱离语篇,孤立地学习词汇(40.64%)。学生词汇学习遇到的各种困难中,有25.04%的学生将"不会用"视为词汇学习困难。虽然单词常遗忘、易混淆,甚至不认识,但这些却没有影响到他们用单词,这看似矛盾的背后根源有待进一步研究。初步判断是学生对掌握词汇的理解不到位,更多的学生没有将会不会用作为词汇掌握的标准,他们可能认为掌握词汇就是"识记""理解"。而这仅仅停留在布鲁姆认知领域的低阶思维阶段,没有关注需要运用词汇传情达意,表达与主题相关的观点。《普通高中英语课程标准(2017年版2022年修订)》明确指出,高中阶段词汇教学的重点是在语境中培养学生的词块意识,并通过广泛阅读进一步扩大词汇量,提高运用词汇准确理解和确切表达意义的能力。《义务教育英语课程标准(2022版)》也指出,更重要的是在语篇中通过听、说、读、写、看等活动,理解和表达与各种主题相关的信息和观点。这说明学生需要方法与策略,需要在有意义的语境中关注词汇的音、形、义、用,在学习活动中间接习得词汇,实现语言交际,促进理解。

(三) 围绕主题语境,在"活动"中巩固词汇

调查结果显示,例句展示法(68.87%)、翻译法(56.29%)、语境词汇教学法(53.05%)以及单词表教学法(45.57%)是教师较为常用的方法,这些方法能够让教师在一定的语境下解释、示范,并以翻译的方式巩固操练,但词汇学习活动多样

性不足,综合性不够,活动内在缺乏关联性、递进性和循环性。词汇作业仍然沿袭传统的以中英互译、短语和句子翻译为主的默写(89.48%),且与主题语境关联不大。学习活动与主题的相关度很大程度上会影响学生是否使用目标词汇。后续需要思考如何围绕单元话题和子话题梳理汇总分类词汇,形成话题词汇语义网,并研究设计与话题高相关度、形式多样的学习活动和作业,提高主题词汇复现率,帮助学生感知、理解相关主题意义,迁移强化词汇运用能力。

四、调研收获与局限性

本次调研围绕"中学生英语词汇学习问题诊断"开展系列研讨活动,清晰阐释了词汇教与学的问题,聚焦了研究方向,形成了问题诊断路径的基本方法(图 9 - 20),为实践研究指明了方向并提供了方法指导,对促进教师的专业发展起到了实质性的作用。

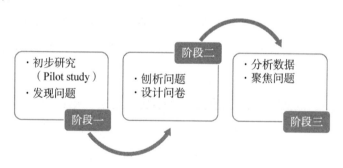

图 9 - 20　语言学习问题诊断路径

当然,调研中,团队在研究方法、研究工具方面需要再完善,比如问卷分析需要多维多角度,既要关注占比高的数据,也要关注占比低的数据,便于准确判断研究方向;既要分析一道题目的数据,也要横向看各题之间的关联。此外,问卷设计需要从实际情况调查(fact-finding),从个人基本认知(congnitive understanding)和个人反思(personal reflective understanding)方面由浅入深进行设计,体现问卷的逻辑性与层次性。针对访谈内容可以借助 Nvivo 软件等更为科学地开展强大的质性分析（Qualitative Analysis），极大提高教研的工作效率，从而改进学生学习方式，促进教师教学方式的转变。

上海市课外校外陶艺教育现状调研报告

高翔

一、调研的目的与意义

（一）科学总结课外校外陶艺项目取得的成绩和基本经验

2015年，在上海市科技艺术教育中心的指导下，市校外教育陶艺中心教研组开展了全市课外校外陶艺教学现状的调研工作，经过近7年的发展，我市课外校外陶艺教育项目取得的成绩和经验，通过本次调研进行系统的总结。

（二）正确认识课外校外陶艺项目存在的问题和发展瓶颈

为进一步掌握课外校外陶艺项目发展现状，了解陶艺项目工作面临的问题和发展瓶颈，进一步明确今后课外校外陶艺教育工作的指导思想、工作目标和任务，加强和改进课外校外陶艺项目工作，提高陶艺项目的整体水平。

（三）为有关教育行政部门决策提供客观依据

通过对调研结果的分析研究，提出相关改进措施和对策建议，为有关教育行政部门决策提供客观依据，促进我市课外校外陶艺教育项目的可持续发展。

二、调研的方法与范围

（一）调研主体

以市校外教育陶艺中心教研组为调研活动召集主体，对调研情况和各区汇总上报的相关数据进行汇总分析，在此基础上形成总的调研报告。

（二）调研方法和对象

采取线上访谈和问卷调查两种方法进行，通过访谈、问卷、研讨等形式进行调研；线上访谈和问卷调查后，各区调研负责人汇总完成区域调研报告。分别开展教师和学生问卷调查，其中回收教师有效问卷 61 份，学生有效问卷 715 份。

（三）调研范围

调研范围包括全市 16 个区的部分中小幼学校以及校外教育单位。调研组选取了 5 所学校，开展了线上调研。

调研日期为 2022 年 6 月 25 日至 7 月 31 日。

三、调研的结果与分析

我市课外校外陶艺教育项目发展呈现诸多亮点。

（一）陶艺教育项目的普及面进一步扩大

在中共中央办公厅、国务院办公厅《关于进一步减轻义务教育阶段学生作业负担和校外培训负担的意见》、教育部《义务教育课程方案（2022 年版）》、上海市《关于加强和改进新时代上海未成年人校外教育的意见》等政策文件背景下，素质教育项目活动不断深化，为陶艺教育项目提供了新的发展空间。截至 2022 年 7

月,据不完全统计,本市课外校外陶艺教育项目呈现数量和质量双提升的发展态势。陶艺项目课程在美术、劳动教育学科中扎实开展,在拓展、探究学科中不断发展,在校外学生社团、课后服务活动中得到进一步普及开展。

(二)教师科研意识不断加强,教科研水平不断提升

教师的科研意识不断加强,"图9-21"反映了被调查对象开展陶艺项目科研情况的数据发展情况,可以看出,教师开展陶艺项目课题研究数量,自2015年的51.72%增长至2022年的81.03%,净增量约三成。

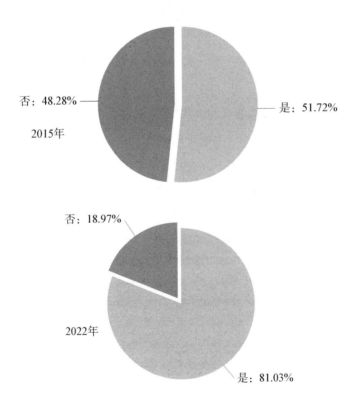

图9-21 教师开展课题研究情况

由图9-22可见,教师立项课题中市级以上课题数量占立项总数近三成,较2015年有较大提升。教师在开展课题研究的同时,还著书立说与发表论文,共出版专著 7 部,发表论文 120 余篇。反映出陶艺教师的教育科研意识不断提升。

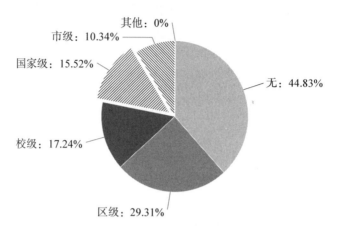

图 9‑22   陶艺项目科研课题立项情况

(三)教研活动持续赋能教师专业化发展

图 9‑23 通过对教研活动内容需求情况调查,反映陶艺教研活动内容与教师专业发展需求的匹配度和支撑度。由此可见,具有艺术教育实践性特征的培训项目,具有高需求度,而跨学科教学、深度学习等热点内容,也同样受到教师的欢迎。

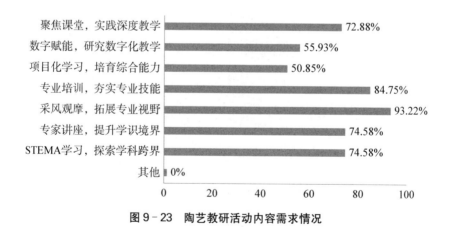

图 9‑23   陶艺教研活动内容需求情况

如图9-24,七年来,陶艺教研组教师专业技术职称结构发生了显著变化,中级教师数量由占比2成不到,增至超6成,高级教师数量成倍增加,首次出现正高级教师。丰富多元的陶艺教研训活动,对促进陶艺教师专业发展,培育专家型教师产生了积极的作用。

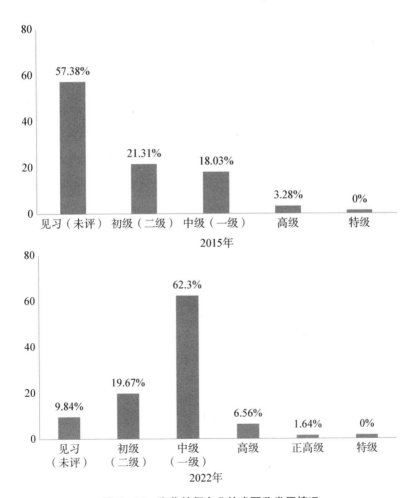

图9-24 陶艺教师专业技术职称发展情况

(四) 陶艺教育项目活动呈现多元发展的态势

长期以来,学校拓展型课程一直是陶艺项目开展的主"阵地",在基础型课程中,陶艺主要以学科教材中的单元内容出现,"双减"政策颁布后,陶艺项目活动通过课后服务、校外学生社团等载体实施,呈现教育活动形式的多元化和立体化趋势。

通过图9-25可见,陶艺项目除在基础型课程和拓展型课程开设率较高外,超过3成在课后服务和校外学生社团中开展,值得一提的是,项目化学习活动在陶艺项目课程中约6.5%的开设率,体现了陶艺教育项目活动多元化发展的良好态势。

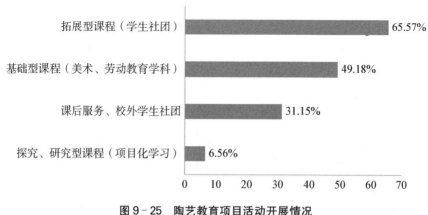

图9-25　陶艺教育项目活动开展情况

(五)陶艺项目课程规范化建设取得突破性进展

2020年,《上海市校外教育陶艺项目课程指南(试行)》正式发布,标志着课外校外陶艺项目课程进入"标准化"时代。这不仅填补了本市课外校外陶艺项目课程规范化建设的空白,在全国也属首创。"图9-26"的数据反映了陶艺项目课程指南的使用情况,其中知晓率已达9成,使用率超过5成。可见,陶艺项目课程指南成为陶艺教师实施教学的依据和重要参考。

(六)课外校外陶艺教育项目存在的问题与瓶颈

1. 陶艺教育项目仍缺乏政策支持

教育政策是推动陶艺教育项目发展的主因。近年来,国家先后颁布了《中小学综合实践活动课程指导纲要》《中华优秀传统文化进中小学课程教材指南》《义

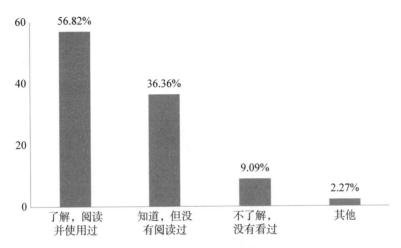

图9-26　陶艺项目课程指南的使用情况

务教育课程方案(2022年版)》等政策文件,都涉及陶艺项目,在很大程度上推动了陶艺教育项目的发展。但陶艺项目仍缺乏从顶层设计到具体实施的系统化建构和政策指导。"图9-27"所反映的"制约陶艺教育项目发展的因素"中"缺乏政策支持"占比达72.13%,居各项之首。

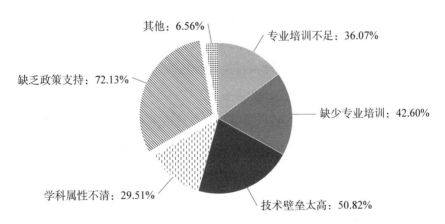

图9-27　制约陶艺教育项目发展的因素

2. 陶艺教育项目区域发展不平衡

"图9-28"数据反映的是本次调研各区开展陶艺教育项目的学校数量的情

况。透过数据可见，普陀、闵行、嘉定三区开展陶艺项目的学校数量之和占总比近 50%，个别区仅占比 1% 左右。陶艺教育项目的区域间发展十分不平衡。

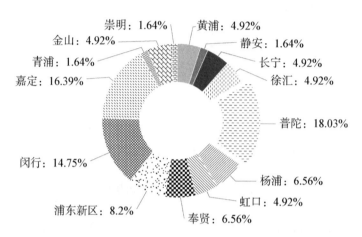

图 9-28   开设陶艺项目课程的学校数量

另外，普陀、奉贤、嘉定、宝山等区已建立了区级陶艺项目教研组，部分区虽有学校在开展陶艺教学，但缺乏区域牵头组织者，陶艺项目仍处于"各自为政"的发展状态，陶艺教育项目的区域协同发展仍任重道远。

3. 陶艺教育项目未形成有影响的品牌项目

近年来，我市在学生陶艺教育项目上持续投入，建立了较为成熟的市级学生展赛活动项目，如上海市学生艺术单项比赛陶艺专场、长三角中小幼师生陶艺作品展等展赛活动，并通过"文教结合"项目，如上海市中小学文化艺术名师工作室、"互联网＋中华文明"上海市中小学文物传播项目等推动师资培训、学生活动项目实施。但相较于成熟的艺术教育项目，尚未形成有影响力的品牌项目。

原因是多方的，一是开展陶艺教育活动投入成本较高，材料和设备具有一定的专业性，客观上阻碍了陶艺活动的普及开展；二是外界对陶艺教育活动形式认识局限，普遍认为陶艺活动无非就是捏泥玩泥而已，缺乏对陶艺教育项目所蕴含的民族文化、审美教育、材料科学、工匠精神、国际理解等多元内涵的认识。

4. 陶艺教育项目专业师资匮乏

调研反映出,目前我市陶艺教育项目师资绝大部分由美术(艺术)、劳动教育或拓展探究学科教师兼任,部分特色项目学校设有专职教师。由于陶艺教学具有一定的专业性,非专业院校毕业或没有参加陶艺专业培训的教师在实施教学时面临较大困难。目前,不具备开设陶艺教育项目条件的学校,在美术和劳动教育课程中不再开展或尽量减少陶艺教学的内容,原因除了陶艺项目的设备材料较难取得外,专业师资的匮乏仍是主要因素。

我市课外校外陶艺师资主要由专业和非专业背景两类教师队伍构成。"图9-29"反映出毕业于景德镇陶瓷学院和其他艺术院校陶艺专业的专业师资约占5成,他们具有陶艺专业背景,理论与实践能力较强,但相对缺少教育教学经验;非专业背景师资队伍主要由毕业于师范院校或综合院校的师范专业教师组成,他们教育教学理论扎实、教学能力较强,但缺乏陶艺专业知识,实施陶艺项目教学时常常感到"力不从心"。因此,既具备陶艺专业知识,又熟悉教育教学方法的陶艺教育项目的专业师资仍存在较大缺口。

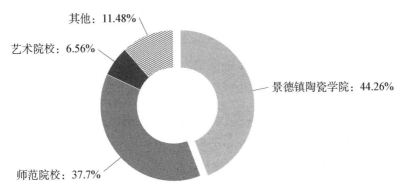

其他:11.48%
艺术院校:6.56%
景德镇陶瓷学院:44.26%
师范院校:37.7%

图9-29 陶艺项目教师专业背景情况

图9-30的数据可见,担任陶艺教学的兼职教师占比为91.8%,原因是大部分开设陶艺教育项目的学校采取使用美术、劳动教育等学科教师兼任陶艺教学的做法,因此所开展的陶艺课程多为美劳学科的补充或第二课堂的拓展教学,这也

是专职陶艺教师配比率低的原因。

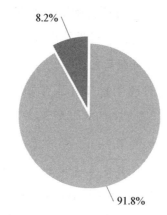

图 9-30 陶艺项目教师专兼职情况

四、对策与建议

（一）建立市级课外校外陶艺教育项目协同管理机制

目前,我市中小学陶艺教育项目已基本建立了从市到区到校的三级教研体系,陶艺项目课程指南的发布也为课程规范化建设奠定了坚实的基础,两项市级学生陶艺竞赛项目已纳入市初高中学生综合素质评价系统,陶艺教育项目的体系化建构已基本完成。但相较于完善成熟的教育项目发展目标,仍存在不小差距,还需要教育行政部门对陶艺教育项目实施科学指导,提升建设内涵。

建议在现市课外校外陶艺项目教师专业发展分中心、市校外艺术教育陶艺中心教研组的基础上,进一步整合建立市级课外校外陶艺教育项目活动管理机制,执行课外校外陶艺教育项目活动组织、课程建设、教师专业发展以及区域协同管理的职能。

（二）促进陶艺教育项目发展的制度化建设

目前我市课外校外陶艺教育项目发展不平衡,不仅学校间存在差异,不同的区域在推动陶艺教育的政策支持力度、经费保障、队伍建设等方面也存在较大差距。这不仅影响陶艺教育项目的协同发展,还会阻碍陶艺项目的整体可持续发展。

建议在依据国家相关政策文件基础上,根据本市实际,制订陶艺教师专业发展指导办法、陶艺教室设施设备配置标准、陶艺教育项目竞赛活动管理要求等相关配套制度,统一目标管理要求,强化建章立制保障,为陶艺教育项目的开展保驾护航。

(三)进一步提升陶艺教育项目课程规范化建设品质

陶艺教育项目的高质量发展离不开课程规范化建设与科学施策。《上海市校外教育陶艺项目课程指南(试用)》的发布,项目课程指南的教师集中培训、陶艺项目课程教学用书的开发编制等具体措施,已为课程规范化建设奠定了良好基础。但课程建设并非固化不变的,"双减"政策、教育数字化转型等新政策新形式下,要求项目课程建设不断与时俱进,动态发展。

建议课程管理部门对我市课外校外陶艺项目课程实施现状开展专项调研,梳理问题症结,提出解决措施,进一步提升陶艺教育项目课程规范化建设的科学性和可持续性。

(四)健全教研训联动机制,促进陶艺教师专业发展

我市课外校外陶艺教研组织初建于2003年,历经近20年的发展,积累了丰厚的经验。但区域层面教研组织的建设水平极不平衡,建立区级教研组的区数量少于未建区级教研组的区,部分未设区级教研组的基层学校表现出强烈的"建组"意愿。通过建立健全市区联动的教研训机制,为陶艺教师的专业发展"保驾护航"。

建议根据各区特点,分步推进区级陶艺教研组的"建组"工作,对于已建区级教研训机制的区,发挥市级教研组的专业指导优势,积极开展教师联合专业培训活动;对有一定基础,具备新建区级教研组的区,市教研组及时提供指导,帮助区级牵头单位或骨干教师,开展区级教研组筹建工作,积极推动区域陶艺教研组的建设;对于未具备建组条件的区,应加大对区域内特色项目学校的帮扶和指导,积极培育区级陶艺项目

领衔单位或教师,为我市陶艺教师专业可持续发展提供适合的专业指导和培训支持。

(五) 创新陶艺教育项目展赛活动形式,积极打造品牌项目

目前,本市学生陶艺教育项目展赛活动形式,主要是一年一度的市学生艺术单项比赛陶艺专场和长三角中小幼师生陶艺教育成果展示活动。两个展赛活动形式都以作品评比和展示为主,活动形式相对较为单一,缺乏时代性。未能体现我市课外校外教育活动形式的丰富、多元和迭代发展的特点。

建议通过发掘本市丰富的高校院所、文艺院团、文博场馆、非遗传人等各类资源,推动文教、社教等合作形式,融入红色文化、江南文化和海派文化元素,探索非遗进校园、学生工作坊、艺术大篷车巡展演、线上作品展厅等内容丰富、形式多元的陶艺教育活动形式,构建具有海派特色的陶艺教育项目品牌活动。

幼小衔接"科学学科核心素养教学情况"调查报告

秦瑞波

一、调查目标

2021 年,教育部印发《教育部关于大力推进幼儿园与小学科学衔接的指导意见》(教基〔2021〕号),要求全面推进幼儿园和小学实施入学准备和入学适应教育,减缓衔接坡度,帮助儿童顺利实现从幼儿园到小学的过渡。2022 年,教育部印发《义务教育科学课程标准(2022 年版)》,聚焦中国学生发展核心素养,培养学生适

应未来发展的正确价值观、必备品格和关键能力。

以上两个文件的推出对于任教幼儿园和小学科学的教师提出了教育观念与教育行为明显转变的要求，需要幼小教师共同努力，建立幼小协同的有效机制以及形成科学衔接的教育生态。

此次调查的目的是为了了解幼儿园大班教师和小学一年级科学教师在科学教育中的教育观念、教育行为的共同点以及差异，指导教师转变教育观念，并通过有效教育行为帮助儿童科学学习，实现幼小顺利衔接。

二、调查方法

本次调查的对象涉及上海市普陀区、黄浦区、松江区等各区任教一年级自然学科的教师，以及任教幼儿园大班的教师。首先是收集教师的科学课教案，对比找出需要调查的几类问题。然后，根据问题草拟调查问卷的内容，分别请几位幼儿园及小学教师试做、修改问卷。最后进行大面积问卷调查，收集数据。

本次调查采用"问卷星"进行数据收集，所有数据结果均保留整数位，同时，由于本次是抽样调研而非普查，因此对于本次调研中幼儿园大班教师和小学一年级教师的数据结果，使用 Excel 工具"宏"做了差异显著性检验，只有当两组数据的差距足够大时，才能说明在总体中两组之间存在明显差异。后续图表中的圆圈代表该数据在95％置信区间上显著高于同组数据，即有95％的概率可以表明圆圈圈中数据明显高于同组的对比数据。

三、调查结果分析

本次调查共收到有效问卷253份，其中包括幼儿园大班教师问卷148份，小学一年级科学教师问卷105份，所有教师均任教过学生科学学科。

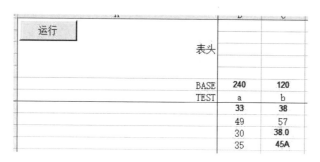

图 9-31 Excel 工具"宏"差异显著性检验界面

（一）分析 1:幼儿园大班教师相比小学一年级科学教师更注重跨学科教学，幼小科学教师指导学生项目化学习的意识均不够强

如图 9-32 所示，在进行教学设计时，有 48% 的幼儿园大班教师会关注到跨学科，显著高于小学一年级科学教师的 33%，但都未达到半数，说明总体而言，教师对于跨学科教学的意识不够强。

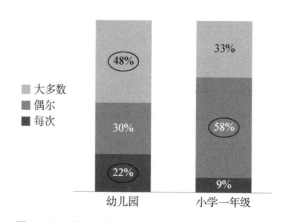

图 9-32 将不同学科内容融入科学教学设计的比例

如图 9-33 所示，在幼小教师中均有一部分教师"没有"在教学设计中进行项目化教学；此外，高达 60% 的幼小教师仅进行"一小部分"的项目化教学，说明相比"跨学科"教学，幼小教师面对"项目化教学"更无所适从。

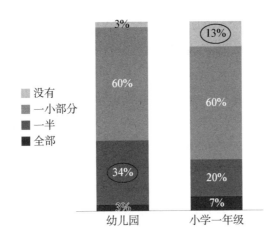

图9-33　项目化设计内容占一学期教学设计的比例

（二）分析2:小学一年级学生经历的科学探究活动较为复杂,幼儿园则相对简单

如图9-34所示,幼儿园大班孩子所经历的活动类型没有占比达到90%以上的,说明他们并不经常经历科学探究活动;而小学一年级的孩子有三项达到90%以上,全部达到了70%及以上,说明他们大多数的科学课都在经历科学探究活动。

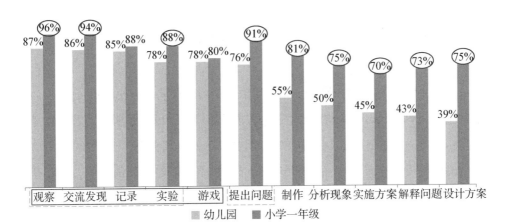

图9-34　学生经历的活动类型

另外,如图 9-34 所示,幼儿园大班孩子所经历的活动类型排在前几位的为观察、交流发现、记录、实验、游戏;小学一年级孩子所经历的活动类型排在前几位的为观察、交流发现、提出问题、实验、记录。这说明观察、交流和记录这几个活动是幼小衔接阶段比较无缝衔接的活动,相对而言,幼儿园阶段提问较少,小学一年级游戏较少。

此外,如图 9-35 所示,在一节课的科学教育教学过程中,幼儿园大班儿童"全部"和"4/5"进行体验活动的比例高于小学一年级学生,说明幼儿园大班儿童所经历的体验活动时长占比多于小学一年级学生。

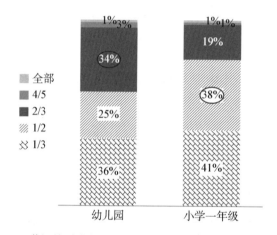

图 9-35 一节课的科学教育教学过程中学生进行体验活动的时间占比

(三) 分析 3:幼儿园大班与小学一年级的学习习惯要求有相同也有差异

如图 9-36 所示,幼小阶段,大多数教师都开始有意识地要求学生举手表达交流意愿,小学一年级这个比例达到 96%,明显高于幼儿园大班。

如图 9-37 所示,学生的座位习惯在幼小阶段有着较大的差异,幼儿园有 57% 的教师会根据学习内容随时变化学生的座位,而在小学一年级时小组坐较为普遍。此外,在小学教室中统一规定的"插秧坐"这种方式,在幼儿园大班中仅有 1% 的教师选择。

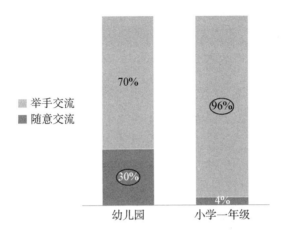

图 9‑36　幼小学生课堂交流习惯

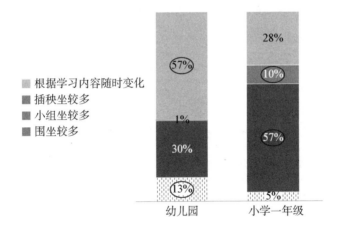

图 9‑37　幼小学生课堂座位情况

(四)分析 4:小学一年级教师更加注重学业评价

如图 9‑38 所示,幼儿园大班教师不组织学生汇报学习成果的比例达到 16％,远高于小学一年级的 3％。即使是汇报,幼儿园大班大多选择的汇报形式是学生自选,而小学一年级除了学生自选外,学习记录的占比也很高。

如图 9‑39 所示,小学教师中 90％都会根据教学目标的几个不同维度对学生进行学业成果的综合评价,而幼儿园教师组织学生进行学业成果评价时并不注重

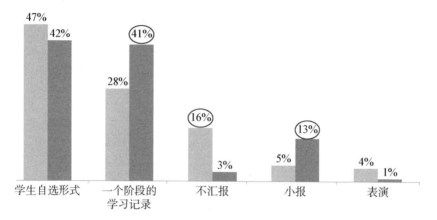

图 9-38 幼小学生学业成果汇报方式

这些,只有"过程与方法"维度达到了 82%。同时,在幼小阶段,对学生的"情感态度维度"的评价占比都是最低的。

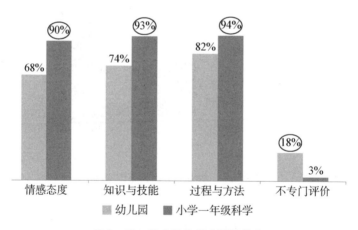

图 9-39 幼小学生学业评价维度

四、调查结论及建议

通过以上调查数据的分析,本文对幼小衔接阶段的科学学科核心素养教学提出以下几点建议。

（一）寻找幼小科学学习习惯的衔接做法，"渡"中链接学生科学素养

幼儿园的孩子一下子进入小学，同伴、上课时长、作息、学习内容等都有很大改变，这么多习惯的改变可能会让孩子一下子难以适应，我们可以尝试培养一些能够实现幼小融合的习惯，帮助儿童快速适应。

调查发现，幼儿园大班儿童与小学一年级学生的学习习惯存在着差异，包括举手回答问题的习惯和座位分布。在实际教学中，我们发现回答问题时，幼小衔接的孩子虽然少部分会举手，但意识并不强，当被老师叫到回答问题时，大多数孩子是坐着回答的，这样会导致很多孩子看不到谁在发言而注意力不集中。因此，建议幼儿园大班阶段教师就开始让孩子在回答问题时先举手，然后起立回答问题，即使有些孩子可能做不到，但可以开始养成这样的交流习惯，进入小学则能快速适应。这样对幼小衔接儿童集中注意力、学会倾听以及思维的激活都有着很大的促进作用。

另一个可以融合衔接的就是坐座位的习惯。幼儿园大班根据学习内容座位随时变化居多，而小学以小组坐居多。儿童坐座位的分布习惯会影响到他们的伙伴意识，经常更换座位以及围坐，儿童会把自己只作为班级里独立的个体看待，而小组坐能够让孩子增强伙伴意识，能潜在地感受到自己及伙伴的一些行为或表现会对彼此有激励或者阻碍的作用，初步形成责任感。因此，建议幼儿园大班开始让儿童相对固定地和几个小伙伴围坐，也就是初步有一种小组意识，这样进入小学就能无缝衔接小组坐的方式，并能与其他组员形成共同体，进一步强化责任感，促进合作意识的形成。

学习习惯的衔接是专心探究的前提，倾听和合作都是低年级学生科学素养形成的必备品格，因此，需要而且可以从幼儿园大班开始过渡，让学生在幼小衔接的过程中顺利发展科学素养。

(二) 幼小各自"加一加","增"中助力学生科学实践体验

增加幼儿园大班科学课课时,应丰富幼儿科学活动体验。PISA(2015)科学素养测评对科学教学的评价启示我们:科学探究更应该让学生了解知识的形成过程。在本次调查中发现,幼儿园大班的孩子经历的活动类型,如提出问题、设计方案、实施方案、游戏、制作等,明显少于小学一年级学生。幼儿园大班儿童的年龄特征决定了他们在探究过程中不能非常有逻辑地思考,这也导致幼儿进入小学后不能适应有序地进行活动、倾听活动的要求。究其原因,一方面是教师在进行教学设计时对于幼儿的科学素养培养意识还不够强;另一方面则是幼儿园课程中对科学素养教学内容和时长没有明确的要求,导致教师的教学计划中只安排了少部分的科学课。"儿童的发展是一个整体,要注重领域之间、目标之间的相互渗透和整合,促进幼儿身心全面协调发展,而不应片面追求某一方面或几个方面的发展。"儿童各方面的科学素养的培养更加不是一进入小学就能够全面发展起来的,而应在幼儿园阶段开始体验和渗透。因此,为了让儿童在幼儿园大班与小学顺利衔接,建议给儿童多安排一些科学体验的时间和不同活动类型。这需要上级主管部门制定相应的课程规划,教师也需制定详细的教学计划。

增加小学科学课"游戏类"科学活动设计,用习惯促进儿童快速接纳小学科学探究。对于小学一年级科学教师来说,幼小衔接的突破口就是"活动类型"的衔接。幼儿园较多的是游戏类活动,因此小学科学教师可以根据教学内容多设计一些游戏,将观察、设计方案等活动融入游戏中,提升儿童参与科学探究的意愿。

(三) 加强对幼小教师的培训,"培"中提高教师科学素养教学能力

一是加强"项目化"和"跨学科"教学方法的培训。无论是幼儿园大班还是小学科学教师,在教学设计中融合"项目化"和"跨学科"理念的占比都很低,其原因并不是老师不愿意设计,而是对其不够理解,不知道"项目化"教学如何设计和实施,怎样的课才是好的"跨学科"课。"跨学科"概念有别于"融合"的概念,它指的

是两个学科结合的同时，又保留各门学科不同的视角，以更好地求解某个问题，从而强化"有意义地学习"。考虑教师本身跨学科素养可能并不够高，之前便有人提出"高等院校应采用文理兼收的招生方式改变生源结构，并增加科学史、自然科学概论、科学教材教法等理科课程的比重，强化职前教师的科学素养"；其次，目前幼儿教师工作繁忙，科学又较语言、艺术等更加抽象复杂，许多教师即便有时想就某一问题进行研究也会因时间、能力等原因被搁置。此外，大部分幼儿教师只负责本班教学，缺少平行班的实验环境，反思结果无法在短时间内再次尝试，进步周期较长，若要求"全园教师短期内提高科学素养和科学教育能力"又不切实际。因此，"核心素养"背景下的教师队伍也应该是综合性人才队伍，踏上教师岗位前的培训和入职后的培训都应该有"项目化"和"跨学科"等针对科学素养的教师培训内容，以提高教师的"项目化"和"跨学科"意识以及科学素养教学设计和实施能力。

二是加强幼小互访的培训。目前虽然幼儿园大班教师和小学教师对于幼小衔接的理念都铭记心中，但都只是从自己任教学段的角度去思考如何做。作为一线教师，幼儿园教师不知道小学的科学课是怎样的，小学科学教师亦不知道幼儿园大班是如何上科学课的。所谓"知己知彼"，只有让一线教师走入彼此的课堂，才更容易从彼此的课堂中找到幼小衔接的"关键点"，这就需要组织幼儿园大班和小学科学教师的互听课活动，甚至进行一段时期的跟班，以掌握幼小科学教学的异同。

（四）重视学业成果评价，"评"中促进学生科学素养发展

相对幼儿园大班，小学一年级科学教师更加注重多维度的学业成果评价，评价形式也较为多样化。这也导致一年级学生并不知道自己学习了一个学期之后，老师会给出学习情况评价单，因此对于评价结果不重视，对于评价过程不配合。这就需要从幼儿园大班开始让儿童有"完成一项探究要有个汇报"的意识，以及汇报完会有"多个方面的成绩"的概念，以促使儿童努力将自己的科学探究完成得更加出色，注重探究过程中的各方面表现。这样就可以避免发生儿童进入小学一年级后以自我为中心、不愿与人合作、只参与自己喜欢的探究活动等情况，减少适应期，能够以更快、更积极的状态完成幼小衔接阶段的各项科学探究活动，促进学生科学素养的持续发展。

第十章　逐梦学术之巅:学员发表论文选粹

　　拔尖教师工作坊学员怀揣着对教育教学研究的无限热忱,用心研究,用情教学,以笔为桨,以梦为帆,不断探寻着教育真理的彼岸。

　　"拔尖教师工作坊"犹如一座璀璨的灯塔,在普陀教育的星空中指引着学员们前行的方向。在这里,他们汲取了最前沿的学术理念,磨砺了最精湛的研究技能,更在导师的悉心指导下,逐步成长为区域学科教学领域的佼佼者。他们的辛勤耕耘终得硕果,公开发表的论文如同一颗颗璀璨的星辰,在学术的天空中熠熠生辉。

　　这些论文,是他们智慧的结晶,是他们汗水的见证,更是他们逐梦学术之巅的坚实脚印。它们或深入探讨学科教学前沿,或揭示教育规律,或剖析教学实践,每一篇都凝聚着学员们的深思熟虑和独到见解。这些发表的成果,不仅为学科教学领域注入了新的活力,更为普陀教育发展贡献了宝贵的智慧。

　　在"拔尖教师工作坊"的学员身上,我们看到了他们对学科教学的执着追求，以及对教育事业的无限热爱。他们以实际行动诠释着"学高为师，身正为范"的崇高理念，用知识的力量点亮了无数学生的心灵之灯。

本章主要是学员专著简介与发表论文选粹，旨在展示他们的学术风采，分享他们的研究成果，更希望借此激励更多的教育工作者投身教育教学研究，共同推动教育事业的繁荣发展。

让我们一起学习和研读，感受这些成果带来的思想碰撞与学术启迪，共同见证他们逐梦学术之巅的辉煌历程。

史料教学与历史叙事的有机融合①

鲍丽倩

严密、逻辑和科学的历史叙事,有助于相对客观地还原历史经历、场景和现象,并在叙事中彰显历史的灵性、智性和情性,让历史解释变得畅达。好的历史课常常表现为老师在史料实证基础上,通过娓娓道来的叙事呈现历史意蕴、力量和温情。如何将行云流水的历史叙事与严谨周密的史料实证在课堂的流程中、在学生的认知中有机融合,不仅是一个实践难点,也是如何发掘学科营养、培育学生素养的一个攻坚问题。本文将结合我区的课题项目实施过程中的些许思考和点滴课例与读者交流分享。

一、回归本意,发挥历史叙事的育人功能

历史是一种解释。许多历史学家指出,“历史”实则是一堆混乱的碎片。历史叙事是历史解释的一种呈现方式。作为历史教师,在教学中需要将无意义的碎片历史重新建构成有意义的关联历史。因为只有将历史中的人和事置于有意义的叙事结构中,我们才可能跳出就事论事、狭隘肤浅、牵强附会、断章取义的窠臼。同时,近年来学界提出历史课要有“中心”、有“主旨”、有“立意”、有“灵魂”等,既回应了如何应对历史知识的无限性和教学时间的有限性这一现实矛盾,又体现了中学历史界对于历史课堂教学价值的创新思考。历史叙事正是蕴含上述价值追求的有效载体,一堂课如果只是一堆知识碎片的堆积,没有叙述史事之外貌和内涵,是不可能体现“立意”和“灵魂”的。另外,从学习者的学习需求看,历史叙事是贴

---

① 本文发表于《中学历史教学参考》2017 年第 6 期,并收录于人大复印报刊资料《中学历史、地理教与学》2017 年第 11 期

合其兴趣、补充其成长养分的有意义的内容重构。好的历史叙事正是以其跌宕的故事悬念、丰满的人物形象、曲折的史事进展、严密的逻辑关系、深远的事理启迪等吸引学习者,共疑共思,也有助于学习者在对史事的理解中实现从历史旁观者到历史体验者的角色过渡,感同身受历史中人的处境、心境与语境,进而感悟事理,并在知识、能力和情意等多方面获得发展。

　　然而,当前历史叙事在教学中并未得到应有重视。原因之一是历史叙事被误解为教师单向的灌输。认为历史叙事专注于教师表达的流畅性,内容组织的完整性和历史讲授的情节性,而忽视了学生的认知、理解和个性差异。它往往被认为是教师的一言堂和满堂灌。以为讲求历史叙事的课就不需要史料,不需要思维,不需要其他解释了。因此,历史叙事教学被认为是不符合时代育人需求的。这里又将历史叙事与知识灌输画了等号。

　　新时期的学科育人对广大中学历史教师提出了新的要求,“教师在教学中要尊重历史的研究逻辑和学生的认知逻辑”①,即不能只专注教学而忽视史学,而应当在尊重史学本体特征的基础上合理开展教学。“历史叙事”作为史学的专属概念,应回归本意,它不是简单地对某一历史事件或历史人物进行叙述,而是建立于史料研读基础之上的、以较为完整的叙事结构对史事内在逻辑关系作出科学合理解释的一种方式。因此,历史叙事教学不是对知识内容简单的趣味式加工,而是教师在准确把握课程内容史学内涵前提之下,对教学内容进行意义重构的过程,其背后彰显的是教师对历史的认识和解释,同时也是对学生历史认识和历史解释路径的一种示范。

二、强化实证,彰显历史叙事的理性温情

　　史料在研究和教学中的重要性不言而喻。从史学本体看,史料是构成历史认

---

① 上海市教育委员会教学研究室.知真求通立德——中学历史学科育人价值研究[M].上海:上海教育音像出版社,2013.

识和历史解释的基石,傅斯年先生的"史学便是史料学"也成为学界的共识。从学科育人的视角看,史料教学在培养学生证据意识、共情能力、探究能力和质疑精神等方面,有着不可替代的作用。当前,没有史料的历史课堂通常会被认为落伍于时代。然而史料教学在备受重视的同时,尚存在不少误区。李惠军老师指出,当前史料教学中最突出的问题有三种:一是史料开发的过度化,二是史料解读的随意化,三是史料分析的碎片化。① 究其原因,史料教学终究只是一种教学方法,而方法当服从于内容和目标,如果我们将该方法的作用过分夸大,那么历史课就将陷入史料的汪洋之中,也会迷失史料研读的方向。为此,一方面我们对史料教学法本身的内涵和作用要有准确的把握,另一方面,要将史料教学置于内容和目标体系下作系统思考。

　　笔者以为,将史料教学与历史叙事有机融合,让史料研读服务于历史叙事不失为纠偏的有效手段。回归到史学本原,历史叙事正是依托史料来建构意义关联的。史料的证据力可以彰显叙事的理性;反之,缺乏史料支撑,历史叙事也就成了空中楼阁。同时,建立基于史料,尤其是一手史料解读基础上的同情与理解,是彰显历史叙事温情的必备环节。李惠军老师主张在历史教学中,史料的解读与历史的叙事要交互一体,要学习"故事大王"沈志华先生将宏观的历史叙事与微观的史料解读兼容相济,在对史事的全面陈述与把握的同时在历史的细部洞察秋毫、精审考订,做到故事中饱含史料,叙事与史料无痕衔接②。自然,要达到"无痕衔接"需要深厚的史学功力和娴熟的教学技艺,是中学历史教师的不懈追求。目前首先需要做的,就是树立史料教学与历史叙事有机融合的意识,理解其意义,并在践行中优化。

　　以下结合我区 2016 年的部分教学研讨课,就如何将两者有机融合,谈一些实践思考。

---

① 李惠军.博识而畅行广征而顺达(一)——从"诗性预构"引出的关于史料与叙事的教学联想[J].中学历史教学参考,2016,(15):4-8.
② 李惠军.博识而畅行广征而顺达(一)——从"诗性预构"引出的关于史料与叙事的教学联想[J].中学历史教学参考,2016,(15):4-8.

三、实践探索，史料教学与历史叙事的有机融合

（一）唯物史观，历史叙事和史料开发的出发点

只有在科学的社会史观指导下构建了严密合理的历史叙事逻辑，史料的开发才可能在叙事逻辑指引下有精准的定位。马克思主义哲学是关于自然、社会和思维发展一般规律的学说，它包含历史唯物主义和辩证唯物主义，是科学的世界观和方法论。历史唯物主义强调生产力与生产关系、经济基础与上层建筑、社会存在与社会意识之间作用与反作用的关系，主张人是历史的创造者但也受制于时代。辩证唯物主义认为物质世界处在永恒的运动、变化、发展之中，揭示了事物发展的根本原因在于事物内部的矛盾性，坚持用联系、发展、全面的观点看问题。对立统一规律、质量互变规律、否定之否定规律，是辩证法的三个基本规律，矛盾分析法是辩证法的根本方法。时间与空间、相同与不同、联系与区别、量变与质变、背景与条件、原因与结果、动机与后果、主观与客观、必然性与偶然性、可能性与现实性、内容与形式、本质与现象等，这些范畴都是对立统一的，范畴可以帮助人们从人或事物的各个不同的侧面分析其矛盾，从而达到较全面的认识。

1. 多视角观察历史人物，不以个人喜好代替客观评价

唯物史观指导我们要多视角、客观辩证地观察历史人物，不以个人喜好代替客观评价，不以道德评价代替历史评价，而要将历史人物的全貌呈现给学生，进而将最终评价权还给学生。上海市曹杨二中徐寒雄老师这样设定《汉武帝时代》一课的课程内容主旨："汉武帝刘彻为刘汉天下的世袭，在继承了文景之治的遗产后，审时度势、不失时机、不择手段地沿袭和创新了以巩固皇权为宗旨的帝王之术，以'独尊儒术''内外朝制''推恩令'等方略逐个解决了思想异道、王政旁落、王国分裂和匈奴入侵等由来已久的痼疾，实现了自秦以来多民族大一统的中央集权帝国梦，称雄中土、威震四夷、远播亚欧，推动了华夏文明的再造、崛起和扩张——这就是汉武帝时代。"该主旨的撰写得到了华东师范大学聂幼犁教授的精心指导。

从唯物史观角度看,该主旨整体体现出辩证性:一是将历史人物"巩固皇权为宗旨的帝王之术"的主观意图与客观效果有机关联,体现了全面的观点;二是将历史人物置于特定时空下,并从短时段"解决了由来已久的痼疾"、中时段"多民族大一统的中央集权帝国梦"和长时段"华夏文明的再造、崛起和扩张"的角度综合观察,体现了发展的观点。从叙事的角度看,内容具体,逻辑清晰,表述聚焦,这就非常有利于后续教学环节的设计、教学资源的开发和教学过程的实施;同时,最后"——这就是汉武帝时代"的表述,既体现了教师对这个概念的理解,也隐含了对归纳教学法的示范。如果依据该主旨的叙事逻辑来开发史料,则对汉武帝的评价会兼顾主观上为维护汉室的"帝王之术"和客观上带来的促进"多民族大一统"及"华夏文明的再造",汉武帝的形成会更真实立体。

2. 大视野体察社会风貌,不以局部表象遮掩历史本质

唯物史观指导我们要在大视野下体察社会风貌,要融表象与本质、局部与整体、当下与过往于一体。李惠军老师这样设计《坎坷的进化——民国初年的社会生态》一课:首先,从局部解剖的视角铺陈"坎坷"(经济:"时运"与"失运";生活:"开化"与"闭塞";文化:"宽容"与"论战";制度:"立宪"与"帝制");其次,从整体时势的视野体察"进化"(经济:民族工业的"黄金时期";生活:追求时尚的"民国范儿";文化:兼容并蓄的"文化生态";制度:坎坷艰难的"制度畸变");再次,从历史纵深的视域理解"坎坷的进化"(发展之艰难:"半殖民"的社会现实;进化之艰难:"超稳定"的历史引力;和平之艰难:"分散性"的暴力怪影;启蒙之艰难:"国民性"的传统依恋)。李老师的史学功底和教学艺术堪称典范,历史叙事的功力更是令人折服。李老师倡导"大格局"与"精细化",在本课的整体设计中就可见一斑,他融细部解剖、宏观体察和纵深理解于一体,勾勒出一幅既大气磅礴,又精于细节,更富笔触张力的民国初年社会生态"坎坷进化"的历史画卷。他将微观与宏观、现实与过去、民族与世界、表象与本质等多个范畴有机融合,构建出社会风貌变迁背后严密的逻辑关系。回顾二期课改以来中学历史教学中对于民国初年社会的认识,经历了一个渐进深入的过程。历史解释的不断完善,是基于科学史观的把握、

史书阅读的广博和史学理解的深入,不同的解释会直接影响到史料开发的定位和史料解读的落脚点。

3. 多维度洞察历史事件,不以合力理论排除核心要素

合力理论是当下历史教学中比较常用的一种解释方法,但如果只有合力理论,没有核心要素,历史解释也缺乏重心和说服力,是不符合唯物史观的。徐寒雄最初这样分析《清末新政》改革失败的原因:"晚清十年,改革代价的承受者们成为政府的离心力量。废除科举,士心浮动;新政改革,民心丧失;驱散请愿,绅心游离;皇族内阁,官心相背。《清末新政》这节课告诉我们一个浅显的道理,那就是:比起风起云涌的时局,更为波澜壮阔的是:人心。"总结通常是历史叙事的提炼和升华部分,该总结体现了对清末新政的多维度观察,从士心、民心、绅心和官心等合力角度思考清政府改革主观意愿与客观效果相背离的原因,较有新意,但最终提炼到放之四海而皆准的"人心",失去了历史的韵味。在改进稿中教师则改为:"晚清十年,'革命'和'改革'其实在赛跑,最终结果是革命胜利了,改革失败了。回过头来看这段历史,革命之所以成功,不是革命的口号有多么吸引人,而是改革已死。晚清政府希望通过新政、立宪来完成王朝的自我拯救,最后却落得个人心尽失,江山失守,为什么呢?用孙中山的一句名言作为本课的结束:世界潮流浩浩荡荡,顺之则昌,逆之则亡。晚清政改舍本逐末,最后落得个搬石砸脚。"清政府逆时代大势,对自身王朝利益的维护远大于跟上世界现代化潮流的考量,最终导致事与愿违。教师用时人的话点出了历史玄机,直指核心要素,史料教学与历史叙事融为一体。

(二)灵性人物,历史叙事和史料解读的倾情点

历史叙事首先必须要围绕人展开,没有人就没有历史。要力求还原真实、立体的人,塑造有性情、有灵魂的人。其次,要正确处理好人与时代的关系。人永远是时代中人,始终烙有时代印记,时代造就人,而人对时代又有反哺作用。再次,要正确处理好主要人物与次要人物的关系。伟人固然重要,但一个人成就不了一

个时代,也代表不了一个时代。次要人物也是历史的创造者。同时,要理解历史中的人,回到时人的具体处境中,从其所思、所言、所行及结果中去观察。由此,对于史料的解读不仅要提取其表层信息,还要透过史料的表述,知晓其背后的内心世界,从而帮助学习者真正走进时人的心界,生成对历史的温情与敬意。

1. 勾勒群像,彰显对历史主体的尊重

除了对主要人物要着力刻画外,对群像的勾勒也非常重要。尽管那些次要人物在课堂中"步履匆匆",但有时教师只要寥寥数笔就能让这些人物生动起来,历史中的人就被赋予了生命与性情。徐寒雄在《汉武帝时代》中这样叙述主父偃的出场:"武帝的权力在慢慢膨胀,而地方王国问题则一直困扰着他,让他夜夜不得安睡,如何解决地方王国问题呢? 这就不得不说到下面这位能人了,(出示'推恩令'史料)他就是主父偃。他是山东临淄人,出身贫寒,早年学纵横之术,中年改学儒术,因在家乡受到排挤,决定西入长安,去京城碰碰运气,托关系,走后门,仰人鼻息,主父偃觉得这样下去不行,于是情急生智的他给汉武帝写了一篇非常长的奏章,让他意外的是奏章早上呈送,晚上汉武帝就召见了他。见到他时武帝非常激动地说:'你以前在哪里啊? 为何我们相见这么晚呢?''相见恨晚'这个成语就是说他的。"一般讲《汉武帝时代》,教师大多只关注汉武帝,而其他人物往往只是作为史料背后的一个名字被忽视。从史学角度看,会令人产生误解,似乎汉武帝个人撑起了一个时代,有个人英雄主义之嫌;从教学角度讲,人物稀少,形象单薄,人物间缺少交集与互动,这样的课堂恐怕也不会有太大的魅力,更谈不上学习者与历史人物的生命对话和历史智慧的孵化。从学科育人角度讲,课堂中长期只有主要人物,没有次要人物,或只有大人物,没有小人物,既不利于学习者养成对历史人物的尊重和对历史的敬意,也不利于形成小人物大人格的价值观。从该案例中主父偃的出场,我们感觉到史料"推恩令"计策背后的名字不再冰冷,教师将《汉书·严朱吾丘主父徐严终王贾传》中相关主父的史料记载转化成自己的语言,虽然用语不多,但刻画精心,人物形象鲜明立体,跃然纸上,展现了人物之间互动的场景,令历史立即变得生动起来。这样的处理体现了教师较高的史学功底和教学素养,叙事中有史料,史料中有温情。同时,在本课教学中,教师除了着力刻画了汉武帝的形象外,还用简洁明朗的笔调勾勒了董仲舒、卫青、霍去病等辅佐人物的形象。汉武帝时代也因为这些有性情、有灵魂的人物群像塑造而显得可视见、可亲近。

2. 走进内心,感悟历史主体的情感

图 10-1 《有着架子床的房间》

历史最打动人心的,一定是历史中人的内心世界,走进内心是为了走进真实,并触摸历史的温度。上海市新黄浦实验学校张添在执教《第二次世界大战的爆发》时是这样导入的:"我们首先来看一幅画。(出示图 10-1 左边的油画)这幅画的作者是一个叫埃丽卡的小女孩,1934 年出生在布拉格,七岁那年被遣送到特莱津的集中营。这幅画里,埃丽卡记录了自己的生活,也画出了一个小女孩的憧憬。她的画面前面留出了很大的空间,这里放上了集中营里没有的鲜花,让蜜蜂围绕着花朵,花瓶上也刻上爱的印记。花儿无论是颜色还是姿态都生动而平衡。时时处于饥饿中的埃丽卡还在花儿旁边,放上了满满的一盘水果!(出示图 10-1 右边的照片)实际上,有着架子床的房间十分拥挤且充满着哀伤,孩子们饥饿、寒冷、经常生病,想念妈妈。埃丽卡把架子床推得远远的,也把残酷的现实生活远远地推开,这幅画完成于 1944 年,同年 10 月,埃丽卡被杀死在奥斯维辛集中营,那一天离她的十岁生日还有 12 天。"对于战争的叙述有很多种方式,何以张添老师的叙述能那么地打动人心,发人深省。张老师在历史叙事和史料运用上有独到之处。一般情况下,教师在讲述希特勒屠杀犹太人的暴行时,通常出示的都是成堆的尸体、毛发、鞋子等象征死亡的图片,令人不寒而栗。而张老师却没有采用这样的图片,而是边呈现有着巨大视觉冲击力的《有着架子床的房间》的油画和照片,边动情讲述身处集中营凄惨现状中的埃丽卡们对生的渴望和对美好生活的向往。这样的处理可谓匠心独到,既避免了直接出示死亡的照片引起孩子们的不适,又突出了法西斯摧残无辜生命的冷血行径,更讴歌了在困境中不屈坚守的人性之美,将小画者们的主观愿望和其所处的残酷客观世界融为一体,历史叙事与史料教学浑然天成,极富感染力。

（三）以小见大,历史叙事和史料运用的关键点

历史包罗万象,历史遗存的史料浩如烟海,因此,在备课时需要精选典型史料,以助力历史叙事重点突出、以点带面地有序推演。同时,史料的呈现应依学情特征而定,或要义概括,或图片示意,或故事讲演,或细节刻画等,当短小精悍、生动形象、关键信息突出。史料的解读过程要呼应历史叙事,要示范史学思想方法,从而透过小史料读出大历史。

1. 小史料,大逻辑

史料虽小,但在教学运用中必须遵循大逻辑。逻辑之"大",其要义指向严谨科学的态度和方法。史料的运用当遵循以下三种逻辑。一是史学的研究逻辑,其核心是有一分证据说一分话;二是学生的认知逻辑,其核心是尊重学生的个性特征和认知规律;三是历史的叙事逻辑,其核心是对历史形成有意义的关联性解释。上海市曹杨二中附属

图 10 - 2　《联合,或者死亡》

学校王婕婷老师在《美国独立战争》一课中,运用了图 10 - 2 漫画《联合,或者死亡》。其最初设计是教师先介绍这幅流传于独立战争初的漫画实际上是富兰克林创作于 1754 年英法战争期间。进而提问:"为什么大部分人会误解这幅漫画创作于独立战争时期? 我们怎么避免类似的误解再次发生?"这样的设计虽然在一定程度上体现了史料实证,但却与历史叙事相游离,成了课堂流程的"肠梗阻"。在其后的改进稿中,教师改设问为:"1774 年的北美报纸为何争相刊登 20 年前的旧

作?"这样的设计既将问题直接指向当时的社会心态,体现了对史学研究逻辑的遵循,也与北美人民追求自由与权利的内容主旨相关联,与历史叙事逻辑相一致。

2. 小切口,大格局

着手于小处,着眼于大处,在历史叙事中要微观中见宏观,从小史事窥见大事理。这绝非无中生有的牵强附会,它需要教师具有深邃的历史洞察力和高超的史料驾驭力。上海市北海中学黄晓慧老师在执教《冷战》一课时,以柏林墙为重点展开叙事,其观察问题的视角转换可谓娴熟。首先,教师以勃兰登堡门为典型,讲述了柏林墙初建时柏林墙建立的始作俑者,借用苏联领导人赫鲁晓夫的话"柏林墙是阻止西方帝国主义侵略的篱笆,……饿狼就再也别想闯进东德",帮助学生理解当事国政府意图。接着,通过讲述艾青的诗歌《墙》和"民众用自己的脚作出生存和生活的选择"两个小环节,帮助学生理解当时普通民众的生存状态和内心渴望。然后,通过1961年10月28日美苏十几辆坦克对峙24小时却最终保持克制的细节进一步转换视角,帮助学生从更广阔的时空,即20世纪世界格局变化的视野下,理解柏林墙所隐含的两个超级大国不失理性、自我控制的一面,进而提炼出"冷战"的概念。最后,教师再次呈现勃兰登堡门的照片,不过场景已经切换到1989年柏林墙被推翻之后的欢乐圣诞夜,引发出人类需要理性、和平与发展的深层思考。总体来看,教师分析问题的视野由小及大,层层深入,递进提升,体现了历史人看问题的辩证和深邃,小切口中彰显出了大格局。既增加了历史叙事的实证性,又为历史叙事搭建了立体的展台。

史料教学与历史叙事有机融合的核心要义,既在于发掘史料的证据价值去支撑叙事的求真追求,培养学习者的理性意识,也在于透过史料的历史理解去彰显叙事的时光温情,培养学习者的人文情怀。为此,教师首先要在充分阅读、准确理解课程内容的基础上,从宏观上构建出历史叙事严密的内在逻辑结构,然后再据此开发、解读和运用史料,帮助学习者在史料研读的过程中贴近历史、体验历史和感悟历史,并进而领悟、内化历史叙事的解释逻辑和思维方法。

行走中的学习——区域研学旅行项目实践初探[①]

王萍

为切实推进教育综合改革，丰富学生的社会化学习经历，根据教育部《关于进一步做好中小学研学旅行试点工作的通知》（以下简称《通知》）精神，上海市普陀区自 2013 年起在区域内的曹杨二中、甘泉中学、江宁学校等五所学校开展了中小学生研学旅行试点工作。随着试点工作的深化，我区逐渐扩大试点范围，2016 年，制定了《普陀区中小学生研学旅行工作实施办法（试行）》，在全区开展研学旅行项目实践。四年来，通过研学旅行项目的实施，我区发挥了各方教育资源功能，为青少年学生提供了开放性的综合学习条件，对校内外教育进行了深度整合与融通，推进和深化了素质教育，有力促进了区域育人模式的改革与创新。

一、研学旅行的意义

（一）培育核心素养

《中国学生发展核心素养》指出，学生发展核心素养，是指学生应具备的、能够适应终身发展和社会发展需要的必备品格和关键能力，综合表现为六大素养，即人文底蕴、科学精神、学会学习、健康生活、责任担当、实践创新。由此可见，核心素养培育必须促进学生终身发展并能适应社会发展。研学旅行让学生接触到了社会和自然，丰富了学生社会学习的经历，促进了学生社会化发展的进程。同时，学生在研学过程中，培养了自理自立、合作帮助、艰苦朴素、劳动创造等综合品质，

---

① 本文原载《现代教学》2017 年 4 月

不仅丰富了学科学习知识,更有助于创新精神和实践能力的培养以及社会责任意识的提高。

(二) 促进学习变革

传统意义的学习强调在校时间的学习,家庭学习以学校作业巩固为主要内容,学习领域与空间固定,学习方式单一。研学旅行所带来的学习,与传统学习有质的区别,涉及学习时间、内容、方式与对象的变革。

其一,研学旅行拓展了学习时间,突破了原有学校教学时间的限制。研学旅行的时间,既可以安排在教学时段内,也可以安排在假期中,根据教育需求进行时段选择,学习时间有弹性。

其二,研学旅行变革了学习内容。传统学习内容以学科知识为主线,强调知识的整体性、逻辑性,而在研学旅行中,学生根据确立研究的目标与主题完成学习任务,强调跨学科的主题学习,使学习内容更具综合性,更贴近生活实际。

其三,研学旅行推动了学习方式的变革,合作学习、自主学习、探究学习成为研学旅行的主要学习方式。传统学习以班级授课为主,学习方式必须符合班级群体的需要,以被动学习和机械学习为主。研学旅行过程中,学生以小组为单位完成学习任务,统一就餐、住宿,在小组中分担责任,合作完成计划,实现了合作学习。研学旅行的整个过程,倡导学生自己制订计划,自己解决遇到的问题,自己设计展示内容,有效促进了自主学习和探究学习的深入。

其四,研学旅行还促进了学习对象的变革,使全员学习从表象转向了实质。传统学习虽然是全员听课,但由于学生学力水平存在差异,学习困难的学生在课堂中因无法跟上学习进度而在教室里虚度时光,全员学习仅仅停留在形式化、表象化的程度。研学旅行面向全体学生,对学业水平没有较高的要求,不同能力水平的学生可以在研学过程中承担不同的任务,对家庭经济困难的学生学校还应给予适当照顾,确保每一名学生都能参与到研学旅行活动中,促进全员学习。

(三) 创新育人模式

研学旅行的实践,以核心素养培育为目标,以社会化学习为载体,以校内外合作互动为保障,以学生、教师和家长的深度参与为基础,使社会成为学生成长学习的大课堂,让学生获得了多样化的学习和发展的机会,初步实现了课内外并进、校内外联动、线上线下互动的全员、全程、全方位育人格局。研学旅行的组织与实施,需要学校领导、广大教职员工共同参与活动,也鼓励家长志愿者的积极参加,使全员育人的理念在实际工作中得以落实。研学旅行使教育空间突破了课堂局限、学科知识壁垒,打破了学校围墙,使学生直面生活,建立起学校学习与社会生活的通道,通过课内外有机融通实现教育目标,体现全程育人的教育要求,让学生在真实社会生活场景中实现意义建构。研学旅行要求学校整合多方教育资源,为学生提供更丰富的体验感悟机会,需要社会各部门的通力协作,促进全方位育人格局的形成。

二、研学旅行的特质

(一) 要素:三维

研学旅行是学生校外实践活动,与普通校外活动相比,有其基本要素。

1. 时间维度

《通知》规定:研学旅行在小学、初中、高中三个教育阶段各实施一次,原则上小学阶段 2 天 1 夜,在小学四到六年级实施;初中阶段 3 天 2 夜,在初中一年级或二年级实施;高中阶段 4 天 3 夜,在高中一年级或二年级实施。学校可根据教学计划、学生活动的实际情况和需要,灵活安排研学旅行时间。研学旅行不同于一次性的短时社会实践活动,需要花费较长一段时间,也可以以长程设计为基础,以相对密集的短期活动累加而成综合实践活动,但单次活动时间不少于 1 天。

2. 组织维度

研学旅行是教育综合改革创新的重要举措,是学校教育的重要内容,应该纳入学生综合实践活动课程体系中,必须面向全体学生。由于涉及大范围跨地域活动,更需要学校进行系统的资源调控、安全部署、教育设计和实施保障。研学旅行与普通的学生小组校外活动的差异在于:其组织者必须是学校,组织方式必须是集体,对象必须是全员。

3. 目标维度

研学旅行目标指向不是单一的,不仅重视学生跨学科的知识与能力的发展,更着重于拓宽学生视野,丰富学生阅历,培养学生独立生存能力、自主能力与合作能力。因此,研学旅行不是一次"说走就走"的活动,应该有清晰的主题和教育目标。学校要围绕目标,认真组织、精心设计、周密安排,并对目标的实施状况进行阶段干预和促进,对目标达成度进行有效评估。

(二)起点:三问

1. 问需于学生

教育只有坚持以学生为本,善于倾听学生的声音,满足学生的发展需求,才能具有实效性。目前,学校教育活动以现有学科教学内容为依据,研究学生学科知识的学习经验与基础。研学旅行的主体是学生,但它脱离了学科束缚,以学生的兴趣、需求、特长等为研学项目设计的起点,方案需要广泛征集学生的意见,贴近学生生活、满足学生需求,使"以学生发展为本"的理念得到落实,极大程度地提高了教育的针对性和实效性。

2. 问计于教师

研学活动中,教师承担着学生学习的指导者职责,研学方案的设计,尤其是学生探究课题的选择决定了研学活动的深度,依靠教师群体,提供具有跨学科特质的探究课题,或者依靠教师,对学生自行选择的课题进行指导与调整,才能使所有教师从研学初始阶段就参与到研学活动中来。普陀区在2016年假期开展的以纪念长征胜利 80 周年为主题的全区性研学活动中,广泛征集了探究课题,并下发给各个学校供学生选择。同时,教师对学生情况的把握、对教育的理解乃至其自身的生活经验都促使研学旅行的设计思路和方案不断得到优化。

3. 问策于学校

研学旅行不是一个独立的教育活动。学校作为研学旅行的组织方,其根本依据在于将研学旅行的目标与学校的育人理念、办学理念、办学特色紧密结合。研学旅行活动只有在学校办学理念的引领下,与学校实际相结合,才会既有利于学校特色化发展,又使自身具有持续的生命力。因此,研学旅行的设计与实施应该是学校课程的一个有机组成部分,其教育目标与学校育人目标应该一致,并纳入学校的教育教学系统,这样才能发挥其长效效应。

(三)关系:三统一

1. 行与学的统一

研学旅行应具备旅行所应有的异地性、生动性、愉悦性,因此组织开展研学旅行活动必须充分体现旅行的特点,为学生提供丰富的活动,让学生快乐。但研学旅行不是单纯以休闲、放松为目的的旅游,它还包含了学习的要求。学生需要通过旅行达成清晰的教育目标,不仅要获得知识与技能,了解过程与方法,还需要达成情感、态度、价值观的目标。研学旅行是启智之旅、修身之旅、合作之旅、求真之旅、尚美之旅。

2. 研与习的统一

研学旅行的过程是学生不断探究世界并获得自身成长的过程。"研"代表学生对外部世界、社会现象、生活状态、知识领域的求索,而"习"正是学生不断完成知识建构、行为巩固与价值观形成的过程,也是自我成长的过程。研学旅行促进了学生在"研"中"习",在"习"中深化"研",两者相互依存。

3. 教与学的统一

研学旅行作为全新的教育形式,对教师提出了更高的要求,它集研究性学习、团队学习、社会实践、网络学习等于一体,教师在学科教学中的传统优势不断减弱,强调教师与学生的教学相长,教师可以引导学生明确活动目标,更合理地分配任务,建立起相互激励、相互评价促进的合作氛围,还可以在活动中向学生学习网络信息技术以及新知识和新技能。因此,在研学旅行前,要制订《研学旅行教师指导手册》和《研学旅行学生实践手册》,对活动方案、实施流程、活动要求、安全预案、自救常识、课题指南等内容要有清晰的指导,确保活动的有效性和规范性,促进教师与学生共同成长。

(四) 过程:三环节

1. 策划宣传

一是活动策划。学校根据学生需求,在广泛征询教师意见,充分考虑办学目标、学生年龄特点以及可开发的资源基础上确立研学地点,并制订细致的研学旅行的主题活动方案、安全保障预案和应急预案,并联系具有资质的旅行公司和车辆运输单位落实活动。活动开展前,学校要将上述三个方案以及委托的服务公司、车辆运输单位的相关资质材料证明复印件以专题报告的形式上报教育局学生研学旅行工作领导小组,经审核同意后才能正式实施。

二是广泛宣传。研学旅行作为一种新的学习实践方式,教师、学生和家长对此还比较陌生,让他们了解这一活动的内容及其意义,取得各方广泛支持是保障活动顺利开展的前提。因此,做好宣传教育工作是开展整个活动的第一步,也是十分关键的一步。学校必须通过教师会议、年级会议、班级会议等形式,将研学方案广而告之,让教师与学生理解研学旅行的意义,认识到研学旅行是对学生开展思想道德教育的重要手段,是提高中小学生综合能力的重要渠道,是促进学生全面发展的有机组成部分。经过宣传,学校公布研学旅行活动具体方案,以班级为单位,学生自愿报名参加,并由学校和家长签订自愿报名参加协议书,活动内容、活动时间及活动安全预案公开、透明,接受各级层面的监督。

三是家长告知。学校活动前,必须以书面形式将组织本次研学活动的目的、内容以及注意事项告知学生和家长,征得学生和家长同意。同时,学校要对所有参加活动的学生体质状况有所了解,对于特异体质学生要动员其暂不参加研学旅行,并做好"告家长书"和体质排摸回执存档工作。

2. 任务驱动

学生在老师指导下,完成研学过程中的研究任务,具体包含以下流程。

确立课题:研究旅行地的人文资源与自然资源——探讨大家共同感兴趣的主题——设计研学课题——依据选题指南或根据教师指导意见修订并完善选题。

建立合作小组:招募建立研学小组——各小组在指导老师的帮助下设计研学方案,如路线设计、研究方法等——明确研学中要解决的问题——明确研学小组成员的具体分工——为解决问题需要提前准备的知识或工具(记录用具、测量工具、样本收集工具、摄影摄像机等)——制订安全章程。

开展分组学习:根据研学方案在旅行过程中完成预定任务——对每天的任务完成情况进行组内交流讨论——对旅行过程中的生成性问题商定解决方案,细化职责——通过网络查找或征询老师,解决课题研究中的学科性知识难题——形成并优化方案。

成果展示:总结课题研究成果——商定课题成果展示方式——确立课题成果展示的任务分工职责——协作完成展示任务——在主题班队会上展示成果。

3. 评价反馈

一是注重质性评价。在项目实施过程中,学生通过分工协作、走访调查、实地观察、研究探讨,能力有提高,行为有规范,素质有提升。质性评价主要包括学生讲述感悟、交流课题成果,教师评析活动得失、公开展示活动成果、表彰奖励优秀成果等形式。目前我区已将研学旅行纳入学生综合素质评价体系,将学生研学的经历与承诺纳入学生成长档案与资料包。二是倡导学生的自我管理与评价。曹杨二中在研学旅行过程中,发挥学生自主管理委员会的自我管理功能,制订研学旅行奖励清单和负面清单,由学生自主管理委员会。在动员大会上对全体同学进行要求的宣传和任务的安排,依据清单的具体要求,在活动实施的过程中,进行学生自我评价和学生互评。清单充分发挥了评价的导向和激励作用,引导学生进行自我约束和自我提高。

三、研学旅行的运作机制

(一)组织管理机制

我区成立了普陀区中小学生研学旅行工作领导小组,分管副局长担任组长,各相关科室负责人担任组员,具体指导中小学研学旅行活动的开展和安全保障工作的落实。教育局安全工作领导小组同时作为区中小学生研学旅行应急小组,负责本区学校在组织学生研学旅行过程中发生的各类突发事件的处理工作。

学校成立研学旅行工作领导小组。由校长担任组长,分管校长担任副组长,德育处(大队部)、教导处、医务室、总务、年级组、家长委员会等部门负责人任成员,共同负责活动的组织策划以及活动过程中的各项安全保障工作。学校整体制定研学旅行计划,确定研学旅行主题活动方案和安全保障预案、突发事件应急预案,并认真组织实施。学校还建立网络化的组织管理团队。学校以年级和班级为单位,建立研学旅行的组织管理和联络团队,班级以合作学习小组形式建立团队。每个团队确立联系人制度,在出发、到达、返回及遇突发事件时,都要在第一时间上报上一级团队负责人。

(二)安全保障机制

1. 管理制度

学校领导小组在进行研学旅行设计时,要做好安全调研工作,对所有的环境都要事先考察,与当地部门建立联系,与当地的公安、医疗系统对接,并将研学方案及时报备教育局。同时,学校要制订详细的"研学旅行安全保障方案"和"研学旅行安全应急预案",确保学生人身安全。研学旅行活动要由校级领导带队,研学旅行工作领导小组相关人员参与,按年级或班级统一行动。未经学校领导小组批准,不得私自修改活动预设路线,带队教师不得组织学生到实践地附近风景或途中风景区游玩。

2. 应急响应和活动停止制度

应急事件要按照区中小学生研学旅行应急预案和学校应急预案开展救援工作,救援现场必须做到三个"第一":第一时间实施现场救援,第一时间上报主管部门,第一时间请求事发地的 110、120 支援,如遇到不可抗力(如地震、泥石流、滑坡等地质灾害)或恶劣天气(如台风、大雨、大雪、冰雹等)时,应及时取消或中断研学旅行活动(在安全区驻留、返回校园或延期出发),待条件允许时再择日安排活动。

3. 安全教育和培训制度

学校应该牢固树立"安全第一"的原则,活动前面向全体教师和学生进行有针对性的安全教育,提高所有参加活动人员的安全意识,针对实践活动中有可能发生的安全事故,由学校卫生室对全体师生进行必要的急救须知等安全培训,掌握自救互救知识和技能。组织学生学习有关规章制度,向每名学生告知活动的安全注意事项。教育学生服从带队教师及队长的统一管理,遵守国家法律法规,遵守公共秩序,维护社会公德,防止意外事故的发生。

4. 服务保障制度

落实校园责任保险,学校每次组织研学旅行活动必须为师生购买人身意外伤害保险。在外出社会实践时要配置常用救护药品,教师要熟悉突发事件紧急处理的流程和方法。要为每班配备不少于三人的随行教师并安排校医或聘请医护人员随行。有条件的学校也可安排掌握一定应急知识技能的家长志愿者协助参与研学旅行活动,以加强安全管理力量。总之,学校必须确保各类安全。

（三）资格认定机制

1. 服务单位资质

负责组织研学旅行的服务单位要具有本市工商行政管理局颁发的有资质从事旅游业务的《企业法人营业执照》以及上海市旅游局颁发的《旅行社业务经营许可证》，相关证件要在有效期限内。服务单位要制定研学旅行安全预案和应急方案，要为参与研学旅行的师生购置旅游责任险。服务单位的工作人员应具备应急知识技能，如遇突发事件能及时实施救援。

2. 车辆要求

参与研学旅行服务工作的车辆必须具有运营资格证、年审合格证、环保资格证，应购置国家要求的乘员责任险，司乘人员应具有丰富的行车经验，掌握应急知识技能，具有处理突发事件的经验，如遇突发事件能及时实施救援。

3. 餐饮单位资质

学校应该高度重视研学旅行活动过程中的食品卫生安全工作。服务单位必须选定符合资质的餐饮单位，选购卫生安全达标的食品，若学生自购食品，学校要做好学生选购安全达标食品的引导工作，家长要做好监督管理。如发生疑似食物中毒事件，应及时展开救护，并立即拨打事发地的急救电话送医治疗。

4. 住宿地点要求

超过一天的研学旅行活动，要切实安排好集体住宿，服务单位和接待单位要确保住宿的卫生达标并做好安全防范措施，必须具备应急通道、应急标识、应急工具，合理建立逃生安全区。学校、服务单位、接待单位要组织人力加强安全值夜巡逻，确保学生安全。

中小学开展研学旅行工作，是创新校外教育、深化社会实践的重要途径，其系统实施和开展，需要得到多方的关注与支持，加强对研学旅行的理论和实践的研究，对深化教育改革、创新育人模式将会起到积极的作用。

与学生一起成长①

付丽旻

让每个学生有尊严地成长,有终生感受幸福的能力,是我从教 27 年的职业理想,也是我班主任工作的奋斗目标。还记得最初萌生当教师的念头时,我只有 8 岁。跟着当教师的父母在电影院看完苏联电影《乡村女教师》后,星光下我充满向往:"长大了我就做一个像瓦连卡那样的老师,好不好?"22 岁去学校实习,第一次作为班主任站在比自己小不了几岁的学生面前,内心充满了兴奋、憧憬、紧张,我觉得做一辈子班主任一定是一件幸福的事情。朋友们问我:"你能把这样的热情保持一辈子吗?"我心里告诉自己:"我能!"这一诺就是半生无怨无悔的付出,陪伴那么多美好的生命一起成长。

教育对班主任的要求,除了满腔热忱、无私奉献外,还需要有科学的理论、方法指导教育实践。我认为,把班主任从平凡琐碎的事务性工作中抽身的唯一办法就是研究你的工作对象,找规律,找策略,只有用研究的心态反思与探究,才能找到每个简单现象背后的更深层次的原因,才能找准促进学生成长的契机与突破口,而这也是班主任不断提高教育智慧、获得专业成长的途径。

一、唤醒希望——做学生心灵花园的守护者

我一直坚持利用成长档案进行个案研究,研究孩子们的成长规律、校园文化发展趋势,研究不同家庭教育指导的策略,研究不同时期对教育的不同要求,切实有效地提高了工作效能。而给每个孩子建立个性化的成长档案,用心了解他们成

① 本文原载《班主任》2017 年第 4 期

长的过程,挖掘学生自身的资源和潜力,有效唤醒孩子内心的希望,是我多年班主任工作中收益最大的一项实践探索。

小鹿刚入学,我在为她建立成长档案的过程中了解到,这个看起来敏感、孤僻、压抑、茫然的小姑娘,在初三经历了一连串的挫折:父母婚变、早恋、离家出走,甚至有过自杀倾向。可以看出,她很担心新同学和老师了解自己之前的经历,既想重新开始新的生活,又有很大的思想压力,不知道从哪里开始努力。

针对她的情况,我制定了详细的计划。第一步,营造温暖的小环境。每一天,迎接她的是老师、同学热情的笑脸,只要有一点进步,都会得到老师由衷的肯定和同学真诚的鼓励。慢慢地,笑容回到了她的脸上。第二步,被需要才能唤醒孩子的自信。我鼓励外语比较好的小鹿当小组的外语小导师;班级里处理一些问题,我也会主动听取她的意见。她开始关心班级、关心同学,而且学习成绩有了明显的提高。第三步,在班级树立她正能量的形象。小组导师得到大家好评之后,我鼓励她申请担任外语课代表、班级生活委员助理。半年后,由于各方面表现出色,小鹿被同学们推选为光荣的学校升旗手。看着她脸上自信和欣喜的笑容,我知道,我和我的班级又上了一个台阶。

我们的很多交流都是文字交流,我努力减轻她的心理压力,不轻易去触碰她心中的伤痕,让她感受到关爱、理解和集体的温暖,直到她自己愿意释放压力。长久的努力,终于让她敞开心扉。她在周记中写道:"老师,为什么我没有早一点遇到你们? 那样,我的人生会少多少痛苦和眼泪,会少走多少弯路啊!"

孩子的心中有一个秘密花园,我愿意尊重成长的规律,守护那里的美丽,给孩子一个适度的空间。老师不能代替学生成长,当学生需要的时候,告诉他们:"别怕,老师和你在一起!"

通过成长档案,关注学生成长的烦恼,了解孩子深层的心理诉求,是对生命的尊重,也是教育的突破口。

浩刚入学的成长档案中所有的信息都充满矛盾:在家里和在学校是两张脸,面对同学和老师是两张脸,所有的正面宣传他都不屑一顾。我知道自己面对的是一个有经历、有故事的"双面男孩"，必须挖掘他的成长经历和家庭背景，才能找到教育突破口。

从童年起就被经商的父母寄养在亲戚家，他可能为了讨好寄养家庭，学会了看人脸色，面对不同的人会有不同的应对方式，包括上课时频繁的插话也可能是在提醒我们，他在寻求关注。童年安全感的缺乏，对成长的过程会有持续性的压力，但是家长往往只会从他现在的状况找原因，比如浩的父母把他在家与父母的零交流归结为青春期叛逆。其实，缺失的童年陪伴、代际差异、父辈过多的说教都可能导致无效交流。

基于这样的分析，寻找教育的契机和切入点非常重要。他需要正常的自我展示平台，需要跟周围的人建立信任和情感沟通的正常渠道，需要正能量的引领。我必须帮助浩找到适合展示的舞台，引导他用正确的方式展示自己。分析他的特点和优势。我推荐他竞选年级活动主持人、学校开学典礼主持人，我反复帮他推敲服装、台词、台风，甚至拿话筒的姿势，他的表现越来越出色，人也沉稳许多。学农、国防教育、男生宿舍的安排和管理工作，我都交给他处理，每天跟他沟通，出现问题让他自己找同学解决。他尽心尽责，工作得到了大家的好评，但是评选优秀营员的时候，他主动把名额让给了别人；他似乎懂得了应该怎样在同学中树立威信。

回到学校以后，他似乎也学会了正确寻找表现自己的机会：主动留下来打扫、布置教室，主动帮助生病的同学，尽管仍能看到"秀"的成分，但是至少他知道用正确的方法展示自我的优秀。可是，要想让他深入反思自己成长的过程，主动进行有意识的自我纠正，还需要一个合适的契机。

适逢学校开展抗战胜利七十周年纪念主题教育活动，班委会设计的主题是"我们家的抗战"。看着他一脸不以为然的样子，我说："你可以回家采访曾祖父，作为浙东游击队的老战士，他老人家可有无数的抗战故事呢！"他一惊，忙问："真的？老师怎么知道的？"

那一个月，他好像变了一个人。后来，他选择的角度就是从曾祖父的抗战生涯开始，题目是"你的十七岁，我的十七岁"，用数字故事展示了曾祖父战火中的青春,也传递了自己的思考和担当。这一次,他真的打动我了。

暑假他申请赴澳洲游学,临走前跟我说:"老师,我知道我代表的不仅是自己,我代表的是中国高中生、上海、母校,还有您,所以,我会用最佳的状态展示自己的风采和能力。"

那一刻,国家意识、青年学生的使命感、自我管理这些以前跟他交流时或许会被认为是给他填鸭灌输的事物,都那么自然地出现在他的脑海中。

其实,利用学生成长档案,我还解决了很多类似问题:一个月给不同男生写出几十封情书的"多情女孩",一个谁都不能惹的"易怒男孩"……梳理每个学生的成长轨迹会发现,平时可能被诊断为性格问题、品行问题、习惯问题的,追根溯源都可以从成长轨迹中找到症结和情感缺失的部分,然后对症下药,才能药到病除。

尊重学生的差异,了解学生不同的家庭背景和成长背景,学会欣赏每个孩子的个性、气质、兴趣爱好和特长的差异,唤醒自信,唤醒希望,探索适合不同学生的教育方式是班主任的职责所在。

二、班级文化建设注入传统美德精魂——做学生成长的引领者

班级文化是班集体建设的灵魂,优秀的班主任要善于通过共同价值观的形成、共同心理文化素质的提升来引领和打造集体,用集体的舆论导向约束、引导个体的行为和价值判断,让一些珍贵的东西像种子一样在孩子们的心中扎根、开花、结果。

多年来,我致力于在班级文化建设中注入传统美德的精魂,夯实根基,为每个学生的终身发展积淀底蕴。

(一)让美德成为行为习惯——在制度文化建设中弘扬传统美德

班主任在和学生共同制定班级管理制度时,需要深入思考:班级管理机制是为了简单的管事还是为了每个学生的成长?我认为,应该是帮助学生通过学校的日常生活,形成一种文化的自觉,沉淀到生活的习惯中,为了帮助孩子们完善人

格,形成和构建社会适应能力,构筑坚实的文化和品德基石。

我所带的班级一直在推行"每周 100 分"自主管理制度,把学校生活、部分与家庭相关的教育、社会实践等进行量化管理。这个管理制度在具体的制定和实施中,突出彰显了尚礼、友爱、睦邻、孝道、坚韧等传统美德的核心思想,淡化了功利色彩,目的是通过具体的生活目标导向,逐步提升学生需要的层次,促进学生良好品行的发展。例如,在加分项目中,主动跟父母沟通加 5 分,假期主动到父母的工作单位进行职业体验储存 20 分,可以根据自己的需要选择投入到下阶段的学习中,弥补自己当周的不足。主动跟父母沟通的加分等同于一次校级学科竞赛获奖,到父母单位进行职业体验的加分相当于一次区级学科竞赛获奖,目的就是强化孝道,让学生理解父母、体谅父母,在一定程度上可以缓解青春期与更年期的矛盾,让孩子学会主动跟父母沟通,家庭的氛围可能会更和谐温馨,形成有利于孩子身心发展的家庭教育环境。百善孝为先,孝敬父母对孩子完善人格的发展,会产生积极的促进作用。

我的班级还有一项自主管理制度,即"学生导师制",这个制度突破了以往学生"结对子"的不足。传统的"一帮一,一对红",是基于一个优秀学生帮助一个学困生或者行为有偏差的学生,定位就意味着不平等,在不平等的关系中还要体现友谊,谈何容易? 所以我们班的学生人人都是学生导师,你物理学得好,可以选择做别人的导师;我历史学得好,也可以选择做别人的导师,充分考虑到学生的差异性和多元智能,为和谐的生生关系奠定深厚的基础、搭建互动的平台,实现"爱人者人恒爱之"的目标。

上述提及的自主管理制度,评价方式采取自评与他评相结合的方式,目的是逐步积聚学生诚实守信、公平正义的内心力量。制度文化在长期的坚持中,会慢慢地引领学生从善如流,见贤思齐。

(二)让美德与时俱进——在时尚文化传播中孕育传统美德

我们的德育不能板着面孔,只有走进学生的真实生活,才有可能走进学生的内心,把一些高尚的动机内化成孩子们的自觉行动。如何利用时尚文化的传播力和影响力,是值得班主任努力做的大文章。

学生追星、追赶潮流是客观现实。如何借力打力,借助学生对时尚文化的热衷,找到孕育传统美德的温床,让孩子对传统文化产生浓厚的兴趣,并逐步实现时尚与德育的无缝衔接,值得我们好好研究。

当周杰伦风靡校园的时候,我与学生共同研究方文山绝美的歌词及其深厚的人文内涵,借助唯美的修辞意境,领略传统文化的音律美、建筑美、意象美的同时,感受巨星所传递的对历史文化的认同、对母亲的挚爱。这些美好的东西借助时尚元素,可以直接被学生所接受,起到意想不到的效果。

当"韩流"在学生中盛行,我带领学生共同研究韩剧中的人物和故事情节,最终的结论是韩剧其实是韩国文化、传统礼仪以及国家形象宣传片。透过美丽的表象,带领孩子们登堂入室,索细求微,充分领略原本学生自己欣赏时可能错过的核心内涵,比如爱国、长幼有序、节俭、敬畏心等,让学生懂得我们的邻居在历史长河中吸收了中华传统文化中一些优秀的成分,滋养了自己的本土文化,我们不妨再拿回来充分利用,深入研究。

(三) 让美德提升思想品位——在经典文化学习中彰显传统美德

班主任需要引导学生沉静下来,需要指导学生有计划地学习经典典籍,享受思想的深度,提升思维的品质与内涵,进而指导自己进行正确的生活选择,形成直抵内心的力量。

对于高中生而言,选择适当的经典篇章进行深入分析更有价值。可以与语文、历史学科教师合作,充分利用相关人文学科的资源。例如,学生接触四大名著的时候,可以透过《水浒传》《三国演义》沧桑的历史背景和各具特色的人物形象,挖掘出"义"的内涵,引导学生思考古代典籍中所倡导的"义",与当今时代提倡的新型社会主义义利观的关系,创设情境,搭建交流的平台,在学生讨论甚至辩论中达成教育的目的。

我班有的学生研究老子的《道德经》，研究老子时代所提倡的思想在今天的现实意义；还有的学生研读曾国藩的家书，研读《孙子兵法》，研究《红楼梦》中的薛宝钗与《京华烟云》中的姚木兰的不同与共同之处……

研读经典，在一定程度上让传统美德与时代文化碰撞出灿烂的思想火花，促进学生主动探究与思考。

除此之外，"让美德成就幸福人生——在民俗文化体验中传承传统美德"也是我在班级文化建设中一直致力推进的项目。帮助孩子们了解民俗文化、节日文化，不仅有助于培养孩子们知书达理、进退有据的生活规范，更有助于形成良好的人文素养，使传统美德成为生活的一部分，这对于个体成长的价值是巨大的。

立德树人，只有把生活中的德育资源提炼出来，才能把德育的生活进行到底。

班级这个文化生态圈中，教师是平等中的首席，靠智慧与人格的力量引领着学生价值观的发展方向。在课堂文化中，我曾并一直致力打造"有故事的教室"。当告别一间教室并留给下年级学生使用的时候，孩子们会用自己的方式介绍在这间教室的收获与经验。与别人分享收获与经验，让孩子们成为心灵富有的人。今年，高二学生对我说："老师，当我们走进教室，看到您班学生临走前在黑板上留下的那句话'每天早上叫醒你的不是闹铃，而是你的梦想'的时候，非常震撼。"再看到书桌里留下的联络方式、学习经验与资料，许多人表示，等他们离开的时候，一定要把这份温暖继续传递下去。

（四）传递爱的温暖——做幸福的奉献者

长期以来，我一直满负荷、高强度地工作着，长时间的体力透支，导致我在2011年初被推上了手术台。本来一直想着等学生高考结束再进行手术，医生说要保命就马上手术；出院后，我打好两层腹带来上班，医生苦笑着说："我都担心伤口崩开。"

后续治疗期间，我给外出考艺术和成绩差的孩子们无偿补课，他们对文化课缺乏自信，而且学习程度不同，只能进行一对一的辅导。家长感动地说："您是我见过的最好的老师，没有您的帮助，孩子是不会有信心赶上来的。"

每年高考前,孩子们都会把我的照片放进准考证,说看到我的笑容,就不会紧张了。

我班大部分孩子住校,我每周会有一个晚上住在学校里,了解他们的生活、学习最真实的状况;哪个孩子生病了,也许连宿管员都不知道,我肯定会知道;哪个孩子最近情绪不好,家里有什么事情,我都放在心上;办公室准备了饼干、奶粉,有些孩子晚自习后会饿,给他们加个"夜宵";抽屉里有红糖和卫生巾,我记得每个姑娘的生理周期……点点滴滴的小事,就是给孩子们最真实的爱吧!

我喜欢阳光下和孩子们一起奔跑的感觉,充满希望。

好在家人都理解并支持我。父母是教育界的前辈,父亲病危的时候,我教高三,他临终前嘱咐不要让我请假;丈夫从事核电研究,但是尽量多承担家务,让我有精力为学生多做点事情;懂事的儿子,高中三年我只为他开过一次家长会,他凭借自己的努力,考取了美国著名的大学,并获得奖学金。他说:"您也是我的人生导师。"

我是幸福的,有爱我的家人、同事、朋友、学生;理解支持我的家长、领导,我所能做的就是每天充满希望地去工作,把更多的爱传递给我的每一个学生。

做教育的有心人、有情人、追梦人,带着梦想,我一直在路上。

教学中思辨性阅读的策略选择——以《秋天的怀念》为例①

张豪

语文教学中引入"批判性思维",开展"思辨读写",目的在于使语文学习的过

---

① 本文原载《语文教学通讯》2017 年第 3 期

程,成为思维能力培养的过程。具体到阅读教学中,通过对文本的辨识、分析、理解,选择怎样的策略与路径,引导学生进行怎样的思辨性阅读,才能达成思维发展和能力培养的目的呢?

以下选取经典课文《秋天的怀念》作为审视课堂教学的例据,进而深入探讨思辨性阅读的教学策略。

一、审视教学

语文教学常遭垢病,弊端显见。更有习以为常的教学方案,深究其中,却不难发现其对语言与思维能力的漠视。查找并收集《秋天的怀念》的教案、实录近百,研读比对,发现以下三种常见课堂形态。

(一) 为了印证"答案"的教学没有价值

《秋天的怀念》是名篇,被收入多种教材。绝大多数教学设计都将课文定位于"母爱""怀念",解读为作家史铁生对母亲的追忆和对母亲的怀念,也会有语言平实含蓄、情感真挚细腻、充满人生哲理等诸多诠释。

这种简单化的解读,直接导致教学中"结论先行(或曰:主题先行)",大多数课堂都在力图分析母爱、理解怀念,且成为强加的、不容置疑的"答案",学生的阅读、答问围绕母爱与怀念进行,思维活动并没有实质性地展开。

其实《秋天的怀念》并非怀念母爱如此简单。有意思的是,常见教师将《秋天的怀念》与《合欢树》一起进行比较阅读或互为佐证。而正如詹丹在分析《合欢树》时指出的一样:"'母爱'是解读《合欢树》的起点而非结论。"同此,"母爱"也只是解读《秋天的怀念》的起点,以"怀念"为表征的背后,何尝没有内疚和忏悔;理解母爱的同时,"好好儿活"更应该是顿悟与承诺。

由于"结论先行",除了简单化、标签化处理教材之外,一般教学中更表现出肤浅化、鄙陋化的教学过程。比如"秋天"并非只是本文的唯一时间符号,"北归的雁阵"是在春天出现,母亲"还记得那回我带你去北海吗?你偏说那杨树花是毛毛虫,跑着,一脚踩扁一个"的话语中,"杨树花"的记忆明明是春天,由此推论,第一次母亲要求北海看花,应该也是春天……可惜绝大多数的教学仅就秋天说秋天,文本深层的内涵未能得以挖掘。

更何况,《秋天的怀念》虽被广泛认同为散文,但一旦作为小说,教学必将呈现为另一种样式。

因此,显见的答案往往"靠不住",印证答案的教学本质上是未经思辨的,其课堂不能体现教学价值。

(二)肤浅的生活体验对学生产生误导

许多教者认为,《秋天的怀念》篇幅短小:800多字、6个自然段;情节简单:几件平常小事,一些平凡细节;人物不多:儿子、母亲、妹妹、邻居;语言平实而感情深厚:诠释了母爱的内涵、生命的内涵。一些教学在定位于感人至深、催人泪下后,教学设计多在情感上着力,力图引导学生通过体验,感受母亲对子女真挚无私的爱,子女对母亲深深的怀念。一些教学鼓励学生想象"双腿瘫痪"后的心理活动,设想"悄悄地""偷偷地"动作背后母亲的动机与深意……冠以"体验"之名的教学似乎有着必然合理性。

但是难题在于,作家写作是个体的独立写作,其在作品中个性地表达自己的情感,是极其个人化的。即便作为教材而成公共作品,但是在《秋天的怀念》中,"双腿瘫痪""脾气变得暴怒无常"的"我"、患肝病被折磨致死的母亲、未成年的妹妹,这样的家庭已是极端。重病缠身的母亲,精心照顾瘫痪的儿子,直至自己生命最后一息,还在牵挂儿女,这样的人生故事令人无尽悲伤。"好好儿活"的叮嘱更是凝重至极。仅凭简单地设身处地怎能唤起学生对作品的共鸣?且所谓的情境体验真的就能帮助学生身临其境吗?在一些教学实录中多见学生脱口而出"子欲养而亲不待""行孝要尽早"等答案,亦见教师"让学生哭(笑)出来"的反思,这其中却未必有发乎内心的真切感动。

最关键的问题在于，语文不是简单类比，不是感同身受，不是爱的教育、孝的教育，许多脱离文本的"体验"，变成师生肤浅地谈论亲情感受，怎能说是有意义的语文教学？

（三）琐碎的课文分析影响判断和理解

常见的阅读教学，尤其是文学作品的阅读教学，要么是对大而化之的"三美"，即文字美、感情美、音韵美的分析，要么专注于对细节的琐碎分析，寻章摘句，逐一解说。在诸多《秋天的怀念》的教学中，有的着眼于反复出现的"看花"，却不曾看到"春花"与"秋花"的转换；有的关注到母亲数次"悄悄地"，却没有察觉母亲面对双腿瘫痪的儿子，那种种隐忍背后的苦痛；有的抓住"要好好儿活"，却没能引导学生体察作者对"怀念"与"承诺"的理解。

往往琐碎的分析又多与浮光掠影的提问联系在一起。如"文章写了三件怎样的小事？"这样的问题不仅肤浅笨拙，且本身就有误判：文章中的"我"和母亲都面临生死，瘫痪和癌症的折磨不仅在肉体，更在心灵，即生的艰难与死的考验，使得寻常生活时时惊心动魄，这怎么能以小事概之？母子相依，甘苦与共，深沉而无奈的煎熬让母亲小心翼翼，但是"从三个'悄悄地'你能看出什么？""为什么母亲要带'我'去看花？"这样的问题使教学局限于碎片化的品读，只关注局部而忽视篇章，影响了对文本的判断与理解。

特别值得探讨的是，琐碎分析通常建立在文本肢解式解读的基础上，课堂又以教师讲解、提问、分析为主，学生的学习平淡乏味，缺少思维价值。究其本质，无非是误把读懂教材作为教学的主要目标，仅仅把教书本内容视为教学的全部。

二、寻找策略

赫尔巴特从心理学原理出发提出教育中的思维训练问题，第一次明确地提出了"明了—联想—系统—方法"的思维程序。在赫尔巴特的基础上，杜威又将科学的思维概括为"暗示—问题—假设—推理—用行动检验假设"的"五步思维",并称之为"反思性思维",并概括为三要素:事实、暗示过程和事实间的实在联系。这也正是批判性思维强调的基于事实、不懈质疑、理性判断。

引入批判性思维的思辨读写把"搜集、辨析、评估、质疑、反省、包容"作为学习活动的特征,主张语文学习过程中的思辨性阅读和表达。我认为核心有三:辨识、体察、反思。

(一) 基于文本事实的辨识

思辨性阅读的实质就是读者与作品的对话,在对话中达成理解、反思与断言。要建立真正的对话关系,须有两个要素,一是清晰的理解,二是理性的评价。尊重文本事实是思辨的起点。

《秋天的怀念》并不是一篇浅显简明的文章,其中至少有几个关系需要辨识:时间跨度上的春与秋、人物命运中的生与死、事件背后的接受与回报。

文章开篇,"望着望着天上北归的雁阵",正是春暖花开,母亲央求"我"去北海看花,此时"我"正承受着自己的不幸;而母亲不但要承受"我"的痛苦,还要承受不能将痛苦现于形色的痛苦。待到"窗外的树叶'唰唰啦啦'地飘落",已是秋天,母亲再次央求"我"去看花,此时母亲病已经到了那步田地,自身也正承受病痛。当"我"答应母亲,母亲回忆中的"记得那回我带你去北海",是"杨树花"开的春天。这样的叙述貌似平实却隐藏着玄机,对把握母亲"眼红红的""悄悄地""憔悴的"起着关键作用。

双腿瘫痪的"我"不想活,母亲叮嘱"好好儿活,好好儿活……"却"再也没回来"。面对生死,苦痛更显沉重,母亲已是大渐弥留,却在生命最后时刻,还想着儿女,这种克己爱人、坚韧慈悲的"爱"才显得深沉而真切。

直到"又是秋天,妹妹推我去北海看了菊花","我懂得母亲没有说完的话。妹妹也懂。我俩在一块儿,要好好儿活",季节在这里汇聚,母亲和儿女的心灵在此重逢,"我"受苦的心灵得到抚慰和拯救。

经过这样的辨识,给予文本充分的尊重,学生才可能发现潜于字里行间的怀念、悲痛、愧疚、悔恨之情。

(二) 基于理性判断的体察

把握文本事实,仅仅是思辨的基础;理解与评价人物言行、故事情节中的因果逻辑,才是思辨性阅读的核心。在逻辑分析的基础上,教师不仅要与学生一起发现作品"说了什么""怎样说的",更要引导学生理解"为什么这样说",体察作者情感是思辨性阅读的应有之义。

《秋天的怀念》一书中,文章虽各自独立成篇,却又有关联,众多评论者认为,借助本书才能走进史铁生的心灵世界和精神家园。其中《我与地坛》《秋天的怀念》《合欢树》《我的梦想》《我二十一岁那年》等彼此观照,可以帮助我们理解作者及其作品。

季节是史铁生作品中重要的时间符号。《我与地坛》中,作者反复对四季进行比喻,以一天中的时间、乐器、这园子里的声响、园中的景物、心绪、艺术形式、梦等对应四季。其中"春天是卧病的季节,否则人们不易发觉春天的残忍与渴望;……秋天是从外面买一棵盆花回家的时候,把花搁在阔别了的家中,并且打开窗户把阳光也放进屋里,慢慢回忆慢慢整理一些发过霉的东西",这正与《秋天的怀念》中的春与秋暗合。

面对苦痛,理解生命是史铁生作品的最重要的主题。正如《老海棠树》将奶奶置于春夏秋冬的图景中回忆,说"这形象,逐年地定格成我的思念,和我永生的痛悔"。《我与地坛》中"这样一个母亲,注定是活得最苦的母亲""只是到了这时候,纷纭的往事才在我眼前幻现得清晰,母亲的苦难与伟大才在我心中渗透得深彻"。

只有经过这样的思辨性阅读,回到《秋天的怀念》,我们才有可能理解作者所要表达的内容,进而理解作者事实上表达的思想情感,以及文本所蕴含的文化价值。

（三）基于情感把握的反思

写作在于表达,作家通过文字建立起自己与世界的关联,表达出自己的所思所悟、情感与认识。作家的笔端叙写事件、人物,但文字背后却往往隐藏着自己对世界的观感与认知,表达着自己对世界的识见。

《秋天的怀念》最易被察觉的是病痛与苦难,却不太容易发现以生命抵抗苦痛的脆弱与坚强;容易看到字面明示的死亡与怀念,却不太容易领悟到面对病患的绝望和死亡所激发的顿悟;容易看到母亲表现出的隐忍与牺牲,却不易感悟到母亲的镇定、宽厚和乐观;容易看到"我"对母亲的深切怀念与忏悔,却不易发现"我"经历了生离死别后的自我救赎和面对秋天的庄重承诺。

而阅读的本质就在于通过语言文字理解作者的思想情感。好的阅读,是用内心思考去感知、触摸作品,进而反思、感悟、共鸣,走进作家的精神世界。好的阅读教学,需要引导学生透过人物事件之表,看清作品表达之实。思辨性阅读是在辨识、体察基础上,进一步对文本的思想内容甚至作者的价值预设进行质疑和反思。

三、达成思辨

语文学习的过程,应是学语习文、得言悟意,形成思维方式、思辨方法,构建语言世界,生长智慧的过程。依托课文进行批判性思维教学,更应是调动思维、促成学生发展的过程。运用思辨性阅读的策略,关键在引发认知冲突、关注思维过程、帮助学生质疑。

（一）引发认知冲突

由于中学生语言理解水平的局限,惯常的分析理解手段,往往仅能使其领略作品所承载内涵的一鳞半爪,甚或曲解其意,导致偏差。思维总是起源于疑惑、迷乱与怀疑,运用认知冲突的教学方法有助于开展思辨性阅读。

比如在《秋天的怀念》教学中,学生最易发现的"秋天""母爱"和"好好儿活",

恰是引发认知冲突、帮助其深入解读的关键——学生看出春天了吗？为什么写春天？

母亲种种言行背后的反常之处在哪里？作者个性化言语所表现的丰富、复杂,细腻、细微的情感究竟是什么？

为什么只有母亲的"再也没有回来"才能让"我"理解母爱？

明明活不下去,为什么还要"活下去""好好儿活",又"为什么活"？

让学生产生认知冲突甚至认知障碍,能够促使学生在困惑、紧张、不适的感受中,试图寻找正确的结论,解决冲突,建立平衡,消除压力。

(二)关注学生思维

阅读是一种有序的沟通。阅读不应局限于文字表面的内容,更应深入文字,看到文字之间的关系,感受文字背后的感情,看到作者言在此而意在彼的"意思"。这个"有序"是指阅读经历由表及里、由浅入深、由粗到细的过程。

比如《秋天的怀念》中,通过教学,学生应当发现"我"的内心经历了从封闭自我到走向开放心扉,从关注自我到关注他人,从沉迷痛苦到顿悟美好,从怀念过往到坚定未来的过程。

所以,思辨性阅读更应是高级的思维活动,这个过程就是运用比较、分析、归纳等方法,寻找文字间的逻辑关系,通过推理、分析,发现隐藏在文字背后的情感与思想。

(三)帮助学生质疑

我们常说要"沉浸"到文本中去。可是阅读教学中,却往往停留在文字表面传达的信息上,感觉学生"懂"了。思辨性阅读应当鼓励、帮助学生质疑,通过质疑,读懂文字的内里,把握作者的深意。

《秋天的怀念》叙写的日常生活,其实是作者以其独特的情感认知,叙写他独特的人生经验。鼓励学生说出自己的喜欢、同情、向往、崇敬等感受,鼓励学生出现疑惑、怀疑或迷乱的情绪,帮助学生完成质疑,有助于他们读出作者一些语句的"言外之意",读出作者这样写的目的。

比如对"望着望着天上北归的雁阵,我会突然把面前的玻璃砸碎;听着听着李谷一甜美的歌声,我会猛地把手边的东西摔向四周的墙壁",学生产生疑惑,才会理解美好的季节与歌声越发触动苦痛。

再如对于母亲肝病与"再也没有回来"进行质疑,才会关注"后来妹妹告诉我,母亲常常肝疼得整宿整宿翻来覆去地睡不了觉""我没想到她已经病成那样。看着三轮车远去,也绝没有想到那竟是永远的诀别"中隐藏的深深内疚与忏悔。

总之,以此《秋天的怀念》一例窥见,思辨性阅读,还需大力实践。

第十一章　砥砺成长:心路铸辉煌

　　在普陀教育的星空中,拔尖教师工作坊的每一位学员都是一颗独特且闪耀的星辰。成为工作坊学员后,他们踏上了自我成长与探索的旅程。本章我们将一同走进这些学员们的心灵深处,感受他们参加研修的心路历程。

　　这是一段充满汗水与泪水的记忆,也是一次心灵成长的蜕变。在这里,我们见证了学员们从初入研修的忐忑与不安,到逐渐适应并融入这个大家庭的喜悦与自豪;从最初的迷茫与困惑,到逐渐明确自己的目标与方向;从对知识的渴求与探索,到对教学方法的创新与实践。每一步成长,都凝聚着他们的智慧与汗水,也记录着他们内心的挣扎与坚持。

　　研修的日子,如同一次心灵的磨砺。学员们在课堂上聚精会神地聆听专家的讲解,在小组讨论中畅所欲言地分享自己的见解,在课后反思中不断地审视和修正自己。他们用心去感受每一次学习的喜悦,用汗水去浇灌每一颗成长的种子。

这些心路历程，如同一幅幅生动的画面，展现在我们眼前。有的学员在研修中遇到了困难与挑战，但他们没有放弃，而是选择了坚持与努力，最终收获了成功与喜悦；有的学员在与其他学员的交流与碰撞中，发现了自己的不足与缺陷，但他们没有气馁，而是选择了虚心学习与不断进步；还有学员在研修中找到了自己的兴趣与方向，他们深入挖掘，不断创新，最终在教育教学中取得了卓越的成绩。

　　这些心路历程，不仅是学员们个人的成长历程，更是我们教育工作者的共同财富。它们告诉我们，成长需要勇气与坚持，需要不断地学习与进步。只有不断地挑战自我、超越自我，才能在教育的道路上走得更远、更稳。

　　愿他们的心路历程能够激励我们每一个人在教育的道路上不断前行、不断成长，共同铸就辉煌的明天！

跨越成长的瓶颈

高福如

一、学习——寻找专业发展的新增长点

早在 10 年前,我有幸成为王华特级教师工作室的首批学员。10 多年来,在王老师的指导和帮助下,我从一名普通的数学老师,成长为五轮区高中数学学科带头人,专业能力和业务水平都有了长足的进步和提升。在高兴的同时,我也在问自己,离退休最后几年时间,是安于现状,还是再进一步? 如果想再进一步,又该如何去做? 正值此时,我庆幸自己成了区第二轮"工作坊"的一名学员,有了一次再学习的机会。为此,我为自己制订了一个具体的学习目标:向导师学习,感受名师风采,珍惜导师的面对面的指导;向书籍学习,学习先进的教育教学理论,提升理论水平和理论素养;向同伴学习,在与同行的学习交流中,取他人之长,补己之短,提升教育教学能力。制订这样的学习目标,就是想在工作坊学习期间,在导师的指导和同伴的帮助下,解决自己专业发展的"瓶颈"问题,寻找自己专业发展的新增长点,让自己在理论修养、专业能力等方面都有一个质的提升。

二、研修——与学员共同进步共同成长

我除了要完成自身的各项学习任务,还需要完成学科带头人工作室的项目研修任务。为此,我给自己制订了这样的一个工作设想:带着学习成果,在实际工作中进行实践探索,在实践探索中实现与学员的共同进步、共同成长。为了完成这

一设想,我的工作室采用"项目驱动·互助合作"的研修思路,即以项目为载体,课堂为平台,研修为目标,推进工作室的研修工作,同时采用"课·研·修"一体化的研修策略。

"课",即课堂教学实践。课堂教学实践是问题的起源、实践的基地、研修的归宿,一切对教育教学的研究,都要通过课程和课堂教学来实现和验证。因此,"课"是核心,也是"研与修"的载体。

"研",即教研和科研。作为核心工作的课堂教学,有序开展并取得成效必须建立在有组织的教学研究、教学指导、教师培训、教学评价、教材建设等教研基础之上。因此,"研"是引导也是保障。

"修",即进修或培训活动和自我修习。在新课改的背景下,我们所从事的教育工作面临着前所未有的挑战,作为教师,必须在理念、知识、技能上不断更新,才能做到与时俱进。因此,"修"是进行"课与研"的基础和前提。

"课·研·修"一体化研修策略的含义指:以"课·研·修"一体化的推进,以解决教学实践中面临的实际问题为目的,深入课堂,积极探讨,以教师专业的提升促进课堂教学质量的优化。

"课·研·修"一体化研修策略具体操作要点是:以贯穿于研修过程中的理论学习为行动指引,以课堂教学中面对的共性问题为研修专题,通过"研课制",即学课、备课、上课、听课、说课、评课、跟课等,结合专业引领、同伴互助、自我反思等行动研究方式,开展专题研究和专题培训活动。最后在专业引领、同伴互助之下,通过自我反思,以撰写课例、案例、教材、经验总结或论文的形式,对研修作相应反思、总结,并推广成果。这一过程不断循环往复,滚动推进。

在这个研修过程中,以专业引领为先导,明确项目研究的方向;以课堂探索为载体,推进项目研修的开展;以项目设计为抓手,促进整体质量的提升;以教学展示为契机,推广项目研修的成果;以资源共享为宗旨,带动区域教学的提升。

实践证明,"课·研·修"一体化策略是行之有效的教师专业发展研修策略。近几年来,我正是运用了"课·研·修"一体化策略,较好地完成了1~4轮的学科带头人工作室的各项研修工作,取得了较好的研修效果。

三、探索——让自己紧跟时代步伐成长

回顾这几年自己从"学员"到"学科工作室领衔人",再到"学员+学科工作室领衔人"的专业成长经历,我最深的体会是教师的专业发展与成长,最终的落脚点在于接受日常的教育教学实践的检验。作为一名一线教师,在日常的工作实践中应主动带领学科组团队,进行实践探索,确保学科的教育教学质量的不断提升,才能让自己紧跟时代步伐成长。

自《普通高中数学课程标准(2017版2020年修订)》的公布之日起,教育教学就进入了核心素养培育时代。为此,我带领我的团队对课标进行了认真学习和研究。

一是探索核心素养培育视角下教师的教育教学行为转变的"突破口"。学习新课标,更新教育教学理念,以教学设计的重构为抓手,促进教育教学行为的改变,构建新型的数学课堂,真正实现课堂的"三放"(放给学生展现个性的权利,放给学生展现能力的权利,放给学生展现成果的权利)和"四还"(把学习时间还给学生,把学习空间还给学生,把学习权利还给学生,把学习快乐还给学生),最终落脚于核心素养的培育。

二是探索新课堂,培育学生核心素养。新课标提出的(学生学习)数学六大核心素养之一包括"问题解决"。围绕这一主题,近年来,我带着我的团队选择了基于"问题解决"的教学模式进行实践探索,取得了一些成果。

三是建设新资源,推进校本课程建设。近年来,我们除了在课堂教学模式上进行不断探索之外,在促进学生学习方式的转变的探索上也没有停止脚步。比如探索构建基于"问题解决"的"三阶段·六环节"学习支架,探索基于

STEAM教育的跨学科的"项目化学习"设计,探索基于课程标准的高中数学单元作业设计等。

从教书育人到著书立说

谢春君

　　2020年真的是不平凡的一年,几乎整整一年都在紧张中度过!经历了很多以前没有过的事情:新冠疫情、网上授课、特级教师评审和正高级教师评审等。每一件事情都让我付出了很多努力,每一件事情都让我学到了很多,也有了一定的收获。除了完成常规的教育教学任务外,出版了个人专著《微实验设计制作21例》,完成了近60节直播课,被评为上海市特级教师,晋升为正高级教师。也得到了来自学生、同事、学校的很多帮助,借此机会,表示感谢。感谢我工作坊的导师郑百易老师,感谢我们的坊主王华老师,以及工作坊的导师们和全体工作坊的学员们。谢谢!

　　在这里更要感谢教育局、教育局领导为教师的发展与成长搭建了"教师专业发展团队"和"拔尖教师工作坊"这样一个很好的平台。

　　工作室研修的活动促进了专业成长与发展。学科带头人工作室的研修活动,以及与学员们共同学习、共同开展的课题研究,大大地促进了我本人的专业发展与成长。在过去几年中,我共开设了8次区级以上公开课。其中,2016年12月的一堂课《牛顿定律的理解与应用》吸引了上海市各区物理教研员和市教研室领导齐聚宜川中学,共同探讨"真实情境问题"的解决。课后,我还做了《微实验设计制作及其在课堂教学中应用》的主题交流。2017年10月宜川中学的校庆活动面向全市公开教学展示,我开设了题为《双气球》的公开课,获得了听课教师和专家的高度评价。课上设计制作的双气球、大水桶等一组实验，代表上海市参加了全国物理教学专业委员会的科学晚会，获得了优秀表演奖。近年来，我共指导学员开展了 20 多节教学研究课，带领学生参加物理实验竞赛、物理学术竞赛，先后有多人次获奖。2018 年 10 月，我参加上海教改 30 年专场展示活动，并做了题为《SYPT 丰富基础课教学》的交流发言（SYPT 中学物理学术竞赛）。此外，我完成了近百例微实验设计与制作，并梳理总结了实验设计的方法和技巧，从中精选出 21 例，完成了个人专著。

拔尖教师工作坊的学习升华了专业经验与理念。两轮工作坊的学习与研修，通过专家讲座、主题讨论、交流论坛、参观学习和支教锻炼等丰富多彩的活动，梳理了自己的教学风格，看清了自己的教学特色，提升了专业理论水平和科研能力。印象里，一起讨论过新课标里的热点问题和海派文化的起源与发展；印象里，听过《中式课例研究》（杨玉东）和《坚持的力量》（师前）的报告，报告为我们指明了如何开展研究的方法和方向；印象最深刻的华东师范大学的顾泠沅教授，几次为我们讲述了他坚守青浦几十年，享誉国内外"青浦经验"的诞生历程，教会我们如何搞研究、如何做学问。顾教授还多次面对面指导我们如何梳理自己的工作、总结自己的经验，进而明确自己的教育教学特色。工作坊的学习，不仅有理论学习，还有很多实践活动。曾经走访参观过扬州中学、杭州二中、学军中学等，与优秀教师同场交流，学习好的做法与经验；曾经参加过工作坊的主题公开论坛，我还做了题为《以实验设计制作作为载体，培养学生的理性思维》的交流发言；曾经一起去云南寻甸支教一周，每位学员都为当地的骨干教师做了专题培训，传播了上海教改的经验，也更好地锻炼了我们每位学员。

使我最受益的活动是专家与导师帮助我梳理总结了自己的教学特色，为我们开设了应对各种面试答辩的辅导。作为一线教师，对于教课、研究，的确做了很多事，但是让我们面对专家的提问自己讲讲自己就犯难了，这直接影响工作的进一步开展与交流。所以，我再一次感谢教育局、感谢我的导师们，谢谢你们。今后，还要向各位导师学习，带好我的学员，做好我的工作。

在内外兼修的语文教育之路上求索

吴钟铭

　　参加拔尖教师工作坊以来，我始终把专业研究当作成就自己的法宝。如果说在课堂教学上，大量学习和接触各类教育教学理论和跨学科理论是"出乎其外"，那么，"写作视角下的阅读教学""综合学习中的写作视角"就是"入乎其内"的。潜心研究写作，是因为作文始终是学生学语文的痛点。为了解决这个语文教学瓶颈，在学术研究上，"出乎其外"注重与高校合作，与市内外、学科内外专业团队的合作；在课堂教学上，把每节课都当作实验研究课，让随时记录积累与反思成为自身重要工作方式和治学态度就是"入乎其内"。让学生对写作从畏惧到喜爱，从绞尽脑汁的为难到轻松愉悦地自由表达，情感发生变化，写作也成就了学生。

　　我先后以"王老师教作文"微信公众号以及《中文自修》《青年报》等媒体为写作教学阵地，不断研究各种写作教学类型，引导学生真实表达。慢慢地，学生可以累积成自己的作品集，写作如一粒石子投入湖心，激起思维的涟漪向宽阔的空间弥散；为学生提供丰富的想象空间与意义领域，让学生的思维多向发展，在自由思考的灵性空间生发智慧，锐意创新。写作教学上，我出版了指导学生写作的专著——《写作这门课》，获上海市一等奖，在写作教学上获上海市论文一等奖和全国大赛特等奖，成果丰硕。

　　在语文教学科研方面注重以与高校合作等方式，展开项目研究，提升个人研究水平。我先后成为上海市教研室与华东师大语文研究中心合作研究项目《上海市中小学汉语分级阅读标准研制》和《上海市中小学语文课程标准实施情况调研》项目组成员；多次参加上海市语文教育评价会等市级论坛。特别是参加了第四期双名基地的《中学语文项目学习研究》，彻底改变了自己研究状态，开阔了研究眼界，提升了自己语文教学的学术水平。在专业成长上，倾心学习各领域的知识技能，特别是学习现代信息科技，整合、提炼、内化有效信息，形成自己的教育教学主张，即寻求教学"变革之道"；在疫情期间，融合在线技术变革语文教学的案例，入选市暑期校园长培训案例资源和中国教育装备展览案例库。

我作为连续三轮区语文学科带头人，带领区内青年骨干团队，以三轮经典课例分析为主题，积极推行教学新理念，培养出上海市语文教学之星等多个区内优秀青年教师，50多人次在国家、市区级获奖。工作室研究论文被人大复印报刊转载。我多次参与教育部基础教育课程教材中心的论证、研讨会，参与《课外读物管理办法》和《全国中小学推荐书目》的制定论证工作；作为全国基础教育成果的评审，先后参加了河南、福建等地方的文科基础教育成果评审工作，最近还获得河南省教研室的科研成果指导专家聘书，指导河南全省的基础教育科研工作。

就这样，在拔尖工作坊的学习中，我适时而适切地在语文教育的"其外"与"其内"上下求索，成就学生也成就自己。

鉴往知来星满路，砥砺致远光随行

周骏蔚

时序更替，暮去朝来。在普陀区"763"人才攀升计划的梯队培养中，我成为拔尖工作坊一名学员，同时作为带教导师与本期"新蕾研学坊"唯一的幼教学段学员，与来自四季艺术幼儿园的张怡老师结对，并通过自己的工作室带教了12名学员。回首学习与带教的近两年时间，我在"幼儿发展优先"实践的道路上，每一步研学的深入都记录了教学相长的足迹，每一帧奋斗的场景都成为我珍贵的记忆。由衷感谢我的导师高一敏和坊主王华。

"发展有蓝图，研修可对标。"这是我学习与带教的目标。在导师高一敏和坊主王华书记的带教下，我深刻认识到一份"量体裁衣"的发展规划与实施计划对于后期学习成长的重要。它让学员在明确研修目标与任务的同时，对标新课改的理念导向重新审视自我，从而精准定位自身的发展路径。通过一对一的充分沟通以及引导学员深入地自我剖析后，我明晰了解决"两个识、两个力"（即强化课程意识、夯实本体性知识，提高整体规划力、研究力）问题的施策方案，瞄准短板倒逼自己内生性成长，以此来明确在未来两年以市级课题《健康教育理念下区域幼儿健康教育活动的优化研究》和市"幼儿发展优先项目"《对话视域下普陀区幼儿园户外两小时活动的实践研究》为载体，作为本人的重点研修方向并作出一个长程的规划，明确"课题研究""课程开发""主题活动""阅读学习""带教指导"的量化指标。助推自身与他人的双成长、见证双向提升，努力成为普陀区建设高质量幼儿园的"凝聚人心 专业扎实"的好老师。

一、立德树人，从"心"出发要学做党的人

带教过程，也是督促过程。高老师和王书记在带教过程中坚持"为党育人 为国育才"的理念，尤为关注学员的思想动态，以"身正为范 学高为师"的标准做好榜样引领，同时关心学员在其他各个平台的学习情况，督促学员时刻要以良好师德为根，以党员的信仰严格自律，要有作为普陀教育人的担当与魄力，要成为优秀教师中的一分子，在"763"的图景中不断攀升。本人在研修期间先后获得普陀区教育学院优秀党员称号，被普陀区教育学院推荐申报"普陀区志愿服务优秀组织者"。2023 年下半年得到学院领导和同志们的信任，担任新一届中共普陀区教育学院第一支部书记。2023 年下半年本人兢兢业业不畏挑战，协调好了部门主任与第一支部书记工作，认真高效完成每一项任务，得到学院首肯。

二、专业为先,从"学"出发要做好的徒

带教过程,也是指导过程,如何把教育做的"高质量"是党和人民需要我们教育人共同探讨的命题。高老师和王书记的带教不仅让学员自身知识得以扩充、教学理念得以更新,更是对学员教育初心的一次洗涤,为学员发展提供了强大的内核动力。我充分发挥"拔尖坊""周骏蔚学科带头人工作室"两者双重的带动、示范、引领、辐射作用,边学边用,将导师、坊主的教学思想等即刻转化应用于自己的带教中,以"专业引领、共同研讨、同伴互助"的基本形式,开展专题讲座、实践活动、课题研究、案例分享、市级展示交流等各项活动。依托市级"对话视域下户外2小时"重点项目的实践研究,我不仅提升了自身的课程意识,还从整体架构出发探索出一条区域推进路径,并取得了区本化和园本化的实践成果。整个研究过程得到市级专家的高度肯定,作为项目领衔人多次前往嘉定、青浦、松江等地辐射我们的研究成果。同时,还成功立项了"市幼儿发展优先成果孵化项目",并将研究成果进一步提炼转化为市级教师培训课程。

在自身成长的过程中,我基于调研以慧眼予以明辨教师"适性发展、合规育人"的专业定力,找到了从经验型教师成长为专家型教师的成长路径。这一路径从"引发认知冲突"到"转变心智模式",再到"成就教育信仰",从自己的信念和价值观入手改变自己的心智模式,而不仅仅是调整行动策略。比如带教的张怡老师因回到体制内工作时间短,在职称晋升方面需要下足功夫,给予她每次为工作室撰写公众号的机会,帮助其凝练学习所获,以"思考不停笔耕不辍"储备好在今年4月向"中高"职称晋升的底气,克服"短板"文章发表"零"的突破。本人带教的学员半数以上参加过市区级展示,均有市区刊物发表,4名学员将于2024年参加高一职称的申报。蹲点的满天星幼儿园成为市示范幼儿园。

经过导师指导,本人高质量完成了市级课题的研究,完成了专著《从"教育蓝图"到"精准施策"——给教师的幼儿健康教育实施建议》,关于"幼小科学衔接"的

研究受市教委教研室邀请,加入首批市教委教研室幼小衔接专家组开展的《幼小衔接中协商式家园互动模式的构建》专题讲座。

三、实践为重,从"实"出发要做行的者

带教过程,也是学习过程。在新课标的改革驱动下,我们紧扣"改变始于对话"的话题,始终把幼儿发展放在首位,始终坚持推动户外活动助力幼儿全面发展。我要求自身和学员做到:一定要在实践中坚守自己的观点和想法,能辨析不同的声音,为了幼儿可持续发展这个终极目标而砥砺深耕,过程中要遵循幼儿发展规律,充分满足幼儿个体差异,争做一个能与幼儿平等对话,善于倾听幼儿、发现幼儿、成就幼儿的智慧幼师。

在工作室的市级展示中亮相:我带领学员参加了"看见幼儿 适性发展"——普陀区学前教师团队专业发展模式探索,"763"人才攀升计划学前专场市级展示活动。导师点对点、手把手的指导,在磨稿、收集素材、准备 TED 演讲的过程中让我站在了市级展示的平台上。

在户外活动研究中引领辐射:在拔尖坊学习的两年中,身为教研员的我得到了高老师手把手的带教指导,对我研究的项目给予了精准点拨。无论是健康教育研究、幼儿发展优先项目研究,还是区级学前教研的各项工作,因为导师的陪伴,不断拓展着我的视野,不断让我汲取最前沿的研究,最重要的是我的底气不断增强,能够从不同的视角思考教改。我不仅成为市教研室中心组成员,多次成功交流自己的研究心得,还受邀前往多个区参加教师专业评审、课题论证,这些经历虽然挑战大、压力大,但也锤炼了自我。

四、课题赋能,从"研"出发要做强的师

带教过程,也是共研过程。在课题研究方面,导师一方面提供"与特级教师面

对面"、学习各类学前教育前沿信息的机会,另一方面持续关注、指导我开展市级项目《对话视域下普陀区幼儿园户外活动实施与优化的研究》。在调查研究、文献综述、实践研究中分阶段、分重点指导。在课题的每一次阶段展示中,导师高一敏与我共同探讨,让我浸润在其中学、思、践、悟。整个区域推进研究的成功少不了导师的教诲。本人主持的市课题 2024 年 4 月顺利结题,本人撰写的调查报告也在拔尖坊的学习评比中获得 A 级报告的肯定。两年的学习,本人在学院学术成果评比中屡获一等奖。

五、成果显现,从"效"出发要做追的光

带教过程,也是收获过程。本人在 2022 年、2023 年(市、区级以上)研修期间的成绩,星光熠熠,领衔市级课题《健康教育理念下区域幼儿健康教育活动的优化研究》、市级"幼儿发展优先"重点项目《对话视域下普陀区幼儿园户外活动实践研究》,是市户外活动、游戏课程、观察识别项目中心组成员,区拔尖教师工作坊学员是区新蕾研学坊学员导师,区学科带头人;开展了 6 次市级专题发言,发表了 2 篇市级刊物文章,撰写专著一本,开发了一门市级教师培训课程。

鉴往知来星满路,砥砺致远光随行。有一种精神叫"敬业",那是我们立身做人的根本;有一种力量叫"坚持",那是我们成长路上的姿态;有一种激情叫"追求",那是我们汇聚在这里的原因。愿我们都奔走在自己的热爱里,以"为每一个学生学以成人、人生出彩提供适合的教育"的核心理念,成就每一个孩子。拔尖坊的研修是我成长旅程中重要的一笔。我要进一步在实践中凝练好新方法与新感悟,及时将实践中积累的零星的经验加以梳理和提炼,以便更好地指导我带教更多的学员、开启新的实践。我将牢记"为党育人、为国育才"的初心使命,树立"躬耕教坛、强国有我"的志向和抱负。

且学且珍惜

张玲玲

时光匆匆，岁月如梭。回顾自己成为拔尖教师工作坊学员（第六轮）的三年，我在一个崭新的平台上，看到了一批十分优秀的教师，使我有了更明确的奋斗目标。

一、专家讲座指明研究方向

拔尖教师工作坊的研修活动中各位专家讲座为我们捋清了思路，指明了研究方向。比如上海市教育科学研究院杨玉东博士的讲座《无研究不专业——在工作场域中提升教师的学习力》，杨博士从教师专业工作的挑战、应对挑战的教师学习力、案例推理能力作为核心学习力、发展教师案例推理能力的教育学价值四个方面，以及对应的四个视角的思考，即来自政策视角的思考、基于教师专业角色转变视角的思考、从"工作场域中学习"视角的思考、从"方法论"的视角，阐述了课题"无研究不专业"，即把握教育研究的话语权，以工作场域的学习力应对挑战的观点。让我深刻体会到教育现代化视野下的教师即为研究者，教师是有思想的行动者，教师即为学习者。

华东师范大学李宝敏教授的讲座《专业 专长 专家》，非常详细地围绕教师专业发展三进阶进行展开，明确指出教师成长的规划、行动、反思三要素。尽管不同学者基于不同的视角提出了教师学习的不同的观点，但是对于教师学习本质的认识是一致的，即要尊重教师需求，重视教师经验，促进教师反思、合作与对话，发展教师持续学习与解决问题的能力。把握教师学习与专业发展的本质，促进"学""思""研""行"一体化。未来想成为怎样的教师？外在的要求如何转化为内在的兴趣? 学术表达如何促进自我成就感生成? 李教授一一详尽说明,让我们对未来的教师专业发展研究之路更明晰。

二、研修以"拟"促"思"

拔尖教师工作坊的研修活动有输入也有输出,如果说专家讲座是"输入",那么各种现场模拟、专家问答活动就是"输出"。在第一次交流活动中,坊主王华老师要求每人进行限时 3 分钟的自我介绍。第一次参加活动的我,看着工作坊内一位位优秀的同行,气定神闲地介绍自己过往的经历,第一次深刻感受到自身的不足,以及应该努力的方向。

在 2023 年的 3 月,工作坊又举行了学员与专家深度交流的对话活动。每位教师提前抽取必答题,有 30 分钟准备时间,在回答时,学员前 3 分钟对必答问题进行叙述,接着的 3 分钟进行自述,最后进行 14 分钟对话。当得知这个对话活动后,我惶惶不安了好几天,除了自述部分,也想试图去准备一些专家可能会提问的问题,但终究因为范围太广而放弃了。当天三位专家"对阵"一位学员,看到这个阵仗又加速了我的不安,在等待的这个过程中,我看到上台的学员侃侃而谈,专家时而严肃、时而满意地点头,台下的学员还在抓紧时间精修自述部分。

我抽签到的问题是教育部"双减"政策颁布后,学校应该如何具体实施才能让政策更好地落地? 这个问题看起来不是很难,但是要回答得精彩并不容易。果不其然,我的回答中规中矩,在交流过程当中专家给了我不少建议。

这样的现场模拟训练令人印象深刻,更让我深刻意识到要成为一名专家型教师必须要经得起现场的考验,要具备临场发挥能力;而要具备这些能力,我们先得具备扎实、深厚的专业学识,广博、丰富的人文素养,以及具备个人特色的、正确的教育教学观念,这也是我今后不断为之努力的方向。

三、走进不同学校感受不同文化

拔尖教师工作坊的研修学习更有"走出去"学习。如工作坊南京研修考察活动,考察目的地包括南师大附中、金陵中学、南京二十九中等名校,感受不同名校的文化气息。为贯彻落实党的二十大精神,践行"两个结合",工作坊以"弘扬中华优秀文化、促进专业素养提升"为主题开展通识培训,团队一行来到浙江省诸暨市海亮高级中学参观访问,校长张小明以《促进学校高质量内涵式发展的探索与思考》为主题,对海亮教育集团,尤其是海亮高级中学近年来的跨越式发展进行了全面的介绍和经验分享。团队一行又前往明代思想家王阳明先生之墓和王阳明故居进行实地参观,结合当地学者《五百年来王阳明》的专题讲座,对王阳明的生平与思想发展史有了比较全面的了解。在实地参访期间,大家边走边学,边看边想,对以"心即理也,知行合一,致良知"为核心要义的阳明心学有了更为直观的感受与更为深刻的体悟。

于我而言,研修三年后我又加入了由王华老师主持的留白创造式教学课题组,从线上到线下、从小学到高中,感受留白与创新的魅力;作为第六轮高级指导教师,团队的四位青年教师中三位顺利晋级一级教师职称,指导了一位教师在区级教研活动中进行了主题交流发言——《初中数学单元复习课教学建议——知识结构图梳理》;带领数学学科申报项目——"基于空中课堂视频资源建设与应用的融合式教学研究";充分利用优质资源——空中课堂视频进行校本化再研究,促进"双新"真正落地;在《环境教育》杂志发表文章《倡导节约环保风尚,共建绿色美丽家园》;参与上海市提升中小学(幼儿园)课程领导力行动研究项目(第四轮)种子校的自选项目研究:素养本位的单元情境的设置与实施研究。

通过拔尖教师工作坊丰富、充实的研修活动,我收获满满。在后续学习与工作中,我将所学知识运用于实践,不断提升专业素养,做靠谱之师,为普陀教育发挥更大的作用。

业精于勤，行成于思

秦瑞波

作为一名普通的小学自然教师，何其有幸能加入普陀区第六轮拔尖教师培养工作坊中与普陀优秀教师一起交流和学习。经历了近三年的学习，我愈发对普陀区优秀教师培养高地充满敬畏，"识不足而多虑"可以形容我当下的感受。

临深溪，而知地之厚。工作坊邀请了多位专家为我们传习授业，孙宗良老师的报告中强调了对 2022 年义务教育课程标准的整体性思考，认为对课程标准的理解应该具有课程整体性，而不仅是对零散的知识点进行理解。同时，他也提到了课堂教学应该注重对学生的实践操作和思维能力的培养。裴新宁教授的报告则介绍了学习科学的新进展，强调教学应该注重学生的学习过程和思维方式，促进深度学习和跨学科思维的培养。杨玉东研究员从教育科研的角度出发，阐述了教育科研如何促进教师专业发展，鼓励教师积极参与课题研究和实践探究，不断提高自身的教学水平和教育研究能力。汪晓勤教授则分享了课题研究中的对话与论文撰写，强调了课题研究的重要性，通过对话和交流不断完善研究思路和方法，并指导我们如何进行有效的论文撰写和文献阅读……聆听了教育研究领域顶尖专家们的分享，我有一种高屋建瓴的感觉，让我对教育的认识又有了更深入的理解和启示，我进一步认识到了教育的重要性和复杂性，也更加清晰地认识到了教育的目的和意义。工作坊不但聘请了专家，还组织我们开展了"艺术与留白"素养提升活动，"首夏犹清和，芳草亦未歇"研修考察活动，"弘扬中华优秀文化、促进专业素养提升"等修心育德的活动，让我感到素养的提升是一个终身的过程，需要持续不断地学习和实践。只有通过不断地拓宽自己的视野，提升个人素养、修习高尚道德，才能够更好地在适应时代的变化的同时不忘根本，夯基石而建功业，为教育、为社会创造更大的价值。

三人行，必有我师焉。"拔尖工作坊"名副其实，身边的伙伴都是各个年段、各个学科的拔尖教师，让我叹为观止。工作坊经常会组织我们围绕一个主题进行交流研讨，姜炜老师交流了主题为"民惟邦本 本固邦宁"的二十大报告学习体会分享，几位正高级教师进行了"专业·专长·专家——教师专业发展三进阶"论坛交流。哪怕是寒暑假，伙伴们也没有停下研修的脚步，开学之初便聚在一起汇报各自的暑期研修情况，交流"传统文化在学科育人中的体会"等。在聆听同伴的讲座和与他们交流的过程中，我发现每个人都有独特的见解和经验，他们的观点和思考方式都非常有启发性。通过与他们交流，我拓宽了自己的视野，看问题的角度也更加多元化。他们分享了自己在工作和生活中的成功经验和感悟，对我来说是非常宝贵的财富。通过与同伴的交流，我能够从他们身上学习到解决问题的思路，提高自己的工作效率和解决问题的能力，也看到了他们在各自的教育领域中积极进取、不懈怠的奋斗精神。我也在这个集体中深深体会到了互相学习和成长的重要性，与他人的交流能够激发创造力和激情、开拓思维，让我们更好地适应和应对各种挑战。我会继续保持开放的心态，积极地向同伴学习，不断提升自己的素养和能力，努力追赶他们的脚步。

负重致远，行而知途。坊主结合职业素养提升为我们设计了一系列的研修任务，如撰写调查研究报告评比、"学员与专家对话"活动模拟评审答辩、撰写读后感等……在没有参加工作坊之前，我只是兢兢业业完成每一节自然课的教学和教研组管理、科技工作等这些常规性任务，对于教龄二十几年的我来说，可以说驾轻就熟。而坊主设计的这些任务，无疑为我毫无波澜的工作生活施加了很多压力，促使我必须深入思考、研究并撰写行文。在这样的压力与任务驱动下，我不再是浑浑度日，每完成一个任务都有一种脱胎换骨的感觉，认知和境界得到提升的同时，也让我能持续主动开启第三视角，反观自身的思维和行为。我感悟到，人是要通过压力下不断地努力，才能实现自身内涵和专业素养的富足，才能达到"吾性自足，不假外求"的境界。

师徒缘深，专业引领。加入工作坊最大的惊喜莫过于工作坊为我请来的带教导师——张瑞芳老师。在黄浦区工作第一年学校就安排了张老师带教我，在我教育生涯的道路上，张老师是唯一一位带教导师。没有想到，来到普陀区工作，还能有机会再续师徒缘，不需要任何的磨合，多年的默契让我们以极高的效率沟通每一个带教环节。张老师一如既往地严谨、钻研，时隔几年，我更从张老师身上看到了大家风范。她指导我申报课题时的研精阐微、开展工作室汇报时的拔新领异、在全国论坛活动中的博学风采，无一不令我崇敬钦佩。在师傅的引领指导下，我成功申报了区级课题，观摩了数节精彩的课堂展示，学习了科研论文撰写的路径，对未来的工作有了新的展望……

操千曲而后晓声，观千剑而后识器。历经普陀区拔尖教师培养工作坊的磨砺，我会继续保持学习和成长的心态，不断努力和磨炼，以期不断取得进步。

共识·共鸣·共行

陆莉莉

今年是我参与普陀区拔尖教师工作坊，跟随拔尖教师工作坊坊主、特级教师王华，师从特级教师王伟娟研修语文教学的第三年。在近三年的学习中，我珍惜每一次学习良机，在学习的过程中深入思考，热烈讨论，参与考察实践，在完成学习任务的同时，有效达成了共识、形成了共鸣、推动了共行。

一、理论学习，达成共识

这三年的学习经历并不简单，虽然历经疫情，但拔尖教师工作坊的线上与线下混式双线互动学习内容极为丰富,足见坊主王华老师和师傅王伟娟老师在课程设计过程中的用心良苦。每个学期开学之初,学员们总能拿到一份内容详尽的课程清单。初涉清单上的课程,学员们便体会到培训教学内容的针对性和实用性,其特点可归纳为以下三点:一是符合当前教育教学形势任务的要求;二是符合每一个学段、每一位学员的实际;三是努力贯彻上海市教委、普陀区教育局对拔尖教师专业发展培养的意图。

在长达三年的工作坊学习中,通过聆听一次次讲座与报告;通过一趟趟课堂教学的打磨;通过一次次在两位师傅指点下的学习实践;我的心灵在与大师的"对话"中被一次次升华,教育视野得到开阔,思想有了新的飞跃。现简单地将所感所悟概括如下。

(一)有"心"才有"新"

研修伊始,师傅王伟娟老师根据我的个人专业成长提出了个性化建议,我为自己未来在工作坊学习指定的主要目标如下:从学科拔尖人才的角度让"自己"特色鲜明地走向卓越,从而引领他人;在实践中于近年来阅读教学成果的基础上进一步思考、提炼自己的教学主张,并根植于课堂实践再深化课题研究,逐步形成学术影响力。

围绕上述目标,我在实践中结合自己的教育教学实践工作不断地努力,同时在学习的同时认真地反思着:怎样才能用全新的眼光审视自己的教育教学工作与个人的专业成长。在基地学习临近结束之际,回顾所有学习,简单地对以上思考作出一个阶段性小结,即有"心"才有"新":作为一名语文教师,要对工作有热心,对学生有爱心,对教师有诚心,对事业有信心。只有在学校的教育教学、教育管理、个人的专业成长中时时处处做有心人,善于动脑筋,观察问题、分析问题、处理问题,总结新的教学经验教训,才能使教学开拓创新;同时,勤于思考,乐于奉献,勇于拼搏,才能创造新的工作局面。"人的一生都在做一件事,应积极不断地认识自己,发展自己"。因而,我们的思考不会因工作坊学习结束而终止,只会在实践中不断完善,日趋成熟。

(二) 有"劲"才有"进"

两位导师都曾经鼓励我通过"思想境界、学术态度、攻克难题"等方面的努力来追求个人专业成长"攻坚克难、追求卓越"的发展目标,叫绝之余,不由对之后的历次培训仔细咀嚼、认真回味。三年的培训过程也是伙伴间相互学习的过程,三年中,有多位工作坊的伙伴获评特级教师、正高级教师,工作坊总是第一时间请这些伙伴分享经验,引领学习伙伴专业的共同发展。这些伙伴的教育教学专业或许不同,但他们"思想引领＋行动跟进＝改变当下"的追求几乎一致。作为一名教龄同样长的教学者,我们在新的环境中和新的形势下,总会遇到许多新情况、新问题、新矛盾,我们需要树立信心,鼓足干劲,迎接新的挑战,不畏艰难困苦,鼓足勇气,大胆工作;只有以饱满的精神状态,热忱的工作情感求实进取,只有敢于面对自我,善于修正,教学才能有进展,事业才能有前进。

二、交流互动,形成共鸣

名师基地的学习形式活泼,通过听讲座、学文件、看书籍、写心得活动,鼓励学员"学""用"结合,提高了分析、解决问题的能力;又有座谈交流,实践参观活动,在交流实践中让广大学员思维碰撞、切磋交流,在认识上产生共鸣。

几乎每次学习活动,师傅们都会引导我们以不同的方式进行与主题活动相匹配的座谈讨论。围绕近两年高考和春考的命题,王伟娟老师鼓励我们分别来自"小学、初中、高中"年段的语文教师结合各自教学实践谈谈高考命题给予各年段语文教学的启示。虽然线上论坛的形式各不相同:有时是个人围绕观点进行阐述,有时是三人在师傅的引领下进行同一主题的论坛讨论。但是对高考命题的思考以及由此引发的对自身学段教育教学的反思,既深化了对问题的认识,又起到了自我教育、互学互补和教学相长的效果。结合自身的行政工作,我还将自己的思考启示和学校近千名同样参加过当年高考，如今处于家庭教育焦虑状态中的家长进行分享、沟通，起到了良好的家校教育互动作用。

2023年3月，我们又有幸在导师的精心安排下在华东师范大学教师教育学院和普陀区教育局主办的首届"留白创造式"数学教学研讨会上进行了题为"数字转型化背景下留白创造式教学的探索"的报告，并参与了为期两天的数学史与教育教学（HPM）高级研修班的学习，学习了来自各界教育同行不同的留白创造式教学样态和学校管理范式。学员们在研修学习之余都在都在思考同样一个问题——如何根据学生的学习情况，在我们的课堂学习中以更适合学生需求的形态真正提升学生的核心素养？如何根据学校现有的优势、实际情况，借鉴先进学校的"留白式"办学经验，促使学校更好地持续发展？工作坊专业的培训同时赋能我的学校治理，更是一种意外之喜。一次又一次的研修实践活动有效地激发了学员们的共鸣，而有效的共鸣必将推动今后教育教学中的共行。

三、指导实践，推动共行

三年的学习经历，让所有学员学会了如何用全新、全局的眼光审视教育教学工作，获取个人专业发展。历经反思之后我们也对语文教学有了更多的思考。相信这些思考、经验都是指导我们今后教学工作的利器。理论实践的学习所得，也必将成为推动今后工作的不懈动力。

正是认识到了本次培训的重要性，因此在整个培训期间，我努力调节好培训与工作的节奏，并认真将在拔尖工作坊学到的经验向自己所在学校的学科团队进行辐射：先后多次开设市、区级公开展示活动并执教示范课，接受来自全市乃至全区教师的研究、评价；同时不断地在实践中思考对语文教学的理解，在师傅王伟娟老师的指点下，我将自己的教学主张概括为"有趣有道，有情有意"。"有趣有道"是基于对学生观和教学观的思考——我的教学对象是小学生，根据他们的年龄特点，兴趣是最好的老师，因此课堂教学激发兴趣，引导学生喜欢上语文课是前提。

教学不仅要激发学生的兴趣,同样也需有"道",即用一定的教学方法、技能引导学生在学习中学会"读、问、说、写"的本领,夯实基础,发展能力。

"有情有意"则是基于对语文学科特征及育人终极目标的思考。语文学科不同于其他学科,小到一个字,大到一篇文章、一本书,所有的语言文字中都承载着情感,因此,"有情"首先是指教师在教学中引导学生感悟语言文字中的情感传达;其次,语文课应该是一个生命与生命情感传递的场域,在这个特殊的场域中,师生、生生的情感得以充分地交流融通,而这种情感传递正是我们以文育人的基础。传情而后达意,故"有意"首先指的是引导学生通过学习明了文中意义;其次是在日复一日的学习中逐渐提升素养,进而懂得"做人之意";最后是指意蕴深远——立足当下的课堂,着眼学生的未来;通过潜移默化的浸润,为学生的终身发展奠定基础。

正是秉承着这种理解,我在教育教学实践中一以贯之实践、反思的态度。培训期间,我整合学习所得,结合所在学校学生的需求,以阅读有效促进学生综合素养的提升;完成了以"阅读课程的实践探索"等三个区级重点课题的研究,分别获得区科研成果一、二等奖;并在课题研究的过程中形成了"小学语文链群阅读指导"的教学主张和思考。上述阅读指导基于校情、生情,在实践研究的过程中、在促进学生语文素养提升的同时,也形成了学校阅读文化的浸润和特色课程的形成。我结合上述实践,先后在三年中完成了个人专著《让阅读滋养孩子的心灵:儿童阅读的探索与实践》《阅读润泽生命:小学语文链群阅读指导的实践探索》和专辑《阅读,让人生出彩——GL阅读课程的实践与探索》的写作和编撰,分别由华东师范大学出版社、上海教育出版社和上海科学普及出版社出版。近年来,我围绕语文阅读教学实践主题在上海市教育学会主办的世界读书日学术研讨活动等多项展示中进行宣讲,并连续两年接受上海书展的邀请进行相关课程现场教学;受邀成为教育部"筑基教师培训项目"授课专家,为全国52个未摘帽贫困县教师进行阅读专项培训;同时受普陀区教育局委托带队赴西藏亚东县等地中小学进行短期支教,在当地中小学进行了阅读公开教学以及教研活动,均获得了各级各类专家和同行的肯定。2022年疫情期间,我受上海市教委教研室邀请拍摄了小学语文空中课堂教学录制。

　　综上所述，无论是作为一名一线教师，还是作为带领团队推进教育教学改革实践的领头人，我坚持着"有趣有道，有情有意"的教学主张，从学生的实际出发，为他们提供各自成长所需要的"养料"。在学生综合素养不断提升的同时，我的教学风格在教书育人的过程中也日趋成熟。

　　近三年的时间里，在与众多名师的交流中，在"相观而善之谓摩"的互动学习中，我进一步领悟到：学校管理也好，学科教学也好，全看我们所提供的教育服务能否满足学生的需求。大道至简，只有"明道"之后，才能"优术"。

　　工作坊的培训让我学习到了很多，虽然由于本人心高手拙，不能一一列举，但仍要借此机会感谢两位导师为我们创设了这样一个极好的学习机会。我将不辜负导师们的辛勤教诲，在实践工作中不断学习、不断反思、不断发展，像师傅王伟娟老师那样做一名"手中有书，目中有人，心中有爱，视野中有学生的未来"的好老师，也会努力把在培训中与伙伴们形成的共识、共鸣与更多的工作同伴共享，推动更多的伙伴为各自的教育理想而共行。

　　培训短暂，而学无止境。

陶艺之路的蜕变与升华

高翔

　　在普陀区教育局、区"763"教师专业发展团队管理办公室和区拔尖教师工作坊的指导下，在工作坊坊主王华老师和导师卢晓明会长的倾心带教下，我顺利完成了各项专业发展研修任务。

在工作坊的研修学习中,我立足普陀"适合教育"理念,践行"双新""双减"要求,在导师的指导下,基于专业发展规划,关注校外课外陶艺课程建设和资源开发等研究项目,在理论学习、课堂教学、课题研究、专业实训、活动策划和特色创建等方面,开展了扎实的研修实践,同时我领衔市课外校外教师陶艺专业发展分中心、市校外艺术教育陶艺中心教研组,带教区学科带头人工作室团队,形成差异化专业发展共同体,取得了较为显著的专业发展成果。

一、研修心路历程

回顾两年多来的专业研修心路历程,我的专业成长呈现几个阶梯式发展阶段。

"分析规划"阶段(2021 年 11—12 月),我进入拔尖教师工作坊学习之初,已评为正高级教师。通过自我分析,清晰地认识到自身存在,同时大多数教师也普遍存在的"两重两轻"现象,即重实践轻理论,重经验轻研究的现状。如何打破惯有思维,树立研究意识,在工作坊导师的指导下,我确立以课题研究为抓手,规划专业研修实践路径。

"理论学习"阶段(2022 年 1—7 月),在居家学习中,我通过研读工作坊推荐的专业书籍,倾听专家讲座,开展了扎实的教育研究理论学习和调查研究,并撰写了多篇案例与论文。

"实践研究"阶段(2022 年 8—12 月),我通过执教市级公开教学课,开展数字化转型实践研究,带教教师专业发展团队,取得初步研修成果,获评上海市学校美育实践系列"魅力教师"、普陀工匠等荣誉称号。

"理念提升"阶段(2023 年 1—6 月),我进一步思考和完善自己的教学风格,提出"打破传统唯技法模式,形成基于生活的主题创作,发展学生核心素养"的教学主张。结合实践探索与主持的市级校外课题研究成果,出版了个人专著 1 册,主编出版教学用书 1 册,发表论文多篇。

"成果提炼"阶段(2024年7—12月),在导师的指导下,我通过梳理教育理念,总结实践研究成果,申报并获评2023年上海市特级教师荣誉以及普陀区高翔陶艺教育创新工匠工作室称号。

二、专业研修总结

通过两年的努力,我以市课外校外课题"中小学陶艺课程活动资源包建设的实践研究"为研究抓手,充分结合自身专业发展目标并领衔市级课外校外陶艺教师专业发展团队的任务,关注校外教育教学中的痛点和堵点,在理论涵养、聚焦教学、课程研究、策划活动、指导辐射等五个方面进行总结。

(一)理论涵养,提升项目实践研究能力

在工作坊指导下,我深入研读了多部国内外教育学专著,如《核心素养:课程发展与设计新论》《马文·柯林斯的教育之道》《PBL项目制学习》《追求理解的教学设计(第二版)》等教育理论专著。

我积极参与工作坊组织的各类专业研修活动,倾听了上海市教育科学研究院杨玉东研究员主讲的《教育科研如何促进教师专业发展》、华东师范大学裴新宁教授主讲的《学习科学新进展》讲座、华东师范大学李宝敏教授主讲的《专业 专长 专家:教师专业发展三进阶》讲座等。并赴南京参加教育考察学习,倾听了南京师范大学赵晓燕博士关于基础教育课堂教学研究的讲座,通过不断学习和反思,有效提升了自身的项目实践研究能力。

我将所学知识应用于实践中,撰写的教学案例《我是陶瓷产品设计师》《数字技术赋能校外线上教学的案例研究——以"我的杯子我做主"线上教学为例》参加全国首届校外教育STEM教学案例评比,并获一等奖;撰写的论文《红色教育融入校外陶艺活动课程的实践探索——以"陶土中的红色记忆"馆校结合课程为例》发表于《陶瓷科学与艺术》期刊(2022年第12期)。论文《浅议德育渗透校外陶艺活

动教学的实践探索》获长三角中小幼师生陶艺教育成果展示活动论文评比二等奖,主编出版《土与火的艺术——陶艺教学用书(初级)》1 册(上海教育音像出版社),出版专著《指向核心素养的陶艺教学》1 册(中国民族文化出版社)。此外,我主持的 2021 年市课外校外科研一般课题,顺利通过结题,获评为优秀。

(二)聚焦教学,探索高质量校外课堂

我扎实开展陶艺课堂教学,除执教陶艺社团课程外,还设计开发了多节陶艺微课,并赴区内初高中学校开展送课送教活动。2022 年 8 月,我开设了市级公开教学课《艺术点亮生活——杯中有乾坤》,我通过教案设计、课件制作、教学资源建设、教学磨课、直播软件操作调试等,顺利完成了直播公开教学。本次直播教学采用线下授课,线上互动的形式,是我第一次尝试线上线下融合式教学。本次教学活动取得了较好的成效,在线观摩的人数累计达 26 万人次。通过本次公开教学活动,对促进我的陶艺课堂教学能力,更新校外教育教学理念,具有极大的促进作用。

2023 年 12 月,应国家"组团式"教育帮扶云南巧家工作组要求,我带领校外课外艺术教师团队,赴云南省巧家县第二高级中学开展送课送教活动。为巧家二中的高一、高二学生开设了陶艺讲座《方寸之间,遇见中国》,并设计了为期一周的陶艺实践和主题创作课程,为近 200 名学生开设陶艺课堂,产生了良好的社会反响。

我通过领衔市陶艺中心教研组和课外校外陶艺教师专业实践培训项目,指导多位教师开设市、区级教学展示累计达 9 节。1 位教师执教的市级课外校外公开课,获市级专家一致好评;2 位教师执教市级陶艺展示课,1 位教师赴浙江执教陶艺展示课,均获得良好反响。

(三)课程研究,构建校外陶艺课程体系

我通过领衔上海市校外陶艺项目课程教学用书编制项目,组织区域骨干课外校外教师开展陶艺项目课程教学用书编制工作。通过多次的研讨、编写和修改,

《土与火的艺术——陶艺教学用书(初级)》已由上海教育音像出版社出版。此外,我还组织部分骨干教师,开发编制配套教学资源,不断充实完善陶艺教学资源建设。

陶艺教学用书作为适合教师和学生共同使用的教与学的陶艺读本,通过多次修改调整,探索形成了较为成熟的陶艺教学用书框架和内容体系,为之后的各进阶阶段用书编制开发奠定了坚实的基础。此外,我通过对教学用书的学习模块和学习载体进行研究,进一步探索基于大单元主题式教学下的切片式教学单元,内容既包括实践技能,也包括文化感知,同时又有跨学科知识的迁移内容,设计陶瓷与物理、化学等相关跨学科知识;用书的适用对象也包括教师和学生,既可以是学生自主学习陶艺的教科书,也是教师开设陶艺教学的教参和辅助资料。校外陶艺课程建设的实践研究将是我不断探索的重要研究内容,具有长期的研究意义和实践价值。

我申报了《指向核心素养的陶艺教学设计》《遇见,都市手工艺》两门师培课程,入选市素质教育课程资源库。执教了 19 期《换个角度学陶艺(网络)》市级教师培训课程,5 期《手作——生活陶艺》《走进陶艺教学》区级教师培训课程,累计培训教师 2 600 余人次。

(四) 策划活动,打造陶艺综合实践活动品牌

为提升校外教育活动策划和品牌项目的建设水平,我通过策划具有较大影响力的校外教育活动,不断做强、做大陶艺教育品牌活动项目。

我在组织策划长三角中小幼师生陶艺教育成果展示活动中,从方案策划到评审、论坛、巡展等一系列环节,展现了卓越的组织能力和品牌建设水平,极大地提升了陶艺项目的知名度和影响力。同时,通过承办组织 2023 年上海市学生艺术单项比赛陶艺专场、市幼儿艺术单项比赛创意制作专场等市级学生赛事活动,以及策划各类区域学生艺术作品展,以赛促学,以展促教,不断提升陶艺活动的育人价值。

2023 年 5 月,市青少年创意设计院普陀分院正式授牌,作为市级首批授牌的市级区域学生创意设计项目负责人,我通过与区域学科教研负责人以及相关学校设计学科教师联系,构建区级教师队伍,培育区级学生团队,努力探索形成具有普陀特色的青少年创意设计品牌活动项目。

(五) 指导辐射,培育陶艺骨干教师队伍

作为上海市教委"彩虹行动计划"陶艺工作室领衔人,市校外课外陶艺教师专业实践培训基地导师,普陀区学科带头人工作室领衔人,我通过领衔市陶艺中心教研组和课外校外陶艺教师专业实践培训基地,指导并带教多名教师开设市、区级教学展示课累计达 9 节,多位教师执教的市级课外校外公开课获专家一致好评,1 位带教教师获评高级职称,1 位教师赴浙江开设公开教学,获得良好反响。

我还结合教育数字化转型,与市教委教研室协作,共同策划开展了高中艺术数字技术教学研讨活动,并开设了陶艺与数字技术融合的创新课程,较好地实现了艺术与科技的跨界融合,探索出了全新的陶艺教学范式,产生了良好的示范效应。

我充分利用市陶艺中心教研组和工作室平台,邀请国内外知名专家举办讲座,分享陶艺教学的前沿思想和实践策略,并亲自面向教师开展一系列专业化培训讲座,如《新课标背景下课外校外课程的开发实践》等,积极引导和促进陶艺骨干教师队伍的成长。通过暑期专业实践活动,带领教师团队赴江西景德镇进行实地考察和实践操作,有力推动了区域内外陶艺教师的专业化发展。

两年来,在工作坊导师和专家引领下,我通过不懈努力和实践研修,取得了较为丰硕的成果,持续深化了陶艺教育教学改革,有力推动了区域内外中小学陶艺教育的发展,也为自身专业发展开辟了更为广阔的道路。在未来的工作中,我将秉承"适合教育"的理念,始终以"师德的表率,教学的专家,育人的楷模"要求为目标,为继续成为学生心目中的"四有"好教师和本市校外课外教育陶艺项目有影响力和知名度的专家,为上海校外课外陶艺项目继续走在全国前列发挥积极的作用。

后　记

　　书稿的酝酿、设计、组织与撰写、修改,前后经历了近 5 年时间,终于定稿了,在此期间由于新冠疫情的影响,搁置了 2 年,再加上人事调整,出书时间有些冗长,很是遗憾! 但任何事物都有两面性,现在的书稿集中表现了拔尖教师培养工作坊 3 届 8 年的历程,完整收集了三次设计、组织、实施的过程性材料,收集了 50 位学员参与坊间学习、活动、体验的资料,同时,又新增 20 位新蕾教师 3 年培养的尝试与探索。反复推敲、思考、取舍,形成了较为完善的上海市普陀区高端教师培养的机制与模式。此时,比四年前出书更加细致、全面,更加真实、准确,也是一种慰籍吧。

　　工作坊学员、教育学院科研室的吴华清老师,不仅参与了撰稿,而且参与了本书的审稿、修订工作,对书稿的形成付出了较多的心血。在这里还要感谢苏州大学沈中宇博士、华东师范大学教师教育学院刘思璐博士的参与,感谢晋元高级中学姜炜、田瑞萍两位老师的帮助,当然,一并致谢所有学员与导师们的共同努力。